Mata Amritanandamayi

Elämäkerta

Äiti Amman elämä ja oppilaiden kokemuksia

kirjoittanut
Swami Amritasvarupananda Puri

Mata Amritanandamayi Center, San Ramon
Kalifornia, Yhdysvallat

Mata Amritanandamayi - Elämäkerta

Julkaisija:
Mata Amritanandamayi Center
P.O. Box 613
San Ramon, CA 94583
Yhdysvallat

———— *Mata Amritanandamayi – A Biography (Finnish)* ————

Ensimmäinen painos MA Centerin: huhtikuu 2016

Yhteystiedot suomessa löytyvät sivuilta: www.amma.fi

Intiassa:
www.amritapuri.org
www.embracingtheworld.org
inform@amritapuri.org

Kiitokset

Monet tässä kirjassa kerrotuista tapahtumista on lainattu professori M. Ramakrishnan Nairin malajalamiksi kirjoittamasta Amman elämäkerrasta, mistä hänelle sydämellinen kiitos. Monet kiitokset myös kaikille, jotka ovat osallistuneet käsillä olevan teoksen syntyyn.

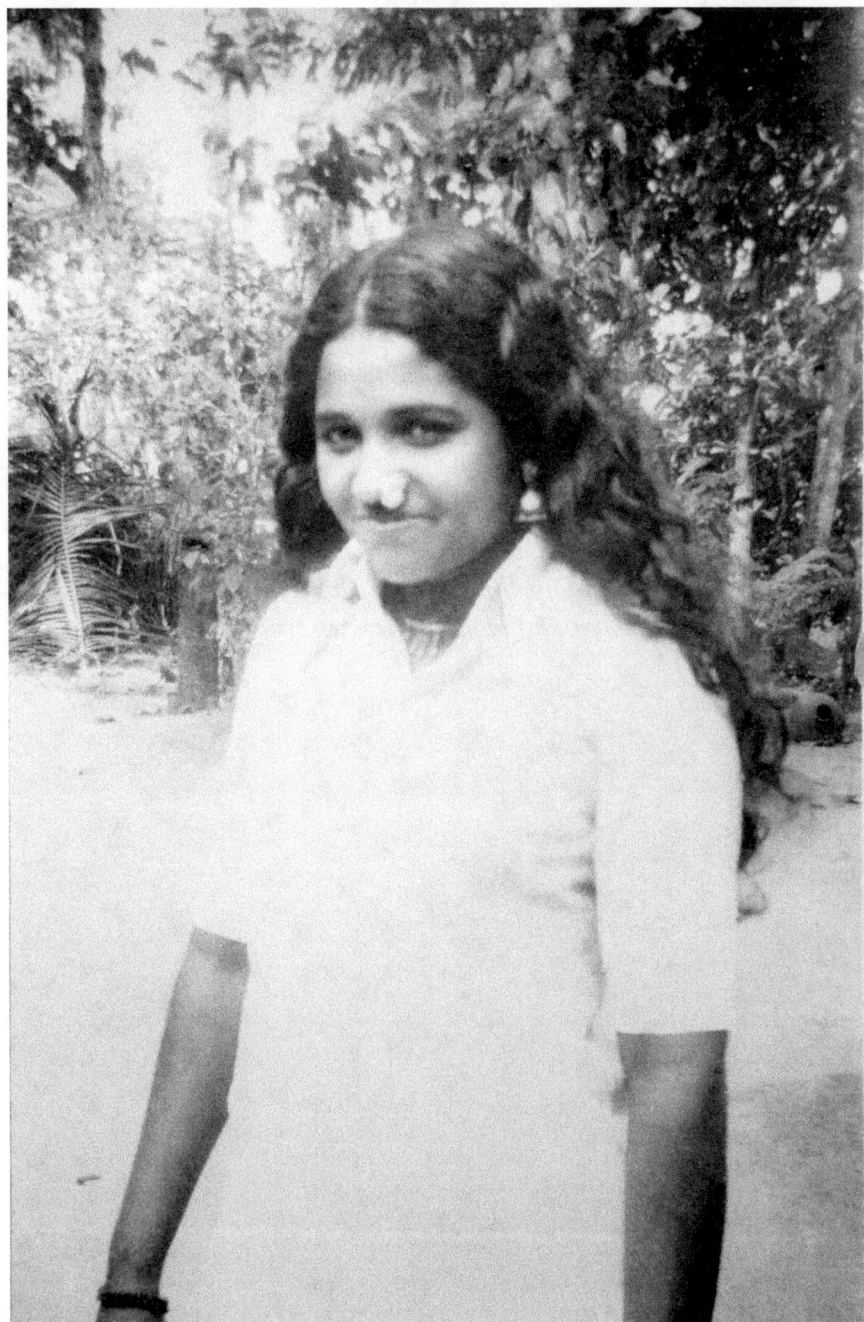

Sisältö

Esipuhe

Pradī-pajvālābhir divasa-karan-īrājana-vidhih
sudhā-sūteś candropala-jala-lavair arghya-racanā

svakīyair ambhobhih salila nidhi sauhitya karanam
tvadīyābhir vāgbhis tava janani vācām stutir iyam

*Oi Äiti! Tämä ylistyslaulu Sinun kunniaksesi sanoitettuna
Sinun omilla sanoillasi, on kuin auringon palvontaa sen
omilla säteillä, kuin kuukivestä virtaavan veden uhrilahja
kuun kunniaksi, kuin valtameren hyvittämistä sen omilla
vesillä..*

– Saundaryalahari, 100. säkeistö

Kas tässä helposti lähestyttävä mystikko, joka sopii jokai-
selle ja kaikille; jonka kanssa voit keskustella ja jonka
läheisyydessä voit tuntea Jumalan. Hän on nöyrä, mutta
silti vakaa kuin maa. Hän on yksinkertainen ja silti kaunis kuin
täysikuu. Hän on rakkaus, hän on totuus; hän on luopumisen ja
itsensä uhraamisen ruumiillistuma. Hän ei vain opeta vaan myös
tekee. Hän antaa kaiken eikä vaadi mitään. Hän on pehmeä kuin
kukka ja silti kova kuin timantti. Hän on suuri mestari ja suuri Äiti.
Sellainen on Mata Amritanandamayi.

Hän syntyi täydelliseen tietoisuuteen. Läpikäytyään tai an-
nettuaan näytteen (emme tiedä minkälaisesta) tinkimättömästä
sadhanasta, henkisestä harjoituksesta hän syleili koko maailmaa
rakkaudella ja myötätunnolla, joka on hänen syvin olemuksensa.

Varhaisesta lapsuudesta alkaen hän etsi Jumalallista Isää ja Äitiä ilman gurun opastusta. Hän sieti omaisten, skeptikoiden ja epäilijöiden hyökkäykset, joiden tarkoituksena oli tuhota hänet. Hän kohtasi taistelutantereensa yksin, hämmentymättä ja järkkymättömällä rohkeudella. Kaksikymmentäyksivuotiaana hän ilmaisi julkisesti Jumaloivalluksensa ja kaksikymmentäkaksivuotiaana hän ryhtyi vihkimään totuuden etsijöitä henkiseen elämään. Kaksikymmentäseitsemänvuotiaana Äiti Amma oli perustanut kansainvälisen lähetystyönsä päämajan synnyinkotiinsa. Viisi vuotta myöhemmin Intiassa ja ulkomailla sijaitsi jo lähes kaksikymmentä sivuashramia. Kolmekymmentäkolmevuotiaana Amma toteutti amerikkalaisten ja eurooppalaisten opetuslastensa kutsusta ensimmäisen maailmanmatkansa innostaen ja kannustaen ihmisiä eri puolilla maailmaa.

Ja ennen kaikkea: hän on opastanut, pyyhkinyt kyyneleitä ja poistanut sisäisen taakan tuhansilta ja taas tuhansilta ihmisiltä, ihmisiltä, jotka tulevat elämän eri aloilta, eri puolilta maailmaa.

Hyvä lukija, sinun varaasi jää sydämessäsi oivaltaa kuka tai mikä hän on...

– Swami Amritaswarupananda

Pyhimystaru

E telä-Intiassa, Keralan osavaltiossa, Kollamin piirissä,
Alappad Panchayatissa, viiden kylän muodostamassa ko-
konaisuudessa, sijaitsee pieni kylä nimeltä Parayakadavu.
Se sijaitsee kookospalmujen katveessa kapealla niemimaalla, jonka
erottaa idänpuolella olevasta mantereesta vesiväylä. Lännen puolella
niemimaata huuhtoo kimalteleva, vihreänsininen Arabianmeri.
Kylän asukkaat kuuluvat vaatimattomaan kalastajaheimoon, jonka
sukujuuret juontavat aina pyhimys Parasaraan saakka. Parasara oli
tunnettu siitä, että hän meni naimisiin kalastajatyttö Satyavatin
kanssa, joka taas oli kuuluisan Veda Vyasan, Intian pyhien *Veda*-
kirjojen kokoajan äiti.

Kylän pyhyydestä ja sen muinaisesta suuruudesta kerrotaan
monia taruja. Kalastajakansa uskoo näiden kertomusten kuvaavan
tuhansien vuosien takaisia tapahtumia. Kylän päivittäinen elämä
ja sen sosiaaliset tavat ovat yhä kiinteästi sidoksissa jumalallisiin
myytteihin, joista seuraavassa yksi.

Subramanya (joka tunnetaan myös Murugana), Sivan ja Parva-
tin poika, syyllistyi kerran vakavaan rikkomukseen. Poikansa teosta
raivostunut Siva kirosi Subramanyan ja määräsi hänet jälleensyn-
tymään kalaksi. Masentuneena poikansa kohtalosta Parvati pyysi
Herraa antamaan Subramanyalle anteeksi, mutta sen sijaan että
hän olisi heltynyt Siva raivostui entisestään. Hän kirosi nyt myös
Parvatin ja määräsi tämän syntymään kalastajakansan pariin. Myö-
hemmin, kun Sivan viha oli lauhtunut, hän lupasi Subramanyalle
ilmestyä itse vapauttamaan heidät, kunhan aika olisi kypsä, sitten
hän siunasi heidät. Ja niin Subramanya joutui isänsä Sivan kirouksen
mukaisesti syntymään kalaksi, valtavan kokoiseksi valaaksi. Valas

alkoi näyttäytyä Alappadin edustalla aiheuttaen kalastajille paljon vahinkoa. Kyläläisillä oli tapana kalastaa sekä yö- että päiväsaikaan, mutta nyt he pelkäsivät lähteä merille. Toisinaan valas repi verkot ja toisinaan se kaatoi kalastajien veneet vaarantaen heidän henkensä. Tämän seurauksensa kyläläiset köyhtyivät ja joutuivat näkemään nälkää.

Kalastajakansan kuningaskaan ei kyennyt ratkaisemaan ongelmaa vaan köyhtyi avustaessaan alamaisiaan. Lopulta kuningas antoi julistuksen: se joka onnistuisi saalistamaan valaan, saisi runsaan palkkion ja kuninkaan ainoan tyttären puolisokseen kuninkaallisissa häissä.

Valtaisa valas oli kuitenkin niin pelottava, ettei kukaan uskaltanut ottaa haastetta vastaan. Kuninkaan ja hänen kansansa joutui syvän masennuksen valtaan. Tällöin pohjoisen suunnasta ilmestyi mystinen vanhus. Kukaan ei tiennyt kuka hän oli ja mistä hän tuli. Hän lähestyi kuningasta selkä iän painamana ja ilmoitti kykenevänsä pyydystämään valaan ja pelastamaan kalastajakansan perikadolta.

Hämmästyneen kuninkaan ja kansan seuraama vanhus asteli määrätietoisesti rannalle. Vanhus punoi köynnöskasveista pitkän köyden ja heitti sen veteen pitäen toisesta päästä lujasti kiinni. Köysi kiertyi sen alueen ympärille, missä valas lymysi sukelluksissa. Sitten vanhus ojensi köyden toisen pään kalastajille ja kehotti heitä vetämään kaikin voimin. Houkuttaakseen valaan verkkoon hän kehotti heitä toistamaan tiettyä mantraa.

Kalastajat kävivät työhön ja toistivat mantraa niin kuin vanhus oli neuvonut. Muutaman tunnin uurastuksen jälkeen valas pystyttiin vetämään rannalle, mutta kaikkien hämmästykseksi valas katosi saman tien olemattomiin ja tilalle ilmestyi Subramanya, joka oli näin vapautettu kirouksesta, niin kuin Siva oli luvannut.

Myöhemmin tapahtumapaikalle rakennettiin Subramanyalle omistettu temppeli, joka on yhä tänäkin päivänä muistuttamassa ikivanhasta tarusta. Myyttinen tarina ei kuitenkaan pääty tähän, sillä nyt Siva, vanhan miehen hahmossa, astui kuninkaan eteen. Kuningas ja hänen alamaisensa ymmärsivät vanhuksen tarkoituksen.

Kuningas, joka oli luvannut ainoan tyttärensä sille, jonka onnistuisi pyydystää valas, oli nyt vaikean ongelman edessä. Hän ja koko kalastajakansa olivat surun murtamia. Miten isä ja tässä tapauksessa vielä kuningas voisi antaa nuoren, kauniin tyttärensä, prinsessan, avioon vanhalle kumaraiselle miehelle? Kuningas aneli, että vanhus pyytäisi mitä muuta tahansa, kunhan ei tyttären kättä. Vanhus vastasi rauhallisesti, että kuninkaan tulisi olla uskollinen lupaukselleen ja pitää sanansa. Kuningas oli todella tukalassa tilanteessa, sillä kalastajakansan voima piili siinä, että he pitivät sanansa ja pysyivät totuudessa. He uskoivat niin ehdottomasti totuuden suojelevaan vaikutukseen, että heidän oli tapana sanoa: "Mikäli et ole ollut totuudellinen ja lähdet kalastamaan, on kuin antautuisit kuolemalle." Eipä siis ihme, että kuninkaan oli vaikea tehdä päätöstään. Toisaalta hän ei voinut pettää lupaustaan, mutta toisaalta hän ei voinut antaa rakasta prinsessaakaan avioliittoon vanhalle miehelle.

Tällöin prinsessa, joka oli itse asiassa Parvati, astui esiin ja sanoi: "Isäni, jaloin kuningas! Jokaisen velvollisuus on suojella ja varjella *dharmaa*, oikeudenmukaisuutta. Mikään ei saa astua tämän periaatteen edelle."

Lopulta kuninkaalle ei jäänyt muuta mahdollisuutta kuin sallia prinsessan poistua vanhan miehen matkassa. Kalastajakansa ei osannut aavistaa, että heidän vaatimaton kylänsä oli joutunut näin jumalallisen näytelmän tapahtumapaikaksi ja toimivan näyttämönä, joka saattoi Sivan ja Parvatin jälleen yhteen. Kansa lähti raskain sydämin seuraamaan jumalallista paria, kun he poistuivat kuningaskunnasta. Jonkin matkaa kuljettuaan ihmiset kysyivät: "Minne te olette menossa? Haluaisimme tulla teidän kanssanne." Silloin jumalat vastasivat: "Meillä ei ole erityistä paikkaa, *urua; minne saavummekin se tulee olemaan asuinpaikkamme, chelluna uru.*"

Siva ja Parvati jatkoivat matkaansa ja kansa seurasi heitä. Viimein he pysähtyivät ja Siva kääntyi itään ja Parvati länteen, ja he muuttuivat kivipatsaiksi. Tässä paikassa, *Chelluna urussa* (paikassa, johon on saavuttu), sijaitsee tämän päivän Chengannoor. Ajan myötä paikalle rakennettiin temppeli, jossa ryhdyttiin harjoittamaan päivittäisiä jumalanpalveluksia, mutta sitten tapahtui jotakin outoa: aina kun vettä tuotiin *sanctum santurumiin*, temppelin pyhimpään, papit löysivät vedestä kalan. Tämän takia päivittäisten jumalanpalvelusten suorittaminen kävi mahdottomaksi. Löytääkseen selityksen tälle oudolle ilmiölle temppelin johdossa olevat laativat astrologisen kartan ja saivat tietää tarinan Sivasta, Parvatista ja Subramanyan kirouksesta. Astrologian avulla selvisi sitten sekin, että vanhuksen ja prinsessan hääseremonia oli jäänyt viettämättä. Paikallisten tapojen mukaisesti Alappadin rannikkoseudun väen tuli nyt saapua myötäjäislahjoineen Chengannooriin suorittamaan hääseremonia, sillä heidän joukkoonsa Parvati oli aikoinaan ilmaantunut kalastajaneidon hahmossa. Sekä Alappadissa että Chengannoorissa ryhdyttiin välttämättömiin järjestelyihin. Alappadin kalastajakansa keräsi kaikki vaimon tarvitsemat tavarat ja niin taivallettiin Chengannooriin viettämään jumalallisia häitä. Tähän päivään saakka tätä tapaa on noudatettu ikivanhan jumaltarun muistoksi. Kyseinen temppeli on yhä edelleenkin tuhansien henkisten oppilaiden palvontapaikka.

Muutamia vuosikymmeniä sitten tapahtui jotakin mielenkiintoista. Eräänä vuonna Alappadin rannikkoseudun ihmiset eivät nimittäin osallistuneetkaan perinteiseen uskonnolliseen juhlaan, vaan jättivät sen väliin ajatellen, että kyse oli merkityksettömästä tavasta ja että oli ajan ja rahan tuhlausta matkustaa Chengannooriin asti. Ihmiset ajattelivat, että "miksi meidän pitäisi osallistua jossakin kaukana järjestettävään juhlaan?" Mutta Chengannoorin temppelissä tapahtui välittömästi mystisiä asioita. Koristeltu elefantti, jonka oli määrä kantaa jumalankuvaa juhlakulkueessa, seisoi järkähtämättä paikoillaan eikä suostunut ottamaan askeltakaan. Kaikki yritykset saada eläin liikkeelle epäonnistuivat. Alappadiin lähetettiin tieto pahaenteisestä tapahtumasta, mutta liian myöhään. Alappadissa oli jo alkanut ilmaantua isorokon oireita. Tajuten erehtyneensä ja katuen syvästi, kansa vaelsi viivytyksettä Chengannooriin. He toivat mukanaan kaiken tarvittavan osallistuen juhlaan entiseen tapaan.

Tällainen on rannikkoseudun maisemaan ja sen kansaan kiinteästi liittyvä ikivanha kertomus. Onko siis ihme, että tämä samainen pyhä paikka on nyt jälleen joutunut jumalaisen näytelmän tapahtumapaikaksi?

Ensimmäinen luku

Syntymä

Syntymästä alkaen pidin jumalallisesta nimestä voimallisesti, niin paljon, että toistin sitä lakkaamatta jokaisen henkäykseni tahdissa ja jatkuva jumalallisten ajatusten virta täytti tajuntani riippumatta siitä missä olin ja mitä tein. Tällainen Jumalan katkeamaton ajatteleminen, rakkautta ja antaumusta tuntien, auttaa oppilasta suuresti hänen pyrkiessään oivaltamaan Jumalallisen.

—Amma

Tīrthikurvanti tīrthani sukarmīkurvanti
karmāni saccāstri kurvanti sāstrāni
modante pitaro nrityanti dēvatāh
sanātha ceyan bhūrbhavati

Suuret pyhimykset pyhittävät pyhiinvaelluskohteet,
suorittavat hyviä ja oikeudenmukaisia tekoja,
ja lahjoittavat pyhille kirjoituksille niiden arvon.

Kun tällainen pyhimys syntyy, isät riemuitsevat,
jumalat tanssivat ilosta ja maailma saa vapahtajan.

—Narada Bhakti Sutrat, jakeet 69-71

Syntyperä

Idamannel oli yksi Parayakadavu-kylän ikivanhoista suvuista, jonka omistama maatilkku muodosti pienen osan Alappad Panchayatin kylästä. Vaikka heidän perinteinen työnsä olikin kalastus, tekivät he silti muutakin. Tärkeä osa heidän päivittäisistä askareistaan oli henkisillä ja uskonnollisilla harjoituksilla. Perheen kalastajat tunnettiin anteliaasta luonteestaan. Kun he palasivat mereltä saaliineen, he antoivat ensimmäiseksi aina kalaa ympärille kerääntyville kyläläisille. Kun kalat oli sitten myyty, he tapasivat jakaa vielä kolikoita lapsille.

Idamannelien sukuun oli syntynyt monta harrasta sielua, Velayudhan oli yksi heitä. Hän oli rakastava, totuudellinen ja jalo persoona, joka tukeutui vakaasti *ahimsaan,* väkivallattomuuteen. Hän ei sallinut edes rotan tappamista. Velayudhan oli naimisissa Srimati Madhavin, siveän ja hartaan naisen kanssa, joka nousi aamuisin ennen auringonnousua valmistamaan kukkaseppeleen alttarihuoneen jumalille pyhiä mantroja toistaen. Vielä nytkin (vuonna 1996), yli

16

80-vuotiaana, hän tapasi istua antaumuksellisen mielentilan vallassa temppelin edessä sitomassa seppeleitä. Sugunanandan oli tämän viisilapsisen perheen vanhin poika. Perheen uskonnollisen ilmapiirin innostamana hänestä tuli Krishnan[1] harras palvoja. Täytettyään yhdeksän vuotta hän ryhtyi opiskelemaan *kathakalia*, Keralan klassista tanssinäytelmää, joka kuvaa jumalien ja jumalattarien seikkailuja. Siinä näyttelijät esittävät tarinaa tanssin ja *mudrien*, jumalallisten käsiasentojen avulla, laulajien kertoessa tarinaa laulujensa avustuksella. Sugunanandanille läheisin hahmo oli Krishna ja eräässä Kathakali-näytöksessä hän samastui Krishnan rooliin niin voimallisesti, että vaipui tiedottomana näyttämölle.

Idamannelien talon lähistöllä vallitsi rauhallinen ilmapiiri. Pihaa ympäröi kolmelta puolelta takavedet, meren suuntainen joki, joka kuhisi elämää. Rehevä kasvillisuus kookospalmuineen, hedelmä- ja cashewpähkinäpuineen levittäytyi tontin ympärillä. Noina päivinä lähettyvillä oli vain muutamia taloja.

Sugunandanin ollessa kolmentoista tai neljäntoista vuoden ikäinen hänen mielipuuhaansa oli kiivetä koulusta palattuaan serkkunsa kanssa lähipuihin syömään herkullisia pähkinöitä. Eräänä päivänä Sugunanandan ja hänen serkkunsa olivat jälleen poimimassa pähkinöitä, kun he havaitsivat pitkähiuksisen ja -partaisen *sanjaasin*, maailmasta luopuneen munkin lähestyvän Idamannelin taloa. Häntä ei oltu aiemmin nähty näillä main. Poikia kiehtoi miehen säteilevä olemus. Sanjaasi vaelteli muutamia minuutteja tontilla ja purskahti sitten autuaalliseen nauruun julistaen äänekkäästi: "Näen monien askeettien istuvan täällä syvässä meditaatiossa. Aiemmin tämä paikka oli suurten sielujen asuinpaikka. Heidän hautansa sijaitsevat edelleenkin maan alla. Moni sanjaasi tulee saavuttamaan *samadhin*, vapautuksen täällä. Tästä tulee pyhä paikka."

Sanjaasi nauroi jälleen hurmioituneesti, sitten hän lähti omille teilleen, eikä kukaan nähnyt tai kuullut hänestä sen koommin.

---

[1] Krishna, joka eli 5000 vuotta sitten, oli oman aikansa suurin pyhimys ja vapahtaja; häntä pidetään Vishnun inkarnaationa.

Kerjäläismunkin ennustuksen hetkeksi hämmentämät pojat jatkoivat leikkejään. Vuosia myöhemmin Sugunanandan ja hänen serkkunsa muistelivat ihmetellen vaeltavan munkin profeetallisia sanoja. Ennen pitkää Sugunanandan paneutui sukunsa perinteiseen ammattiin, kalojen kauppaamiseen. Kaksikymmentäyksivuotiaana hän meni naimisiin Damayanthin, naapurikylästä, Bhandaraturuttusta kotoisin olevan kaksikymmentävuotiaan tytön kanssa. Damayanthi tuli hurskaasta perheestä, jonka jokapäiväiseen elämään uskonnolliset harjoitukset kuuluivat. Perheellä oli jopa oma pieni temppelinsä. Damayanthi eli hyveellistä elämää lapsuudestaan lähtien. Hänen isänsä Punyan ja äitinsä Karutta Kunya olivat esimerkillisiä jumalanpalvojia. Perheen ilmapiiri oli kaiken kaikkiaan otollinen puhtaalle, uskonnolliselle elämälle.

Damayanthi oli niin hurskas, että kyläläiset alkoivat kutsua häntä Pattathi Ammaksi tai *brahmana*-naiseksi.[2] Koska Jumalalle antautuminen oli hänen elämässään tärkeintä, hän suoritti melkein jokaisena viikon päivänä erilaisia uskonnollisia harjoituksia. Hän paastosi usein aloittaen jälleen ravinnon nauttimisen kookosmaidolla, mitä hän sai kookospähkinöistä, jotka olivat pudonneet lähipuista aivan kuin häntä varten.

Damayanthille ja Sugunanandanille syntyi kaiken kaikkiaan kolmetoista lasta, joista neljä kuoli synnytyksen yhteydessä ja yksi viisikymmentäkolme päivää myöhemmin. Eloon jääneet lapset, neljä tytärtä ja neljä poikaa ovat nimeltään vanhimmasta nuorimpaan: Kasturbai (Kasturi) Sunil Kumar (Subhagan), Sudhamani, Sugunamma, Sajani, Suresh Kumar, Satheesh Kumar ja Subhir Kumar. Sudhamani oli lapsista se, joka oli tuleva tunnetuksi ympäri maailmaa Äiti Ammana, Mata Amritanandamayina, Kuolemattoman Autuuden Äitinä.

Ollessaan neljättä kertaa raskaana Damayanthi alkoi nähdä erikoisia näkyjä. Hän näki ihmeellisiä unia Krishnasta. Toisinaan hän sai todistaa Sivan ja Devin, Jumalallisen Äidin taivaallisia

---

[2] Brahmana-nainen tarkoittaa naista, joka noudattaa tarkoin uskonnollisia sääntöjä elämässään.

leikkejä. Eräänä yönä Damayanthi näki mystisen hahmon, joka tuli hänen luokseen ja uskoi hänen huostaansa Krishnan kultaan valetun patsaan.

Samoihin aikoihin hänen aviomiehensä Sugunanandan näki unen Jumalallisesta Äidistä, Devistä. Koska Sugunanandan oli Krishnan palvoja, hän ei voinut ymmärtää miksi Devi, Jumalallinen Äiti, ilmestyi yhtäkkiä hänelle. Kerrottuaan unestaan vaimolleen Damayanthille hän sai kuulla, että myös tällä oli ollut selittämättömiä ilmestyksiä. He pohtivat, mikä oli näkyjen tarkoitus ja aavistelivat hyvän onnen lankeavan pian perheen osalle.

Näihin aikoihin Sugunanandan ja Damayanthi yöpyivät pienessä majassa meren rannalla, sillä niin oli käytännöllisempää kalastukseen liittyvien liiketoimien takia, sen sijaan, että he olisivat yöpyneet perheen varsinaisessa asunnossa viiden minuutin kävelymatkan päässä takavesien toisella puolen.

Aikaisempien raskauksien yhteydessä Damayanthilla oli ollut turvotusta aina muutamia viikkoja ennen synnytystä. Tämä oli ollut merkki siitä, että hänen oli aika levätä ja vetäytyä synnyinkotiinsa Bandaraturuttuun, missä hänestä huolehdittiin synnytysten yhteydessä. Damayanthi odotti, että näin kävisi tälläkin kertaa.

Eräänä yönä Damayanthi näki mystisen unen, missä hän synnytti Krishna-vauvan, joka makasi sitten hänen sylissään rintaa imien. Seuraavana aamuna Damayanthi oli meren rannalla työskentelemässä, kun hänestä alkoi yllättäen tuntua, että synnytyshetki oli lähestymässä. Hän kuitenkin sivuutti tuntemuksen, sillä kehon turvotus ei ollut vielä alkanut. Outo tuntemus kuitenkin jatkui, kunnes Damayanthin oli jätettävä työ sikseen. Hän käsitti nyt, että hänen oli palattava kotitalolleen, niinpä hän souti yksiksen takavesien yli ja käveli kotiaan kohti. Pian hän saapui heidän pienen majansa luo ja ryhtyi kiireesti kokoamaan tarpeellisia tavaroita. Hetkeä myöhemmin tuttu tuntemus palasi ja hän tajusi synnytyksen käynnistyneen. Hän ehti vain levittää maton ja käydä makuulle, kun lapsi oli jo tulossa. Damayanthi oli järkyttynyt. Itse tunnelma oli kuitenkin hiljainen ja rauhallinen. Lukuun ottamatta synnytyksestä

19

varoittanutta tuntemusta Damayanthi ei ollut kokenut mitään muuta. Itse asiassa, kun hän oli jälleen palaamassa normaaliin tajunnantilaan synnytyksen jälkeen, hänen mielensä täytti huoli: Oliko lapsi elossa? Ei näet kuulunut lainkaan asiaankuuluvaa itkua. Damayanthi järkyttyi entisestään nähdessään pienen tyttövauvan kasvoilla säteilevän hymyn. Vauvan katse lävisti hänen sydämensä, eikä hän ollut unohtava tuota näkyä koskaan.

Samassa naapuritalon nainen ilmestyi oviaukkoon. Tajutessaan tilanteen hän kiirehti auttamaan äitiä ja vastasyntynyttä ja pyrki tekemään heidän olonsa niin mukavaksi kuin mahdollista.

Oli syyskuun 27. päivän aamu, 1953. Pieni tyttövauva oli syntynyt vaatimattomaan palmunlehdistä valmistettuun majaan, valtameren aaltojen pauhatessa ikuista musiikkiaan läheisellä rannalla.

Vanhempia hämmensi lapsen tummansininen ihonväri ja se, että lapsi makasi *padmasanassa*, lootusasennossa. Sormiaan hän piti *chinmudrassa*.[3] Vanhemmat pelkäsivät, että lapsen sinertävä ihonväri saattoi olla oire jostakin tuntemattomasta sairaudesta ja että omituinen jalkojen asento saattoi johtua epänormaalista luustosta tai luuston virheellisestä asennosta. Useilta lääkäreiltä tiedusteltiin asiaa. Pelko epänormaalista luustorakenteesta poistui, kun lääkärin tutkimuksissa havaittiin, ettei tytöllä ollut minkäänlaista vammaa. Mitä taas tuli ihonväriin, todettiin, että sen syy ei voinut olla perinnöllinen, sillä sekä Damayanthi että Sugunanandan olivat hieman vaaleampia ihonväriltään. Vanhempia neuvottiin olemaan kylvettämättä lasta kuuteen kuukauteen siinä toivossa, että mystinen krooninen sairaus paranisi. Kuusi kuukautta kului, mutta tytöllä oli edelleenkin sinertävä ihonvärinsä, jollainen on perinteisesti kuvattu olleen Krishnalla ja Jumalallisella Äidillä Kalilla. Ajan mittaan tytön iho muuttui väriltään tumman ruskeaksi. Silti iho saattoi edelleenkin muuttua silloin tällöin sinertäväksi, kun hänen halunsa nähdä Krishna kasvoi voimakkaaksi. Vielä nykyäänkin voi silloin tällöin

---

[3] Chinmudra symboloi Jumalan ja ihmisen välistä ikuista yhteyttä.

havaita sinertävän ihovärin palaavan, erityisesti silloin kun Amma on Krishnan tai Devin jumalallisessa mielentilassa.

Erikoista kyllä, juuri tuo sinertävän tumma ihonväri aiheutti aikanaan sen, että Damayanthi ja muut perheenjäsenet alkoivat kokea olevansa parempia kuin tuo erikoinen lapsi. Tämä johti siihen, että tummaihoisesta tytöstä tehtiin perheen ja lähisukulaisten alistettu palvelija.

Kuka olisikaan voinut arvata, että tuo sinertäväihoinen lapsi, joka oli syntynyt vaatimattomassa majassa Arabianmeren rannalla kaunis hymy kasvoillaan, oli itse asiassa henkinen jättiläinen, joka oli saapunut maailmaan levittämään rauhaa ja rakkautta kärsivän ihmiskunnan keskuuteen. Kuka olisikaan voinut nähdä ennalta tämän lapsen valtavat henkiset lahjat, joiden avulla hän tulisi auttamaan tuhansia ja jälleen tuhansia ihmisiä ylittämään sielunvaelluksen valtameren.

Perheenjäsenet havaitsivat kyllä tytössä syntymästä alkaen epätavallisia ominaisuuksia, mutta niiden merkitys tajuttiin vasta monia vuosia myöhemmin. Esimerkiksi, tavallisesti lapsen kehitys kulkee kävelemistä kohden erilaisten kehitysvaiheiden kautta: ensin lapsi makaa selällään, sitten se pyörähtää ympäri, käy vatsalleen ja työntää itseään ylöspäin käsillään ja niin edelleen. Lopulta lapsi alkaa ryömiä ja kontata, ja muutamien kuukausien kuluttua se nousee seisomaan pitäen kiinni jostakin tuesta. Tämä kehitys huipentuu kävelyvaiheeseen yleensä vuoden iässä. Tämän pienen tytön tarina oli tyystin toisenlainen, sillä yhtäkään mainituista välivaiheista ei ilmaantunut. Tyttö vain yksinkertaisesti nousi pystyyn eräänä päivänä, kuuden kuukauden iässä, ja käveli saman tien kuistin poikki. Pian tämän jälkeen hän alkoi juosta täyttäen ihmisten sydämet ihmetyksellä ja ilolla.

Jumalallinen jalokivi

Vanhemmat antoivat tyttövauvalle nimeksi Sudhamani, mikä tarkoittaa jumalallista jalokiveä.

Toisin kuin muut lapset Sudhamani ryhtyi puhumaan äidinkieltään malajalamia jo kuuden kuukauden iässä. Hänen intohimonsa laulaa jumalallisia nimiä ilmeni heti, kun hän vain kykeni puhumaan. Kahden vuoden herkässä iässä hän ryhtyi toistamaan rukouksia ja laulamaan lyhyitä ylistyslauluja Krishnalle ilman, että kukaan olisi neuvonut häntä näissä asioissa. Perhe oli luonnollisestikin melko hämmästynyt tällaisesta oma-aloitteisuudesta.

Seuraavan ikävuoden aikana Sudhamani ryhtyi päivittäin lausumaan melodisella äänellä jumalallisia nimiä - tämä tapa on säilynyt katkeamattomana tähän päivään asti. Neljän vuoden iässä hän lauloi antaumuksellisella hartaudella omia yhden tai kahden säkeen sävellyksiään Krishnan kuvan edessä.

Sudhamani oli lapsuudesta lähtien täynnä tarmoa ja eloisuutta. Hän oli tottelevainen lapsi ja kaikkien rakastama. Jopa tuntemattomat ihmiset tunsivat selittämätöntä vetovoimaa ja rakkautta pientä Sudhamania kohtaan. Hänessä ilmeni varhaisesta lapsuudesta lähtien jaloja luonteenpiirteitä, kuten rakkaus Jumalaa kohtaan ja hellä huolenpito toisia ihmisiä kohtaan. Näiden hyveellisten ominaisuuksien takia kyläläiset alkoivat kutsua häntä lempinimellä Kunju, mikä tarkoittaa Pienokaista. Kummallista kyllä, nämä luonteenpiirteet saivat aikaan sen, että hänen perheenjäsenensä ja sukulaisensa alkoivat kohdella häntä myöhemmässä vaiheessa huonosti ja jopa pahoinpidellä häntä.

Kun Sudhamani täytti viisi vuotta, hänessä ilmeni synnynnäinen antaumuksellinen rakkaus, joka kohdistui Krishnaan. Eikä aikaakaan, kun tämä antaumuksellinen rakkaus alkoi ilmetä täysin kehittyneinä pikku lauluina. Pikkuisen laulut olivat täynnä sydämeenkäyvää kaipausta rakastettua, Krishnaa kohtaan. Pian hänen yksinkertaiset, mutta samalla syvästi mystiset laulunsa, joita hän tulkitsi lumoavasti ja sielukkaasti, olivat tuttuja kyläläisten keskuudessa. Lausuessaan tai laulaessaan hän kohdisti katseensa Krishnan kuvaan, jota hän piti kaiken aikaa mukanaan paitansa sisällä. Laulun jälkeen hän istui pitkään liikkumattomana. Tämä erikoinen käyttäytyminen ja voimakas antaumuksellisuus hämmästytti hartaan mielenlaadun omaavia kyläläisiä. Herätessään aikaisin aamulla kyläläiset saattoivat kuulla Pikkuisen enkelimäisen laulun tervehtivän uutta päivää.

Ambati tannile

Oi Herrani, joka suojelet Gokulamia,
Ampatin rakasta lasta,
oi maitovaltameren Herra,
joka olet pilvien värinen,
oi lootussilmäinen, palvon Sinua
yhteen liitetyin käsin...

Suo vapautus syntisille heidän synneistään,
oi Sinä joka olet pilvien lailla tumma,
osoita myötätuntoa kylän köyhille...

Oi huilun Herra, kelta-asuinen,
Sinä joka omaat jasmiiniseppeleen,
tule huiluasi soittaen,
oi Putanan tuhoaja, suojele minua!

Oi Sinä, joka nojaat valtavaan käärmeeseen,
oi Gokulamin Herra,
joka estit rankkasateen,
anna minun sulautua lootusjalkoihisi,
vapauta minut sielun tuskasta...

Jo näin varhaisessa iässä Sudhamanissa oli havaittavissa jumalallisuuden merkkejä. Ollessaan syventyneenä lapsuuden leikkeihin tai arkipäivän askareisiin hän saattoi yhtäkkiä uppoutua sielunsa syvyyksiin unohtaen ajan ja paikan. Tällaisina hetkinä vanhemmat

tai muut perheenjäsenet saattoivat löytää hänet istumasta liikku-
mattomana jossakin syrjäisessä paikassa. Toisinaan hänet saatettiin
tavata virran partaalta tuijottamasta vettä tai unohtuneena katso-
maan sinistä taivasta, tilassa jossa hän tuntui olevan tyystin toisessa
maailmassa. Ei ollut mitenkään epätavallista nähdä hänet istumassa
yksinään silmät suljettuina. Kun hänet nostettiin seisomaan, hän
oli poissaoleva.

Kykenemättä ymmärtämään tyttärensä epätavallisia mielentilo-
ja vanhemmat sättivät häntä siitä, ettei hän ollut yhtä leikkisä kuin
muut lapset. Tämä merkitsi pitkällisen parjaamisvaiheen alkamista
ja sen seikan täydellistä väärinkäsittämistä, että tyttö oli pelotta
pyrkimässä Jumalan valtakuntaan. Vanhempien huolenaiheena oli,
että tyttären omalaatuinen käytös saattoi johtaa sisäisiin ongelmiin.

Sudhamanin täytettyä viisi vuotta hänet laitettiin läheisessä
kylässä sijaitsevan Srayicadu-koulun ensimmäiselle luokalle. Hän
osoittautui älykkääksi ja hyvämuistiseksi oppilaaksi. Kun hän kuuli
oppijakson kerran, ei hän enää unohtanut siitä pienintäkään osaa.
Hän kykeni vaivatta toistamaan ulkoa kaiken mistä oli puhuttu tai
mitä oli lukenut. Kun Sudhamani oli toisella luokalla, hän osoitti
kykenevänsä muistamaan jopa ylempien luokkien oppimateriaa-
lin, jota oli kuullut luettavan. Ylempien luokkien oppilaita, muun
muassa hänen veljiään ja siskojaan kuritettiin joskus ankarasti siitä,
että he eivät kyenneet muistamaan ulkoa jotakin runoa. Samaan
aikaan pieni Sudhamani, joka kävi koulua alemmalla luokalla, lauloi
samaisia runoja liidellen oman laulunsa tahtiin perhosen lailla.

Opettajat pitivät hänestä varauksetta ja hämmästelivät Pieno-
kaisen muistia, jollaista eivät olleet aiemmin tavanneet. Sudhamani
saikin kaikista aineista korkeimmat arvosanat ja häntä pidettiin
luokkansa priimuksena, siitäkin huolimatta, että hän joutui olemaan
usein poissa oppitunneilta kodinhoitoon liittyvien velvollisuuksiensa
takia.

Seuraava tapahtuma kuvaa hyvin Sudhamanin ainutlaatuista
muistia. Eräänä päivänä, viisi kuukautta synnytyksen jälkeen,
Damayanthi-äiti joutui lähtemään asioilleen, jolloin hän jätti lapsen

isän hoiviin. Jostakin syystä lapsi tuli levottomaksi ja alkoi itkeä. Tottumaton kun oli, Sugunanandan yritti kaikenlaista lapsen rauhoittamiseksi, mutta turhaan. Lopulta hän menetti malttinsa ja heitti lapsen sänkyynsä.

Vuosia myöhemmin Sudhamani sanoi isälleen: "Miten kovakouraisesti heititkään minut sänkyyn silloin kerran! Olit vähällä tappaa minut!" Ensi alkuun Sugunanandan ei ymmärtänyt mitä Sudhamani tarkoitti, sitten vanha muisto välähti hänen tajunnassaan ja hän joutui hämmästelemään lapsen muistia.

Kaikki koulupäivien vapaahetket Sudhamani käytti läksyjen tekemiseen, ajatellen että siten kotona jäisi enemmän aikaa Jumalan mietiskelemiseen. Palattuaan kotiin pienen tytön oli ensiksi autettava äitiään kotitaloustöiden tekemisessä, sitten hän lauloi antaumuksellisia lauluja ja unohti itsensä.

Jo lapsuudesta lähtien Sudhamani oli hyvin huolellinen ajankäytön suhteen, hän ei hukannut koskaan pienintäkään hetkeä istuksimalla joutilaana. Suorittaessaan tasaisesti kasvavia taloustöitään hänen kuultiin toistavan alati Krishnan jumalallista nimeä, ajatellen rakkaan Krishnan kaunista olemusta sydämensä syvimmässä Pienokainen vietti päivät ja yöt omissa maailmoissaan.

Talo, jossa Sudhamani eli lapsuutensa päivät, koostui kahdesta pienikokoisesta huoneesta ja keittiöstä. Asuminen näin ahtaissa tiloissa oli kuitenkin epämukavaa, niinpä Sugunanandan-isä rakensi pienen huoneen navetan[4] kylkeen, missä lapset tekivät koululäksynsä. Sudhamani puolestaan viihtyi navetan puolella, missä hän vietti vapaahetkensä meditoiden ja laulaen. Samaisessa navetassa asusti kaksi muutakin pakolaista, nimittäin leskeksi jäänyt nuori nainen, Potichi, ja hänen lapsensa. Säälien heidän avuttomuuttaan Sugunanandan antoi heidän yöpyä siellä. Potichi, joka oli ammatiltaan parturi, rakasti Sudhamania hyvin paljon. Hän kantoi Pikkuista aina lanteillaan ja huolehti noihin aikoihin Sudhamanista enemmän kuin Damayanthi-äiti.

---

[4] Samassa paikassa sijaitsee nyt vanha Devi-bhava temppeli.

Näin Sudhamanin päivät kuluivat navetassa, missä hän keskittyi sydämessään Krishnan viehkeään olemukseen. Lehmät olivat aikoinaan rakkaita Krishnalle, yhtä rakkaita ne olivat nyt Sudhamanillekin. Kaiken vapaa-aikansa hän vietti navetassa jumalallisiin unelmiinsa vaipuneena, tällaisina hetkinä Pikkuinen oli vapaa kokemaan sitä autuutta, minkä kaipuu Krishnan näkemisestä synnyttää.

Rakastavan luonteenlaatunsa vuoksi Sudhamani oli usein toisten lasten ympäröimä, lapset tulivat Idamanneliin aina kun vain saivat siihen tilaisuuden leikkiäkseen Sudhamanin kanssa. Yhdessä he menivät keräämään ruohoa lehmille. Vaikka Sudhamanin pienet ystävät eivät olleetkaan kiinnostuneet tällaisesta työstä, he lähtivät kuitenkin matkaan voidakseen nauttia hänen iloisesta seurastaan. He tunsivat mystistä vetovoimaa ja syvää rakkautta häntä kohtaan. Suoritettuaan tehtävänsä Sudhamani innosti lapsia erilaisiin leikkeihin ja veti muitakin mukaan Krishna-*liilaan*.[5] Pienokainen sai myös innostettua lapset laulamaan kanssaan antaumuksellisia lauluja, jotka alati soivat hänen mielessään.

Kukaan ei ymmärtänyt Sudhamanin hartaita mielentiloja, joista alkoi tulla päivä päivältä voimakkaampia. Viikkojen ja kuukausien edetessä hän uppoutui antaumuksellisiin toimiinsa yhä syvemmin, päivästä päivään Pikkuisen kuultiin laulavan ääni täynnä syvää kaipausta saada nähdä Herran jumalallinen kauneus, autuaallisia mielentiloja alkoi ilmetä nyt yhä useammin ja useammin, eivätkä ne rajoittuneet enää vain navettaan. Ulkopuolisesta maailmasta välittämättä Sudhamani saattoi toisinaan tanssia autuaallisesti liikkuen ikään kuin ympyrää pitkin laulaen samalla antaumuksellisesti. Oheisen laulun hän sävelsi seitsemän vuoden ikäisenä:

Suojele minua, Korkein Herra,
joka asut Guruvayoorin kaupungissa...
Oi Krishna-lapsi, joka olit lehmipoikana,
oi universumin Herra, Lakshmin puoliso,

---

[5] *Lilalla* tarkoitetaan tässä Krishnan lapsuusajan leikkejä, joiden avulla Hän innosti ihmisiä suuntautumaan Jumalaan.

suojele minua, oi Krishna, Radhan rakastettu,
oi Krishna, gopien lemmitty,
oi Krishna, Nandan poika,
oi Krishna, jota kaikki palvovat ja rakastavat...

Perhe ja naapurit olivat täysin tietämättömiä pienen Sudhamanin ylevien mielentilojen laadusta, heidän mielestään kyse oli vain lapsuuden leikeistä. Kuka olisikaan voinut kuvitella, että tämä seitsemänvuotias tyttö, joka ei ollut saanut minkäänlaista henkistä opastusta, liikuskeli sujuvasti puhtaan rakkauden ja autuuden valtameressä?

Joskus hän lukitsi itsensä huoneeseen, missä hän lauloi ja tanssi autuaallisessa mielentilassa. Erään kerran Damayanthi tirkisteli ovessa olevasta raosta huoneeseen ja huudahti miehelleen: "Tule katsomaan kuinka tyttäremme tanssii! Meidän tulisi antaa hänelle tanssitunteja!" Voi vanhempia! He tunsivat vain maalliset tanssit, eivät he olleet kuulleet tai lukeneet, että joku voisi tanssia Jumalasta juopuneessa tilassa. Jos paikalla olisi ollut joku, joka olisi ollut perehtynyt suurten sielujen elämään, Sudhamanin tajunnantilat olisi kenties osattu tulkita oikein. Olisiko kukaan sittenkään uskonut, että näin nuoressa tytössä saattoi ilmetä tällainen hurmioitunut tajunnantila? Perhehän oletti, että kyse oli vain omituisen ja hieman liian rikkaan mielikuvituksen omaavan tyttären temppuilusta.

Sudhamanin kaipaus nähdä ja sulautua Korkeimpaan Herraan jatkui voimakkaana. Yhä uudelleen ja uudelleen hänen nähtiin tuijottavan Krishnan kuvaa, jota hän piti paitansa alla. Purkien sydäntään Hänelle, joko lauluin tai rukouksin, pieni tyttö itki: "Oi rakkain Krishna, näen vain vaikeuksia ja kärsimystä ympärilläni! Oi Krishna, ethän unohda huolehtia tästä pienestä tytöstä. Kutsun Sinua alati, etkö tulisi ja leikkisi kanssani?"

Kahdeksanvuoden iässä Sudhamani sävelsi laulun, jossa ilmenee välähdys hänen henkisen tilansa syvyydestä ja laajuudesta.

Kanivin porule

Armon ydinolemus, oi Sinä myötätuntoinen,
oi Krishna, suo minulle taivaallinen turva!

Oi Krishna, onko näiden palavien kyynelten
tarina Sinulle täysin tuntematon?

Uhraan kukkia jaloillesi,
jotka murskasivat Kaliya-käärmeen,
palvon Sinua, oi Krishna...
Sinä toimit Arjunan vaunujenajajana Kurukshetrassa
ja suojelit totuutta ja oikeudenmukaisuutta...
oi Herra, joka suojelet dharmaa,
osoita meille myötätuntoa!

Oi Gitan Herra, jumalallisen musiikin rakastaja,
anna minulle kyky laulaa Sinun laulujasi...
'oi antaumuksellisen laulun rakastaja,
etkö kuule pyhiä nimiäsi, joita
toistan syvällä sydämessäni?

Pikkuisen epätoivoiset kasvot ja hänen surulliset laulunsa tavoittivat kyläläisten mielen. Silti Sudhamanin sisäisen elämän mysteerio säilyi tuntemattomana heille. Kuka voisikaan kuvitella, minkälaista oli hänen lapsuutensa palvontamenojen autuaallinen riemu, kuka voisikaan ymmärtää sitä, paitsi tietysti viisaat.

Toinen luku

Jumalallinen palvelija

Äiti on palvelijoitten palvelija. Hänellä ei ole erityistä asuinsijaa. Hän asuu sinun sydämessäsi...

—Amma

Kāminīriti hi yāminīṣu khalu kāmanīyaka nidhe
bhavān
pūrnasammada-rasārnavam kamapi yogigamya-
manubhāvayan
Brahmaśankara-mukhānapīha paśupānganāsu
bahumānayan
bhaktaloka-gamanīyarūpa kamanīya drisna paripahi
mām

*Oi kauneuden aarreaitta! Sinä, joka annoit rakkautta
janoaville gopeille kirkkaan hengen ilon, jonka vain joogit
saavuttavat, ja teit heistä kelvolliset Brahman ja Sivan
kunnioitukselle. Oi ihanahahmoinen Krishna, jonka luokse
vain antaumuksen lahjan saaneet pääsevät, suojele minua!*

—Srimad Narayaneeyam, 69. laulu, 11. säkeistö

Yhdeksänvuotiaana Sudhamani oli edennyt koulunkäyn-
nissään neljännelle luokalle. Kroonisesti sairas äiti oli kui-
tenkin siirtänyt hänen hoitoonsa useat perheen kotitöistä.
Sudhamani nousi jo ennen auringonnousua selvitäkseen hänelle
langenneista tehtävistä ja lähti kouluun vasta kun kaikki velvollisuu-
det oli hoidettu. Koulusta palattuaan hän hoiti ensin kotiaskareet
ja vietti jäljelle jäävän ajan rukoillen ja mietiskellen. Hän kantoi
edelleenkin lempikuvaansa kaikkialla, syleili ja suukotteli sitä silmät
kyynelissä, kyynelvirtojen kastellessa kuvan usein läpimäräksi.

Joskus Damayanthin oli lähdettävä hakemaan vettä etäämpää,
tällöin Sudhamani seurasi äitiään vaivihkaa voidakseen olla hänelle
avuksi. Damayantin yrittäessä estää Pikkuista seuraamasta tämä
esitti voimakkaan vastalauseensa. Toisinaan äiti lukitsi itsepintai-
sen tytön huoneeseen ja yritti säikäyttää tätä sanoen: "Täältä tulee

haamu! Se nappaa sinut!" Mutta tällainen pelottelu ei tehonnut Sudhamaniin, joka oli ollut peloton varhaislapsuudestaan alkaen. Tämä luonteenpiirre herätti kunnioitusta kyläläisissä.

Kylässä oli eräs nainen, jonka ulkomuoto pelotti lapsia. Mikäli nämä olivat omavaltaisia, vanhemmilla oli tapana kutsua tämä nainen säikäyttämään lapset tottelevaisiksi. Hänen nimensä oli Appisil Amma. Joskus hänet kutsuttiin myös Idamanneliin pelottelemaan pientä Sudhamania, nainen hiipi sen ikkunan taakse, jonka ääressä Sudhamani istuskeli. Nainen oli vetänyt päälleen säkin ja hyppi ja kiljui irvistellen pelottavasti, jolloin Pikkuinen katsoi pelotta ikkunasta ulos ja sanoi tiukasti: "Mene pois. Minä tiedän kuka sinä olet, sinä olet Appisil Amma. Älä yritäkään pelotella minua!"

Sudhamani kutsui kuin surun murtama, hylätty lapsi päivin ja öin rakastettuaan Krishnaa. Kyläläisten keskuudessa alkoi vahvistua käsitys, että Sudhamani parka oleili tyystin omissa maailmoissaan. Kykenemättä ymmärtämään Pikkuisen tuskaa he säälittelivät: "Lapsi raukka! Mikä hänen on? Kyyneleet valuvat aina hänen poskillaan. Miten valitettava tilanne! Syntyikö hän tähän maailmaan vain itkemään? Pitääkö perhe häntä liian tiukoilla? Jos niin on, mitä hän on tehnyt että joutuu läpikäymään tuollaisia vaikeuksia?" Tähän tapaan ihmiset säälittelivät häntä. Jotkut yrittivät lohduttaa tyttöä, mutta kuka muu kuin *gopien*, paimentyttöjen rakastettu Krishna[6], olisikaan kyennyt sammuttamaan hänen henkistä ykseyden janoaan.

Pikkuisen tasapuolisuus ja jalo luonne, hänen myötätuntonsa elollisia olentoja kohtaan ja hänen korvia hivelevät laulunsa olivat saaneet kyläläiset rakastamaan häntä. Kaikki ne, joilla oli onni päästä hänen läheisyyteensä, havaitsivat pian sydämensä avautuvan hänelle. Näin ei kuitenkaan tapahtunut perheenjäsenten kohdalla. Erityisesti Sudhamanin äitiä ja vanhempaa veljeä ärsytti ja raivostutti Pikkuisen epätavallinen käyttäytyminen.

---

[6] Krishna eli nuoruutensa lehmipaimenten keskuudessa, jotka rakastivat häntä syvästi. Erityisesti gopien, lehmityttöjen rakkaus Krishnaa kohtaan symboloi sielun ikuista kaipuuta ja rakkautta Jumalaa kohtaan. Gopeista läheisin Krishnalle oli Radha, jonka rakkaus oli erityisen puhdasta ja epäitsekästä.

Näihin aikoihin Damayanthin terveys huononi entisestään, mikä johtui paljolti siitä, että hän oli synnyttänyt Sudhamanin maailmaantulon jälkeen vielä viisi lasta. Se oli heikentänyt hänen terveyttään niin, että kotityöt olivat käyneet ylivoimaisiksi hänelle. Vastuu niistä oli jo tähänkin asti ollut suurelta osin Sudhamanin harteilla, mutta nyt ne lankesivat kokonaan hänelle. Kasturi, vanhin tyttäristä, opiskeli paikallisessa yliopistossa ja Subhagan, vanhin pojista, opiskeli hänkin, niinpä töiden taakka jäi yksinomaan Sudhamanin harteille, näin hänen elämässään alkoi todellinen koettelemusten ja kärsimysten kierre.

Sudhamani uurasti päivät ja yöt, nousi aamukolmelta, puhdisti talon, haravoi pihan, nouti veden, keitti ruoan, syötti ja lypsi lehmät ja pesi pyykit sekä tiskasi keittoastiat. Näin valtava taakka olisi ollut omiaan murtamaan jopa aikuisenkin, puhumattakaan lapsesta. Yksin karjan ja kanalan hoidossa olisi ollut riittävästi tekemistä yhdelle ihmiselle. Siitä huolimatta Sudhamani teki kaikki työt innolla, malttiaan menettämättä ja valittamatta.

Kotitöiden paljouden takia koulunkäynti lähes keskeytyi, työn raskauttama lapsukainen ei näet useimmiten ehtinyt kouluun ajoissa. Jotenkin hän kuitenkin onnistui suorittamaan päivän työt kiirehtiäkseen sitten juoksujalkaa kouluun, mutta tuntien ehdittyä useinkin jo alkaa, opettajat seisottivat häntä rangaistukseksi luokan ulkopuolella. Silloinkin Sudhamani seurasi opetusta huolellisesti oven takaa ja onnistui suorittamaan neljännen luokan.

Viidennen luokan alkaessa Sudhamanin oli enää mahdotonta osallistua opetukseen jatkuvasti lisääntyneiden kotitöiden takia. Niinpä hänen oli pakko keskeyttää koulunkäyntinsä ollessaan vasta kymmenen vuoden ikäinen. Tämän jälkeen hänen päivänsä kuluivat jatkuvasti töitä tehden, hän uurasti aikaisesta aamusta myöhäiseen iltaan. Raskaan työn lomassa hänen kuitenkin kuultiin kaiken aikaa laulavan ja toistavan Krishnan jumalallisia nimiä, toisinaan hän saattoi vaipua kesken työnteon haltiotilaan, ulkopuolisen maailman unohtaen.

Koska Sudhamanin päivä alkoi jo ennen auringonnousua, sattui toisinaan, että hän nukkui pidempään silkasta uupumuksesta. Damayanthi kaatoi tällöin epäroimättä kylmää vettä hänen päälleen. Heti aamutuimaan tytön oli hakattava kookoksen kuoria survimella, tarkoituksena oli näin valmistaa pehmeää säiettä, josta tehtiin sitten kookoskuitua. Tämän jälkeen hänen oli siistittävä talo ja piha, noudettava vettä kauempana sijaitsevalta kylän kaivolta, pestävä astiat, valmistettava ruoka, huolehdittava nuorempien sisarusten kouluun lähdöstä, mitä seurasi lehmien pesu ja ruokkiminen, lounaan valmistaminen ja astioiden tiskaaminen, perheen pyykin pesu ja ruohon kerääminen lehmille. Tässä vaiheessa kello oli ehtinyt jo neljään iltapäivällä, jolloin siskot ja veljet palasivat koulusta. Tällöin Sudhamani valmisti heille teetä ja välipalaa. Muiden tehtävien lomassa hänen tuli vielä löytää jotenkin aikaa käydä naapuritaloissa kyselemässä kasvisten ja riisivellin tähteitä lehmien ruoaksi. Damayanthi kehotti lisäksi häntä auttamaan naapureita milloin vain havaitsi, että näiltä oli jäänyt jotakin tekemättä. Ennen päivän päättymistä tytön oli vielä valmistettava illallinen ja tiskattava jälleen astiat.

Kukaan ei auttanut Sudhamania, sillä hän oli perheenjäsenten mielestä heidän palvelijansa. He ajattelivat näiden tehtävien yksinkertaisesti vain kuuluvan hänen velvollisuuksiinsa. Damayanthi terävät silmät seurasivat Pikkuisen kaikkia töitä ja toimia, ja mikäli virheitä sattui - miten pieniä tahansa - seurasi pikainen rangaistus. Sudhamanin ainoa ystävä oli Krishna, jonka nimi ei jäänyt hänen mielestään hetkeksikään, se oli hänen ainoa innoituksen lähteensä. Loputtoman työmäärän keskellä rakkaan Jumalan mietiskeleminen toi kyyneleet tytön silmiin ja hän saattoi itkeä tunnista toiseen.

Sudhamanin työpäivä päättyi lopulta yhdentoista aikaan illalla. Silloin alkoi ainoa hetki, jolloin tämä tyttönen sai levätä, mutta silloinkaan hän ei paneutunut lepäämään vuoteeseen, vaan uppoutui itseensä, kutsuakseen Herraansa. Muiden ollessa syvässä unessa hän istui yksinään perheen rukoushuoneessa vuodattaen Krishnalle

2 – Jumalallinen palvelija

sydäntään antaumuksellisilla lauluillaan. Sudhamani itki ja lauloi
sydäntä särkevästi yön pimeydessä vaipuakseen viimein uneen.

Krishna niyennil karunyamekane

Oi Krishna, osoita minulle myötätuntoa!
Oi Vishnu, palvon Sinua yhteen liitetyin käsin!
Vapauta minut puheen, mielen ja kehon taakasta!
Suojele minua rakkaudellasi!

Oi Krishna, eikö Sinulta, kärsivien ystävältä,
liikene myötätuntoa minulle?
Oleiletko vain kultaisessa temppelissäsi?
Ovatko kirkkaat silmäsi sumentuneet?

Oi myötätunnon valtameri,
Sinä olet rakkautta täynnä palvojiasi kohtaan!
Jalkasi ovat ikuinen tukemme!

Jo tuohon aikaan Sudhamanin mieli liiteli niin korkealla, että hän
saattoi milloin hyvänsä jonkin laulun tai sydäntä hivelevän näyn
innostamana kohota jumalallisiin mielentiloihin.

Eräänä päivänä Pikkuinen oli mennyt torille ostoksille. Koti-
matkalla hänen korviinsa kantautui harrasta laulua jostakin etäältä,
laulun lumoamana ja huumaamana Sudhamani muutti suuntaa ja
alkoi kulkea sen lähdettä kohden. Tyttösen sydämen valloittanut
laulu oli lähtöisin kristitystä kodista, jonka jäsenistä joku oli kuollut
samaisena päivänä. Sukulaiset istuivat ruumiin ympärillä purkaen
ikäväänsä surumielisiä virsiä laulamalla. Tämä huumasi tytön ja hän
unohti ulkopuolisen maailman jääden seisomaan liikkumattoma-
na jumalallisen hurmion tilassa. Silmät olivat kiinni ja kyyneleet
virtasivat poskille, torilta ostetut tavarat putoilivat hänen käsistään
maahan. Ihmiset keräsivät ne ylös ihmetellen, mitä tuntemattom-
malle tytölle oikein pitäisi tehdä. He luulivat sukulaisen kuoleman
liikuttaneen häntäkin.

Kului puolisen tuntia, ennen kuin Sudhamani palasi edes osittain normaalitilaan. Saatuaan tavaransa takaisin hän kiiruhti kotiin - mutta liian myöhään. Kuten arvata saattoi, Damayanthi seisoi jo kiukkuisena odottamassa. Raivon puuskassa hän pieksi Sudhamania säälimättä. Pikkuinen oli yhä niin sisäistyneessä tilassa että vastaanotti Damayanthin kovan käsittelyn hievahtamatta ja sanaakaan sanomatta. Miten mikään ulkoinen voima olisikaan voinut hämmentää Jumalaan sulautunutta mieltä!

Vaikka kotiväki näki Sudhamanissa vain halpa-arvoisen palvelijan, kyläläiset kokivat hänet toisin. He arvostivat tämän pienen tytön verratonta lahjakkuutta, tarttuvaa iloisuutta, hänen harrasta uskonnollisuuttaan ja soinnukasta lauluaan. Kaikkein eniten ihmisiin kuitenkin vetosi hänen köyhiä kohtaan tuntemansa tinkimätön myötätunto. Kuten Krishna lapsena näpisti kotoaan voita, maitoa ja piimää antaen niitä tarvitseville, samalla tavoin Sudhamanikin sulatti kyläläisten sydämet. Mutta Damayanthin se vain entisestään kovetti. Sitä paitsi kesti aikansa, ennen kuin äidille selvisi ruokien päätyneen nälkää näkeville perheille, mutta ei se kuitenkaan parantanut tilannetta mitenkään.

Sudhamanilla oli tapana lisätä astioista näpistämänsä voin ja piimän tilalle vettä ja hiipiä sitten vaivihkaa tiehensä. Mikäli asia paljastui, seurauksena oli taas kunnon selkäsauna. Siskot ja veljet käyttivät Pikkuisen myötätuntoisuutta hyväkseen: kun joku heistä oli ottanut ruokaa omin luvin, syy pantiin aina Sudhamanin niskoille. Vaikka hän tiesikin syyllisen, hän ei koskaan paljastanut tätä, vaan otti vaieten vastaan osakseen tulevat kipeät iskut.

Sudhamanin saadessa tietää nälänhätää kärsivästä perheestä hän saattoi pihistää äidin keräysastiasta rahaa voidakseen tehdä tarvittavat ostokset. Mikäli tämä ei ollut mahdollista, hän kiusasi isäänsä niin kauan, että tältä heltisi hieman rahaa. Mutta jos tämäkään ei onnistunut, hän verotti taas perheen pientä varastoa ja otti sieltä ruokaa hädässä olevalle perheelle.

Lukuun ottamatta tiettyjä lapsuuden kujeita Sudhamanin "kolttosten" vaikuttimet olivat aina epäitsekkäitä: hänen tekonsa olivat seurausta synnynnäisestä myötätunnosta kärsiviä kohtaan. Mutta kuten on jo käynyt ilmi, Sudhamanin taipumus hyväntekeväisyyteen ei suinkaan herättänyt Damayanthin helliä tunteita tytärtään kohtaan, vaan päinvastoin sai hänet kurittamaan tätä jopa entistä ankarammin. Huolimatta muiden auttamisen vaatimista uhrauksista ja kärsimyksistä Sudhamani koki syvää tyydytystä ja onnea siitä, että saattoi auttaa. Rangaistukset eivät saaneet häntä luopumaan hyväntekeväisyydestään, eikä hän koskaan antanut autettavien tietää minkälaisia uhrauksia hän joutui läpikäymään auttaessaan heitä.

Isä oli yleensä poissa kotoa useita päiviä yhtäjaksoisesti kalojen myyntiin liittyvien tehtäviensä takia, niinpä hän palasi usein kotiin niin myöhään, että lapset olivat jo syvässä unessa. Silloin Damayanthi aina ensitöikseen esitti syytöslistan Sudhamanin rikkeistä. Kerran Sudhamani, joka oli teeskennellyt nukkuvansa huusi: "En minä ole tyttäresi vaan pikemminkin miniäsi!" Damayanthi häkeltyi kuullessaan tämän. Pikkuisen tarkoitus oli selvä: hän muistutti Damayanthia siitä, että todellinen äiti olisi omaa tytärtään kohtaan loputtoman kärsivällinen ja anteeksiantavainen, ja että vain anoppi saattaisi selostaa niin pikkumaisen tarkasti miniänsä tekemiä virheitä, vieläpä kymmenkertaistaen ne.

Kukapa olisi saattanut kuvitella, että lämminsydämisen pikku Sudhamanin pohjaton halu helpottaa ihmisten kärsimystä ja surua olisi pian saava ihmisiä eri puolilta maailmaa etsiytymään näille kaukaisille Arabianmeren rannoille – samalla tavoin kuin janoon nääntyvät etsiytyvät keitaalle. Miten voisimmekaan täysin ymmärtää, saati sitten arvostaa riittävässä määrin sitä seikkaa, että Sudhamanin jo kymmenen vuoden iässä sytyttämä liekki olisi vielä valaiseva koko maailmaa ja antava uutta toivoa ihmiskunnalle.

Piiskaan kerkeästi tarttuvan Damayanthin haukansilmien havaitessa Sudhamanin työtahdin vähänkin herpaantuvan hän varoitti tyttöä heti: "Älä laiskottele! Jos istut laiskana, Jumala ei anna sinulle enää koskaan työtä ja lopulta kuolet nälkään! Rukoile siksi Jumalaa: 'Oi Jumala, anna minulle työtä'. Näin kaikki rukoilevat." Niinpä

Sudhamani alkoi rukoilla: "Oi Krishna, anna minulle työtä, anna minulle Sinun työtäsi!"

Sudhamani osoitti uskomatonta kärsivällisyyttä, kestävyyttä ja uhrautuvaisuutta. Hänen kykynsä ottaa vastaan kaikki tyynenä, rakastettua Jumalaa alati muistaen, enteili suuren sielun ilmaantumista Intian Jumalan oivaltaneiden vapahtajien katkeamattomaan ketjuun. Vaikka tyttösen oli käytävä läpi lukemattomat koettelemukset ja vaikka häntä piinattiinkin säälittä, hän otti kaiken vastaan jumalallisen sallimuksen lahjana. Surunsa hän kätki sisimpäänsä ja uskoutui vain jumalalliselle huilunsoittajalle, Krishnalle.

Yön pimeydessä, perheen alttarihuoneen suljettujen ovien takana, hän rukoili kyynelsilmin Krishnaa: "Oi rakastettuni Krishna, vain Sinä voit ymmärtää sydäntäni. Tämä maailma on täynnä surua ja kärsimystä. Itsekkyys vallitsee kaikkialla. Ihmiset etsivät vain omaa onneaan ja nautintoaan. Rakkain *Kanna*[7], rakkain Krishna, en kaipaa muuta kuin saada sulautua täydellisesti Sinuun. Oi Herra, etkö nähnyt miten kärsin tänään? Oi Krishna, tule luokseni! Anna minun nähdä jumalallinen olemuksesi! Nämä vaikeudet eivät merkitse mitään, vain ero Sinusta särkee sydäntäni."

Tuohon aikaan Sudhamani sanoitti ja sävelsi seuraavan laulun:

Karunya murte

Oi tummaihoinen
myötätunnon ruumiillistuma, avaa silmäsi.
Etkö Sinä ole surun tuhoaja?
Pyydän siis, hävitä suruni!

Tässä maailmassa yksin Sinä olet turva,
oi loistavavärinen,
Sinä, jonka silmät ovat kuin kukan terälehdet,
oi Krishna, ota vastaan kyynelkukkani...

---

[7] Yksi Krishnan lempinimistä.

Oi Gopala, mielen lumoaja,
vaellan pimeydessä.
Oi Sinä, joka läpäiset neljätoista maailmaa,
oi Sridhara, avaa silmäsi ja vapauta minut surustani...

Näin kului koulun lopettamisen jälkeen kolme kaipuun ja koettelemusten vuotta. Sudhamani, joka oli nyt kolmetoistavuotias, työskenteli edelleen ahkerasti. Iän karttuessa velvollisuudet tuntuivat karttuvan samaa tahtia, mutta valittamatta hän jatkoi raatamista vaikeuksien keskellä kuten ennenkin. Samaan aikaan hänen henkiset harjoituksensa voimistuivat. Sudhamanin huulet liikkuivat jatkuvasti, kun hän toisti kaiken aikaa jumalallista nimeä. Sekä sisäisesti että ulkoisesti pyhä nimi virtasi hänessä tauotta, lakkaamatta.

Elämää sukulaisten luona

Rannikkoalueella palvelijoita oli vaikea saada kotitaloustöihin, sillä tarjolla oli paljon tuottavampaa ansiotyötä, kuten verkkojen korjailua ja kookoskuidun valmistamista. Sen lisäksi kalastajakansa piti kaikkea muuta kuin perinteiseen kalastamiseen liittyvää työtä häpeällisenä. Siksi koulunkäyntinsä lopettaneet tytöt joutuivat puurtamaan päivät pääksytysten kotitöissä. Heidät lähetettiin usein myös sukulaisten luo heitä auttamaan, sukulaisilla olikin tapana pyytää tällaisia tyttöjä heidän vanhemmiltaan avukseen.

Niinpä Sudhamaninkin sukulaiset alkoivat vaatia häntä apulaisekseen. Pitkällisen painostuksen jälkeen vanhempien oli annettava periksi ja lähetettävä hänet auttamaan isoäitiä. Tästä alkoi Sudhamanin elämässä neljän vuoden jakso kotiapulaisena useiden sukulaisten luona.

Damayanthin äiti asui Bhandaraturuttussa, kuuden kilometrin päässä Parayakadavusta etelään. Sinne saattoi matkata joko veneellä takavettä pitkin, tai jalan Arabianmeren rantaa seuraten. Kuten arvata saattaa, kummallakin matkustusmuodolla oli huumaava vaikutus pieneen Sudhamaniin. Lautalla matkustaessaan Sudhamani tuijotti sinistä taivasta ja kyynelehti ajatellessaan sini-ihoista Krishnaa. Hän toisti jatkuvasti *om*-mantraa koneen huminan tahdissa ja seurasi veden pinnalla pienten aaltojen tanssia kuvitellen rakastettunsa niiden keskelle ja ajatellen Häntä jumalaisten leikkien tiimellyksessä. Ennen pitkää tyttö vaipui antaumukselliseen hurmioon, ja pehmeä *om* vaihtui henkiseksi lauluksi. Kanssamatkustajat nauttivat suuresti hänen hartaasta laulustaan eivätkä ihmetelleet hänen käytöstään, sillä he olivat tottuneet pitämään häntä omissa maailmoissaan elävänä lapsena. Kiitos tällaisten harjoitusten Sudhamani ei koskaan pitkästynyt matkan aikana.

Laivamatkojen ilo oli kuitenkin pian ohi. Eräänä päivänä hänen pyytäessään äidiltä laivamaksua Damayanthi ärähti: "Kuka sinä olet laivassa matkustamaan? Oletko muka opiskelija? Sinun kelpaa kävellä!" Näihin aikoihin Kasturi oli päättänyt jatko-opintonsa. Peruskoulun jälkeinen opiskelu oli hyvin harvinaista näillä rannikkoseuduilla. Damayanthi oli ylpeä Kasturista ja antoi hänelle auliisti rahaa kaikkiin päivittäisiin tarpeisiin. Oli todella hienoa saada lapsensa korkeampaan opinahjoon, sillä suurin osa perheistä oli aivan liian köyhiä voidakseen lähettää lapsensa jatko-opintoihin. Ja vaikka perheillä olisi ollut varaakin kustantaa lastensa pidemmälle tähtäävät opinnot, useimmiten heillä ei kuitenkaan ollut tarpeeksi kiinnostusta tai kykyjä, siksi ajatuksesta yleensä luovuttiin. Ei siis ihme, jos Damayanthi hieman ylpeili tyttärestään.

Sudhamania, pelkkää tummaihoista palvelijaa tuskin huomattiin. Häntä lyötiin laimin, ja oma perhe ymmärsi hänet täysin väärin, mutta nuoruudestaan huolimatta hän kykeni elämään rauhallisena ennakkoluulojen ja köyhyyden keskellä tilanteessa, jossa hänellä ei ollut muuta tukea kuin Krishna. Häntä ei loukannut äidiltään saamansa säälimätön kohtelu. Päinvastoin! Sudhamani oli onnellinen saadessaan kävellä isoäitinsä luo omissa oloissaan. Hän lauloi ja tanssi haltioissaan. Mikä siunaus! Kuuden kilometrin kävelymatka muodostui sanoinkuvaamattomaksi kokemukseksi tytölle, joka piti valtamerta Jumalallisena Äitinään.

Voi hyvin kuvitella, kuinka hän on kävellyt merenrantaa pitkin laulaen täysin rinnoin aaltojen tahdissa. Hän unohti matkansa tarkoituksen, jolloin hänen askeleensa hidastuivat hidastumistaan, ja tummansinisen valtameren ja siniharmaiden myrskypilvien näky vei nyt hänen huomionsa. Valtameren kohina muistutti *om*-mantraa, joka on aina vaikuttanut häneen huumaavasti.

Kuvitellessaan näkevänsä Krishnan aalloissa hän yritti toisinaan halata niitä. Meren pehmeä tuuli oli hänelle Krishnan pehmeätä hyväilyä ja hän saattoi kutsua ääneen: "Krishna! Krishna!" Korkeimpaan antaumuksen tilaan sulautuneena hän vaelsi kompastellen pitkin hiekkarantaa. Lopulta tietoisuus ulkopuolisesta maailmasta katosi ja hän vaipui hiekalle.

Palattuaan osittain normaaliin tilaan Sudhamani alkoi anellen rukoilla: "Kanna! Rakkain Krishna, tule juosten! Minne olet mennyt jättäen minut tänne? Miksi jätit minut tälle tuntemattomalle rannalle? Missä minä olen? Rakkain Krishna, tule juosten, ennen kuin surun valtameren aallot hukuttavat minut! Oi, Krishna, nosta tämä hätää kärsivä nautintojen hiekasta. Etkö Sinä ole ihailijoittesi vapahtaja? Etkö tunne sydämeni tuskaa? Minkä virheen olen tehnyt, kun annat minun kärsiä näin? Oi, kaikkien maailmojen Herra, etkö osoittaisi hieman myötätuntoa nöyrälle palvelijallesi? Joka päivä odotan kuulevani jumalallisen huilusi soiton. Oi, Krishna, pyydän, tule... tule!"

Jonkin ajan kuluttua hän palasi sellaiseen mielentilaan, että saattoi taas jatkaa matkaansa laulaen autuaana, ja sitten hän saattoi jälleen vaipua kerran toisensa jälkeen hiekalle tiedottomana ulkopuolisesta maailmasta.

Karunya varidhe

Oi Krishna, myötätunnon valtameri,
elämän tuskat lisääntyvät jatkuvasti.
Mieli ei kykene saavuttamaan rauhaa...
Voi, hämmennystä on niin paljon...

Anna anteeksi kaikki väärä,
pyyhi tuskan hiki otsaltani.
Oi Kanna, minulla ei ole muuta tukea
kuin Sinun palvonnan arvoiset lootusjalkasi...

Oi Krishna, kurkkuani kuivaa,
silmieni näkökyky pettää,
jalkani väsyvät,
kaadun maahan, oi Krishna...

Korkeimman rakkauden ja antaumuksen nektaria juoden Sudhamani onnistui kuin onnistuikin selviytymään isoäitinsä talolle. Siellä häntä odotti kerrassaan rusentava työmäärä. Nuori tyttö jatkoi tyytyväisenä Krishnan nimen toistamista ja suoritti hänelle kasatut työt. Jokainen hetki, myönteinen tai kielteinen, oli hänelle Korkeimman Herran antama tilaisuus muistaa ja palvella Häntä.

Toisinaan Sudhamani sai tehtäväkseen mennä jonkin matkan päässä olevalle myllylle riisin kuorimista varten. Matka sinne taittui mukavasti mielilauluja laulaen. Vilja-aitalle mennessään hän joutui ohittamaan sen osan kylää, missä asui äärimmäisen köyhiä perheitä, hyväsydämistä Sudhamania masensi nähdä heidän ahdinkonsa. Myllyltä hän palasi samaa reittiä takaisin antaakseen kuorittua riisiä perheille, jotka olivat olleet ilman ruokaa toisinaan useitakin päiviä. Toisinaan isoäiti huomasi riisiä hävinneen, jolloin hän ajatteli Sudhamanin myyneen sen välipalaa saadakseen. Ymmärrettyään mistä oli kyse, isoäiti kovisteli ja piiskasi lasta, mutta painostipa hän Sudhamania miten paljon hyvänsä, hän ei milloinkaan suostunut kertomaan sen perheen nimeä, jolle oli antanut riisiä. Hän oletti näet isoäidin menevän näiden ihmisten luokse haastamaan riitaa, mikäli hän paljastaisi nimen.

Toisinaan Sudhamani lähetettiin vartioimaan vastaistutettua riisiviljelmää variksilta ja kanoilta. Pelto sijaitsi etäällä, ja tapansa mukaan tyttö käänsi tämänkin tilanteen mahdollisuudeksi muistaa Jumalaa. Tehtävä tarjosi myös harvinaislaatuisen tilaisuuden olla poissa sukulaisten vaikutuspiiristä ja viettää aikaa yksinäisyydessä

Jumalaa mietiskellen ja rukoillen. Pikkuisen jokainen hengenveto soi Krishnan nimeä, jokaisen askeleen hän otti muistellen Krishnan jumalallista olemusta. Niin kuin monesti muulloinkin rakkauden ja antaumuksen voima kasvoi niin huikeaksi, ettei hän voinut muuta kuin vaipua maahan autuuden kyyneleitä vuodattaen.

Sudhamanin täällä oloa huojensi se, että hänen isoäitinsä oli Krishnan palvoja, niinpä seinällä oli Krishnan kuva. Sen edessä Sudhamani seisoi ja lauloi antaumuksellisia lauluja, milloin töiden välillä suinkin jäi aikaa. Tällöin hänen setänsä Ratnadasan, joka rakasti tyttöä, toi hänelle tuolin, ettei hänen olisi tarvinnut seistä niin pitkään. Mutta Sudhamani sanoi: "Kuinka voisin istua, kun Krishna seisoo!" Hänelle Krishnan kuva ei ollut pala maalattua paperia, vaan Krishna itse, lihaa ja verta. Todelliselle palvojalle ei ole olemassa kuollutta materiaa, vaan kaikki on Jumalan suurenmoista ilmentymää.

Sudhamanin koskettavien laulujen lumoamilla naapureilla oli tapana tulla kuuntelemaan häntä, tytön ylevä laulu täytti heidän mielensä rakkaudella ja antaumuksella. Vähitellen naapurit oppivat Sudhamanin omia sävellyksiä ja alkoivat laulaa niitä rukoushuoneissaan. Setä tapasi laittaa Sudhamanin otsaan erityisillä mantroilla pyhitettyä tuhkaa suojellakseen näin sisarentytärtään pahalta silmältä. [8]

Näin kului syksy, talvi, kevät ja kesä, ja Sudhamani oli nyt neljätoistavuotias. Hänet lähetettiin nyt Damayanthin vanhemman sisaren luo, ja jälleen hän joutui suoriutumaan raskaasta työtaakasta aivan yksin. Aamulla hän ensitöikseen keitti kuorimattoman riisin ja kuivatti sen auringossa. Ruoanlaitto, siivoaminen ja vaatteiden peseminen olivat täysin hänen harteillaan, sillä kaikki perheen lapset opiskelivat yliopistossa ja pitivät kotitöiden tekemistä häpeällisenä. He eivät uskoneet Jumalaan ja kiusasivat säälittä Sudhamania hänen hartaan uskonnollisuutensa takia. He yrittivät estää häntä laulamasta pyhiä lauluja. Tyttö-rukka! Mitäpä Sudhamani mahtoi näille sydämettömille ihmisille? Heidän onnistuessaan lopulta

---

[8] Paikallista taikauskoa.

estämään häntä laulamasta, hän peitti kasvonsa käsillään ja puhkesi itkuun. Mutta vaikka hänet olikin ulkonaisesti vaiennettu, kukaan ei voinut estää hänen sydäntään virtaamasta keskeytyksettä kohti rakastettuaan.

Valtameren läheisyyden vuoksi kaikki taloa ympäröivät vedet olivat suolaisia. Sudhamanin oli siksi noudettava juomavesi mantereelta, jolloin hänen oli soudettava pienellä veneellä niemeltä takaveden yli ja käveltävä kauempana sijaitsevalle kaivolle. Toisinaan hän toimi myös lautturina soutaen sukulaisten lapsia takaveden yli näiden mennessä kouluun ja yliopistoon. Mielellään hän kuljetti myös muidenkin ihmisten lapsia.

Istuessaan paluumatkalla yksin veneessä Sudhamani nautti luonnon kauneudesta. Tällaisina hetkinä hän saattoi kutsua estoitta Herraansa, jolloin hänen sydämensä kaipuu saada nähdä Krishna kohosi huippuunsa. Hän puheli ympärillään läikkyville aalloille: "Oi pienet aallot, onko kukaan teistä nähnyt rakastettuani Krishnaa, sinisen myrskypilven kaltaista? Onko kukaan teistä kuullut koskaan Hänen lumoavan huilunsa suloisia sointuja?" Nähdessään pienten aaltojen yhä leikkivän veden pinnalla Sudhamani ajatteli tämän tarkoittavan kielteistä vastausta. Hän purskahti itkuun ajatellen: "Oi, nämä pienet aallot ovat yhtä epätoivoisia kuin minäkin, koska eivät näe Krishnaa." Hän heijasti kaikkialle oman sietämättömän erotuskansa. Katsellessaan itkien ympärilleen hän rukoili hartaasti: "Oi, äärettömän taivaan tummansiniset pilvet, minne piilotitte rakkaan Krishnani? Oi, valkeat kurjet, jotka kiitäen lennätte yli taivaan, oletteko matkalla Vrindavaniin[9]? Jos satutte tapaamaan Krishnan, kertokaa Hänelle tästä pienestä tyttöparasta, joka kyynelehtii ajatellen alati Häntä!" Pian Sudhamani menetti jälleen tietoisuuden ulkoisesta maailmasta, hän istui veneessä liikkumatta kuin patsas. Palatessaan hitaasti normaaliin tietoisuuteen tyttönen havaitsi veneensä ajelehtineen omille teilleen.

---

[9] Krishnan lapsuudenseutu, jossa asuu tänäkin päivänä paljon Krishnan seuraajia.

Tällaiset milloin ja missä tahansa ilmenneet haltiotilat veivät toisinaan Sudhamanin jopa hengenvaaraan. Näin tapahtui muun muassa hänen ollessaan töissä tätinsä luona.

Eräänä päivänä Sudhamani oli palaamassa myllyltä takavesien yli pienellä veneellään. Soudellessaan hän katseli ympärilleen ja nautti maisemista. Taivaalla vyöryi tummansinisiä pilviä, silloin suloinen näkymä sini-ihoisesta Krishnasta täytti hänen puhtaan sydämensä. Seuraavassa hetkessä ulkomaailma hävisi Sudhamanin tietoisuudesta ja hän vaipui *samadhiin*.[10] Airo kirposi hänen käsistään, katse taivaalle suunnattuna hän istui veneessä liikkumattomana, toistellen silloin tällöin: "Krishna, Krishna!" Ulkopuolinen maailma oli unohtunut, jolloin virta lähti kuljettamaan venettä väärään suuntaan. Alkoi kuulua suuren moottoriveneen ääntä. Se oli tulossa uhkaavasti suoraan Sudhamanin pientä venettä kohti! Suuren veneen matkustajat huusivat varoituksia ja yrittivät herättää tytön huomiota. Myös rannalla seisovat ihmiset huusivat, ja joku heitti kiviä veteen pikku veneen ympärille. Viime hetkellä Sudhamanin tietoisuus ulkomaailmasta palautui sen verran, että hänen onnistui jotenkuten pelastautua.

Seuraavana vuonna Sudhamani lähetettiin Damayanthin vanhemman veljen Anandanin perheeseen. Heidän talonsa sijaitsi Karunagappallyn kaupungissa, kymmenisen kilometriä Parayaka-davusta sisämaahan päin. Anandanin ja hänen vaimonsa suureksi iloksi Sudhamani huolehti tehtävistään tunnollisesti ja antaumuksella. Anandanin vaimo jopa antoi tytölle korvarenkaat kiitokseksi hyvin tehdyistä töistä.

Sudhamanin myötätunto köyhiä ja puutteessa eläviä kohtaan ei kuitenkaan riippunut siitä, oliko hän setänsä tai tätinsä luona vai kotonaan. Mikään ei estänyt häntä auttamasta tarvitsevia. Sedän talon lähettyvillä asui useita muslimiperheitä, joista useimmat olivat hyvin köyhiä. Sudhamani keräsi erilaisia tarvikkeita setänsä talosta ja vei ne heille salaa. Aluksi kukaan ei huomannut mitään, mutta jonkin

---

[10] Tila, jossa mieli on sulautunut korkeimpaan tietoisuuteen.

ajan kuluttua hänen puuhansa paljastuivat. Perhe alkoi inhota ja jopa vihata häntä. Useita kertoja täti sitten pieksi Sudhamania, hän ei kuitenkaan pahastunut tätinsä käytöksestä, vaan ajatteli: "Miksi pahastuisin? Viha syntyy, kun ajattelee olevansa erillinen muista. En koskaan ajattele, että he olisivat erillisiä minusta. Jopa omassa kodissani minua lyötiin, joten mitä uutta tässä on?"

Niin usein kuin häntä piiskattiinkin, hän osoitti kuitenkin jatkuvasti armeliaisuutta kärsiviä kohtaan, eikä hän koskaan lakannut auttamasta tarvitsevia. Tämä osoittaa, että loputon kärsivällisyys, myötätunto ja tyyneys olivat erottamaton osa Sudhamanin olemusta. Jokaista tapahtumaa hänen elämässään voidaan pitää opetuksena, niin hän itsekin asian näki. Hänen tuleva rakkauden sanomansa on eräs ilmaus siitä suuresta ja ainutlaatuisesta uhrautuvaisuudesta, jonka hän oli elämäntavakseen valinnut.

Terävällä älyllään Sudhamani pystyi helposti hahmottamaan, mistä kaikessa oli kyse ja näkemään aina tilanteiden ja asioiden henkiset ulottuvuudet. Läpikäymiään kärsimyksiä ja koettelemuksia hän luonnehti sittemmin Korkeimman lahjoittamiksi siunaukseksi, jonka tehtävänä oli todistaa hänelle maailman ja ihmissuhteiden väliaikaisuus.

Myöhemmin hän totesi: "Kaikkien kokemusteni pohjalta käsitin kristallinkirkkaasti, että maailma on täynnä surua. Meillä ei ole aitoja ihmissuhteita eikä aitoja sukulaisia, sillä jokainen rakastaa meitä vain voidakseen tyydyttää omia itsekkäitä tarpeitaan. Ihmiset rakastavat toisiaan halujensa takia. Kukaan ei rakasta meitä epäitsekkäästi. Vain Jumalan rakkaus on epäitsekästä."

Sudhamani tajusi, että jatkuva näiden ihmisten parissa eläminen estäisi häntä saavuttamasta elämän korkeinta päämäärää. Lopulta hän pani toimeen sellaisen välikohtauksen, joka vapautti hänet tästä kahleesta. Hän käynnisti eräänä aamuna kiihkeän riidan sukulaisperheen kanssa saadakseen työsopimuksen rikki ja päästäkseen lähtemään talosta. Sukulaiset olivat niin tylyjä, että vaativat tytöltä takaisin kaikki antamansa lahjat, jopa korvarenkaat. Näin Sudhamani lähetettiin kotiin tyhjin käsin. Ennen lähtöään hän sanoi: "Tulee päivä, jolloin teidän täytyy tulla minun luokseni kerjäten. Ennen sitä en astu jalallani tähän taloon."

Yksitoista vuotta myöhemmin sedän perhettä piinasivat niin pahat rahavaikeudet, että heidän oli lähdettävä Idamanneliin pyytämään apua Sudhamanilta. Vasta silloin hän palasi heidän kotiinsa suorittamaan tiettyjä palvontamenoja ja antamaan siunauksensa. Tuona päivänä Sudhamanin täti katui menneitä sanoen: "Voi, en olisi ikinä uskonut, että Pikkuisesta tulisi niin suuri! Kuinka armottomasti piiskasin ja pilkkasinkaan häntä!"

Korkein Herra on aina halukas toteuttamaan todellisen palvojansa sanat. Intian suuret eepoksetkin kertovat monista tällaisista tapahtumista. Jumala on todellakin palvojiensa palvelija.

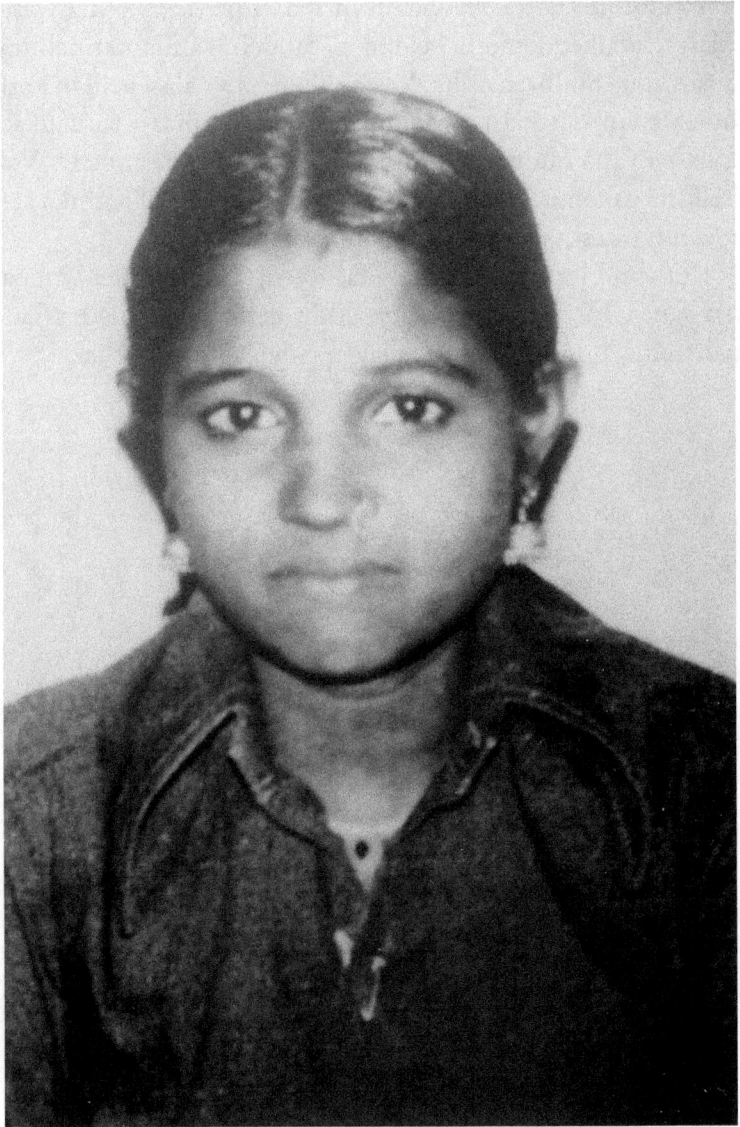

Kolmas luku

Kyyneleitä Krishnalle

Koska minulla ei ole voita eikä maitoa uhrata Sinulle, uhraan hieman tuskaani. Oi, Kanna, uhraan kyynelhelmeni jalkojesi juureen.

— Amma

śri bhagavan uvāca
mayyāveśya mano ye mām/
nitya yuktā upāsate
śraddha parayopetās te me/
yuktatamā matāḥ
mayyeva mana ādhatsva/
mayi buddhim niveśaya
nivasiśyasi mayyi eva ata/
ūrdhvam na samśayaḥ

Siunattu Herra sanoi:

He jotka kiinnittävät mielensä Minuun,
palvellen Minua järkkymättä,
korkeimman uskon voimalla,
heidän katson olevan taitavimpia joogassa.
Kiinnitä mielesi ja älysi yksin Minuun,
jotta sinulla olisi ikuinen elämä Minussa.

— Bhagavad-Gita, luku 12, jakeet 2 ja 8

Paluu Idamanneliin

Palattuaan setänsä luota Idamanneliin Sudhamani oli jo kuusitoistavuotias. Hän keskittyi nyt täysipainoisesti henkisiin harjoituksiin, mutta huolehti samanaikaisesti vuorenkorkuisesta kotitöiden taakasta. Jopa Intian mittakaavassa hänen kaiken voittava intohimonsa henkisten harjoitusten tekemiseen valtavien vaikeuksien keskellä oli ainutlaatuinen ja vertaansa vailla.

Työ oli hänelle Korkeimman palvelua. Kuka hyvänsä, joka olisi nähnyt Sudhamanin noina päivinä, olisi haukkonut henkeä ihmetyksestä. Kuinka hänen pieni kehonsa saattoikaan kestää niin raskasta työtaakkaa! Damayanthista oli tullut entistä äkkipikaisempi ja julmempi johtuen reuman pahenemisesta, tauti oli näet vaikeutunut Sudhamanin poissaolon aikana, jolloin Damayanthin oli täytynyt ottaa osaa taloustöihin. Lisäksi Sudhamanin myötätuntoisuus, joka oli saanut hänet varastamaan tavaroita sukulaisilta, oli saattanut hänet huonoon valoon suvun parissa. Tämä kasvatti Damayanthin vihamielisyyttä tytärtään kohtaan entisestään. Niinpä Damayanthi läksytti ja pieksi Sudhamania, huolehtipa tämä tehtävistään miten täydellisesti tahansa.

Sudhamani ei kantanut äidilleen kaunaa, niin julmasti kuin tämä kohtelikin häntä. Päinvastoin hän puhui vuosia myöhemmin äidistään henkisenä *gurunaan, sanoen:* ”Damayanthi oli eräässä mielessä guruni, hän teroitti minulle aina ahkeruuden, antaumuksen ja itsekurin merkitystä. Hän tarkkaili kaikkia toimiani pikkutarkasti. Jos pihalle oli jäänyt hiukan roskia lakaisun jäljiltä, hän pieksi minut. Kun astiat oli tiskattu, hän tarkasti ne, ja mikäli niistä löytyi vähänkään epäpuhtautta, hän sätti minua. Jos lakaisin maata ja luudasta putosi huomaamattani pieninkin risu, hän ei säästänyt minua. Mikäli pölyhiukkanenkin tai tuhkaa putosi kattilaan, rangaistus seurasi aina. Äiti odotti tyttäriensä suorittavan aamurukouksen aikaisin, eikä epäröinyt kaataa kylmää vettä kasvoillemme, erityisesti minun päälleni, jos emme nousseet väsymyksen takia tarpeeksi aikaisin. Kerätessäni ruohoa lehmille hän tarkkaili minua etäältä nähdäkseen antauduinko keskusteluun jonkun kanssa, ja jos antautuikin, hän saattoi jopa lyödä minua puisella survimella, jota käytettiin riisin hienontamiseen. Paikalliset ihmiset, jotka joutuivat todistamaan moista kohtelua, sanoivat äidille: 'Älä rankaise häntä noin. Jonakin päivänä hänet tulee voida luovuttaa avioliittoon!' Kaiken aikaa kuitenkin tajusin, että tällaiset kokemukset olivat vain omaksi parhaakseni.”

Amman elämäkerran lukijoita saattaa tyrmistyttää Damayanthin julma käytös, erityisesti koska hänet kuvattiin aiemmin hurskaaksi naiseksi. Asia selittyy kuitenkin sillä, että kyseessä oli syvällisempää ymmärrystä vailla oleva uskonnollisuus. Moni Jumalaan uskova tuntee voimakasta uskoa ja luottamusta jumalia ja jumalattaria kohtaan ja harjoittaa uskonnollisia menoja säännöllisesti, mutta heidän Jumala-käsityksensä ei yllä siitä yhtään pidemmälle. He eivät näe Jumalaa kaikkiallisena, jokaisen olennon sisimmässä olevana, vaan rajaavat Hänet temppelin neljän seinän sisäpuolelle. Tällaiset uskovaiset harjoittavat uskonnollisia menoja täyttääkseen omat toiveensa tai miellyttääkseen Jumalaa. Heidän käsityksellään uskonnosta ja henkisyydestä ei ole mitään tekemistä itsensä kehittämisen tai omien kielteisten ominaisuuksien nujertamisen kanssa. Tällaiset uskovaiset eivät pidä elämänsä korkeimpana päämääränä Jumalan tai Itsen oivaltamista. He uskovat Jumalaan, koska heidän esi-isänsä ovat tehneet niin tai ehkä vain silkasta rangaistuksen pelosta.

On kuitenkin olemassa toisenkinlaisiakin henkisiä ihmisiä, jotka näkevät Jumalan kaikkialla läsnäolevana ja palvelevat Häntä sellaisena; he luopuvat maallisesta elämästä ja antautuvat koko olemuksellaan Herran lootusjalkojen juureen. Heidän korkein päämääränsä on oivaltaa korkein todellisuus ja tulla yhdeksi sen kanssa.

Damayanthi kuului ensimmäiseen uskovien ryhmään, niinpä ei ollut mitenkään outoa, että hänen käsityksensä Jumalasta ja henkisyydestä oli varsin rajoittunut. Tämä ilmeni muun muassa armottomuutena ja kovuutena Sudhamania kohtaan.

Joskus sattui, että kun Damayanthi oli syystä taikka toisesta aikeissa lyödä Sudhamania, tämä nappasi kiinni äitinsä kädestä. Vaikka Sudhamani oli pienikokoinen, hän oli hyvin voimakas. Damayanti ei kyennyt irrottamaan kättään Sudhamanin otteesta, jolloin hän yritti potkaista tätä. Tyttö toimi kuitenkin määrätietoisesti ja nappasi kiinni myös äidin jalasta. Damayanthin seuraava toimenpide oli tökerö: kun hän ei keksinyt muuta keinoa päästä käsiksi tyttäreensä, hän puri tätä. Ja toisinaan hän löi Sudhamania kookospähkinäveitsen lappeella. Äidin lapseensa kohdistamalla pahoinpitelyllä ei tuntunut olevan mitään rajaa.

Äitinsä kanssa riidellessään Sudhamani saattoi olla hyvin rohkea ja nenäkäskin. Damayanthin kieltäessä: "Älä puhu!" Sudhmani vastasi välittömästi: "Puhunpas!" Jos Damayanthi sanoi: "Älä tee niin!", Sudhamani vastasi epäröimättä: "Teenpäs!" Mitä enemmän hän vastusti äitiään, sitä kovempi rangaistus siitä seurasi. Damayanthi kirosi tyttärensä: "Kirottu olkoon tämä uhitteleva tyttö!", ja lisäsi: "Jos hän vartuttuaankin on tällainen, hän tulee varmasti tuottamaan perheelle häpeää. Oi Jumala, mikset lopeta hänen elämäänsä?" Mutta tytär ei äidin kasvatusmenetelmistä lannistunut.

Sudhamanin silmissä kaikki ihmiset olivat tasa-arvoisia. Varhaisesta lapsuudestaan alkaen hänellä oli tapana kutsua vanhempia miehiä 'isäksi' ja vanhempia naisia 'äidiksi', mikä ärsytti hänen vanhempiaan. He kokivat tällaisen puhuttelutavan häpäisevän perhettä ja moittivat häntä: "Onko mielestäsi sopivaa puhutella noita likaisia ihmisiä isäksi ja äidiksi?" Sudhamani vastasi: "En ole nähnyt todellista Isääni ja Äitiäni, sen tähden jokainen on minulle isä ja äiti."

Sudhamania kiellettiin laittamasta pyhää tuhkaa otsaansa, perheenjäsenet pilkkasivat häntä: "Hei tyttö, tuleeko sinusta *sanjaasi?*" Sudhamanin ei sallittu edes pukeutua muiden tyttöjen tavoin. Jos hän pani otsaansa kirkkaanpunaisen pyhän merkin[11] tai puki ylleen kirjavan puseron tai puhtaan takin, rangaistus seurasi saman tien. Häneltä kysyttiin pilkallisesti: "Miksi pidät värikkäitä vaatteita ja laitat punaisen merkin otsaasi? Ketä varten koristaudut?" Häntä opastettiin tähän tapaan: "Tyttöjen tulee elää äärimmäisen huomaamattomina."

Tällainen kohtelu oli törkeydessään kerrassaan hämmästyttävää, mutta vielä hämmästyttävämpää oli se, miten Sudhamani järkkymättä kesti kaiken kohtaamansa: vaikka hän olikin toisinaan nenäkäs, hänessä ei silti ollut aistittavissa lainkaan vihaa. Kun häneltä kysyttiin jälkeenpäin äidin antamista rangaistuksista, hän totesi

---

[11] Tilak, merkki, jollaista hinduilla on tapana pitää otsassaan merkkinä henkisyyden harjoittamisesta.

vain: " Damayanthi ei rankaissut minua. Kohtelun kovuus johtui hänen ajattelutapansa rajoittuneisuudesta, mutta koettelemukset johdattivat minua eteenpäin oikealla tiellä, siitä syystä en tunne häntä kohtaan vihaa."

Aivan kuin äidin suhtautuminen ei olisi aiheuttanut tarpeeksi kärsimystä, Jumala siunasi Sudhamanin vielä vanhemmalla veljellä, Subhaganilla, joka todella terrorisoi ei vain Sudhamania vaan koko perhettä, vieläpä kyläläisiäkin. Hän oli vakaumuksellinen ateisti ja hänen mielestään naisten tuli ehdottomasti vaieta ja pysyä syrjässä. Hänen luonteensa kiivaus tunnettiin yleisesti. Sudhamanista tuli hänen hyökkäystensä vakituinen uhri. Hän ei esimerkiksi antanut tämän ystävystyä yhdenkään ikäisensä tytön kanssa. Hän oli vakuuttunut, että se pilaisi sisaren luonteen. Kun Sudhamani lähetettiin hakemaan juomavettä perheelle, hänen oli mentävä yksin. Mikäli hän kuitenkin sattui tapaamaan muita tyttöjä matkalla, oli varmaa, että hän sai hurjan selkäsaunan Subhaganilta. Itse asiassa veljen vaatimus oli hänelle hyvin mieluinen, sillä ei hän muuta halunnutkaan kuin keskittyä mietiskelemään Jumalaa ilman ulkopuolisia häiriötekijöitä.

Kylässä oli tuohon aikaan vain yksi kaivo, josta vesi nostettiin tuulivoimalla. Paikalla oli aina pitkä jono. Naiset kokoontuivat sinne saviruukkuineen, niin myös Sudhamani. Joskus sopivaa tuulta jouduttiin odottamaan tuntikausia. Mikäli jono oli pitkä, Sudhamanin oli jätettävä astiansa jonoon ja mentävä keräämään ruohoa lehmille. Toiset naiset, jotka tunsivat Sudhamanin kuuliaisuuden ja työteliäisyyden, täyttivät hänen astiansa ja pitivät niitä syrjässä häntä varten.

Kuten aiemmin on mainittu, Sudhamani vieraili naapuritaloissa keräämässä kasvisten ja riisivellin tähteitä. Jos hän joutui odottamaan niitä, hän meni heti perheen rukoushuoneeseen laulamaan uskonnollisia lauluja tai meditoimaan. Sitten hän vietti hetkisen talon vanhempien naisten seurassa kysellen heidän vointiaan ja kuunnellen myötätuntoisena heidän murheitaan. Usein hän havaitsi lasten kohtelevan vanhempiaan huonosti tai laiminlyövän heitä, siten

Sudhamani joutui jo varhain näkemään inhimillisten suhteitten häilyvyyden ja niihin liittyvän itsekkyyden. Milloin suinkin oli mahdollista, hän vei vanhimpia naisia kotiinsa, kylvetti heidät, antoi ravitsevan aterian ja vaatetti heidät perheenjäsentensä vaatteilla. Saadessaan tietää ihmisistä, joilla ei ollut ruokaa, hän vei heille ruokatarvikkeita kotoaan. Toisinaan hän toi mukanaan kotiin vanhempien laiminlyömiä pikkulapsia, jotka hän oli löytänyt harhailemasta jostakin. Sudhamani antoi heille aina tarvittavan hoidon ennen kuin palautti lapset koteihinsa.

Sudhamani antoi aina apua milloin vain havaitsi sitä tarvittavan – yleensä vanhempiensa tietämättä. Tavattuaan kerran nälkää näkevän perheen hän ei löytänyt mitään muuta annettavaa kuin äitinsä kultaisen nilkkarenkaan, niinpä hän antoi sen perheelle, jotta nämä voisivat myydä sen ja ostaa kipeästi tarvitsemaansa ruokaa. Saatuaan tietää tyttärensä teosta Sugunandan sitoi tämän raivon vallassa puuhun ja pieksi armottomasti, kunnes hento ruumis vuoti verta. Niin julmasti kuin häntä kohdeltiinkin Sudhamani pysyi silti aina rohkeana ja myötätuntoisena. Hän rukoili Jumalaa antamaan anteeksi tietämättömille vanhemmilleen näiden kovasydämisyyden.

Istuessaan yksinään Sudhamani ajatteli: "Oi Krishna, millainen tämä maailma onkaan! Jopa äiti, joka on synnyttänyt lapsensa, kohtelee tätä vailla hyvyyttä. Edes hän ei tunne perhettään kohtaan puhdasta rakkautta. Olenko kohdannut lainkaan todellista rakkautta? Onko yksikään kohtaamani rakkaus todellista? Eikö kyse ole silkasta harhasta?" Kodin rukoushuoneessa istuessaan hän puhkesi kyyneliin ajatellessaan tätä kaikkea. Hän aneli ääneen: "Krishna, Krishna! Minulla ei ole tässä maailmassa muita kuin Sinä. Mieleni tavoittelee vain Sinua, kaipaan yksin Sinua. Kaipaan saada nähdä Sinun jumalallisen olemuksesi. Etkö ottaisi minut luoksesi? Oi Krishna, kiiruhda!"

Näihin aikoihin eräs perheelle etäistä sukua oleva vanhempi mies tuli asumaan Idamanneliin. Hänellä ei ollut omaa perhettä ja hänen terveydentilansa oli heikko, hän ei kyennyt edes kävelemään. Vuoteeseen sidottuna, hän laski tarpeensa alleen. Kenenkään pyytämättä Sudhamani alkoi pitää huolta vanhuksesta ja otti täyden vastuun hänen hoitamisestaan. Muut perheenjäsenet loivat mieheen tuskin silmäystäkään, niinpä Sudhamani joutui nyt huolehtimaan kotitöiden lisäksi vielä vanhuksenkin tarpeista. Hän pesi miehen vaatteet, kylvetti tämän päivittäin, poisti ulosteet ja virtsan, ja annosteli hänelle lääkkeet oikeaan aikaan.

Vaikka Sudhamanissa oli poikkeuksellisen suuressa määrin jaloja luonteenpiirteitä, muut perheenjäsenet tuskin huomasivat niitä, puhumattakaan että olisivat ymmärtäneet tai arvostaneet hänen elämää syleilevää asennoitumistaan. Kyse oli jumalallisesta paradoksista, sillä Sudhamani sai perheeltään vain pahoinpitelyä kaikesta tekemästään hyvästä.

Työskennellessään Sudhamanin tapana oli pitää Krishna mielessään kuvittelemalla itse olevansa Krishna, tämän rakastettu *Radha*, häntä ihaileva lehmityttö tai joku muu Krishnan elämään läheisesti liittynyt henkilö. Keittäessään ruokaa hän helli sydämessään ajatusta, että oli *Yasodha*, Krishnan kasvattiäiti, joka kirnusi maitoa ja syötti sitä Krishna-vauvalle. Varustaessaan veljiään ja sisariaan kouluun hän kuvitteli koristelevansa Krishnaa, tämän ystävää *Balaramaa* tai *gopa*-poikia,[12] jotka olivat lähdössä laiduntamaan lehmiä Vrindavanin metsiin ja niityille. Nähdessään tämän kaiken mielessään hänen silmiinsä nousivat ilon kyyneleet. Mennessään torille ostamaan elintarvikkeita Sudhamani ajatteli gopi-tyttöjä, joilla oli tapana kulkea *Vrindavanin* katuja maitoa ja voita myymässä. Sen sijaan, että he olisivat huutaneet: ”Maitoa, voita...”, he huusivat: ”Krishna, *Madhava, Govinda, Achyuta*[13]...!” Niin voimakas oli heidän rakkautensa Krishnaa kohtaan. Gopien puhdas rakkaus ja heidän antaumuksensa Krishnaa kohtaan oli Sudhamanille aina mitä syvin innoituksen lähde. Kuvitellessaan toisinaan olevansa Radha, Krishnan rakastettu, pelkkä Radhan ajatteleminen vangitsi hänen mielensä niin täydellisesti, että hän unohti ulkoisen todellisuuden

---

[12] Gopa-pojat olivat Vrindavanin lehmipaimenia.
[13] Krishnan nimiä.

ja sulautui jumalalliseen mielentilaan. Niinpä hän alkoi autuaana laulaa, tanssia ja kyynelehtiä.

Kalina kannan

Oi tummaihoinen,
silmiäni kirvelee niiden ikävöidessä
Sinun jalkojesi jumalallisia muotoja.
Oi lootussilmäinen, tule juosten
lehmien ja huilumusiikkisi kera.

Miten monta päivää olenkaan kutsunut Sinua?
Etkö suo edes hieman myötätuntoasi?
Minkä suuren synnin olen tehnyt?
Etkö rakastakaan palvojiasi?

Ennen kuin itkien kaadun maahan, tule huiluinesi,
en kykene elämään näkemättä Sinua,
joka olet ainut todellisuus, tule, tule...

Toiveiden täyttäjä, kaiken alkusyy,
oi tummaihoinen, tule, tule...
älä hukkaa enää aikaa, älä lisää suruani;
myötätunnon henkilöitymä, tule, tule...

Noutaessaan vettä Sudhamani muisteli lehmityttöjä, joiden tapana oli kantaa saviruukkuja päänsä päällä mennessään *Yamunajoelle* vettä hakemaan. Perheen vaatteita pestessään Sudhamani kuvitteli käsittelevänsä Krishnan ja gopien silkkisiä vaatteita. Ripustettuaan pyykin kuivumaan Sudhamani katseli niiden liehumista tuulessa ja ajatteli: "Oi, kuinka kauniisti Krishnan kullankeltaiset viitat tanssivatkaan!" Kerätessään ruohoa lehmille ja ruokkiessaan niitä hän ajatteli keskittyneesti Vrindavanin niityillä ja metsissä lehmipaimenena toiminutta Krishnaa. Miten hän nauttikaan kuvitellessaan tämän jumalallisen lehmipaimenen ja gopien leikkejä!

Sudhamani piti vuorokaudenajoista kaikkein eniten auringonlaskun ajasta, jolloin hän sai kahlata pitkin matalia lampia etsimässä päivän aikana eri tahoille harhailleita kotieläimiä, kuten ankkoja, vuohia ja lehmiä. Mielessään hän muisteli Krishnaa, joka etsiskeli samalla tavoin laumasta erilleen joutuneita. Kun hän sattui kuulemaan harrasta laulua, – mikä on varsin tavallista Intiassa illan hämärtyessä – hän seisahtui aloilleen ja vaipui tuonpuoleiseen mielentilaan. Näin tapahtui melko usein, ja sitten oli taas ärtyneiden perheenjäsenten lähdettävä etsimään häntä.

Niin tiiviisti kuin Sudhamanin aika olikin sidottu työntekoon, se ei silti kahlinnut hänen sisintään, joka oli täynnä Jumalan kaipuuta, ainaista pyrkimystä kohti Krishnaa. Herran pyhät nimet olivat aina hänen huulillaan. Pelkkä 'Krishna' -sana riitti nostamaan kyyneleet hänen silmiinsä.

Kantaessaan vettä, pestessään perheen vaatteita ja kahlatessaan lammikoissa hänen mekkonsa oli jatkuvasti läpimärkä. Hän itse kertoo tästä: "Olisin niin kovasti halunnut että vaatteeni olisivat olleet kuivat! Vaikka minulla olikin niin paljon työtä, rukoilin silti vain lisää, sillä omistin kaikki tekoni yksin Herralle. Koska kannoin niin usein keittovesiastiaa ja riisivellin keittoon käytettyä höyrykattilaa pääni päällä, päälaeltani irtosi tukkaa kattiloiden kuumuuden ja painon takia.

Mitä tahansa Sudhamani tekikin, hänen huulensa liikkuivat aina. Kukaan ei ymmärtänyt, että se johtui hänen tavastaan toistaa kaiken aikaa Herran nimeä. Kerran nuorempi veli Satheesh, joka muita perheenjäseniä matkien kiusasi Sudhamania, lohkaisi ivallisesti: "Huulien jatkuva liikuttaminen on oire hulluudesta!" Kuullessa Satheeshin huomautuksen, Sudhamani sivuutti sen. Kun Satheesh sai vakavan astmakohtauksen, juuri Sudhamani kantoi hänet selässään sairaalaan, vaikka perheessä olisi ollut muita, joille tehtävä olisi ollut huomattavasti helpompi. Mutta Satheeshin kriittisestä tilasta ei välittänyt kukaan muu kuin tämä herkkä tyttö, joka epäitsekkäästi etsi aina tilaisuutta palvella ja auttaa toisia.

Usein ilta oli jo vaihtunut yöksi Sudhamanin selvittyä työstään. Yksikään valo ei silloin enää palanut kotona tai naapuritaloissakaan. Vielä näin myöhään Sudhamani alkoi laulaa Herran kunniaksi perheen rukoushuoneessa. Damayanthi ja Subhagan sättivät häntä kiivaasti pimeässä laulamisesta ja heidän unensa häiritsemisestä. Subhaganilla oli tapana piikitellä: "Miksi huudat ja ulvot tuolla lailla? Kuuleeko Jumala sen taivaaseen? Onko sinun Jumalasi kuuro?" Mikään ei kuitenkaan saanut Sudhamania luopumaan laulamisesta yön hiljaisina tunteina.

Eräänä yönä Subhagan tuli vihaisena perheen rukoushuoneeseen ja läksytti jälleen kerran sisartaan pimeässä laulamisesta. Tyttö vastasi: "Sinä näet vain ulkoisen valon, minun sisälläni palaa lamppu, joka ei koskaan sammu!" On selvää, ettei paatunut Subhagan kyennyt tajuamaan huomautuksen sisäistä merkitystä.

Sudhamani pelkäsi Jumalan rankaisevan äitiä, isää ja veljeä siitä, että nämä löivät häntä siksi, että hän lauloi hartaita lauluja. Sen tähden hän alkoi laulaa mahdollisimman hiljaa välttyäkseen tarjoamasta heille aihetta tällaiseen pahantekoon. Perheensä aiheuttamista hankaluuksista masentuneena Sudhamani itki rukoushuoneessa. Siitä saatiin taas aihe uuteen syytökseen. Hänelle sanottiin, että itkeminen uskonnollisia lauluja laulaessa oli synti, joka saattoi perheen vaaraan. Joten tekipä tyttö mitä tahansa, aina hänen käyttäytymisestään löydettiin jokin virhe. Hän kesti kuitenkin kaiken vaieten, ja Krishnan suloinen muisto haihdutti murheet.

Lapsenakaan Sudhamani ei kertonut surujaan yhdellekään ihmiselle, vaan hän purki surujensa taakan ainoastaan Krishnalle. Hänellä oli myös tapana puhua eläimille ja luonnolle, kuvitellen Krishnan kuulevan hänen sanansa. Lehmä oli hänelle tarkkaavaisesti kuunteleva Krishna. Jos se kävi makaamaan, kävi Sudhamanikin makuulle nojaten sen kylkeen ja kuvitellen olevansa Krishnan sylissä.

Katsellen tähtiä, kuuta ja kukkivia puita Sudhamani kyseli niiltä: "Ystäväni, oletteko nähneet Krishnaa? Oi, lempeä tuuli, oletko hyväillyt hänen lumoavaa olemustaan? Oi, kimaltelevat tähdet ja hiljainen kuu, etsittekö tekin häntä? Jos löydätte hänet, kertokaa hänelle, että Sudhamani toivoo näkevänsä hänet!"

Ningalil arunumundo

Näkikö kukaan teistä rakkaintani Kannaa?
Te voitte nähdä hänet,
mutta minun silmieni eteen,
Hän ei koskaan ilmesty.

Santelimerkki otsassa,
keltaisten silkkikaapujen kauneus,
hulmuavat hiukset ja riikinkukkosulka...
Oi, milloin saan nähdä kaiken tämän?

Mitä hyötyä onkaan tästä ruumiista ja tästä elämästä?
Koko hyvä onneni on mennyttä...
Kuinka pitkään kärsimykseni jatkuvatkaan?

'Äiti-meri' oli Sudhamanin parhaita ystäviä, hän piti merta äitinään. Milloin vain oli mahdollista hän livahti rannalle ja vuodatti sydänsurunsa katsellessaan meren ääretöntä ulappaa. Meren tumma sini muistutti häntä sini-ihoisesta rakastetusta Krishnasta ja ennen pitkää häneltä katosi tietoisuus ulkoisesta maailmasta.

Sudhamani oli havainnut joidenkin naapureiden ansaitsevan elantonsa ompelutöillä. Innostuen ajatuksesta kyetä auttamaan hädänalaisia ompelemisesta ansaitsemallaan rahalla Sudhamani alkoi elätellä haavetta ompelutaidon hankkimisesta. Tällä tavoin hän voisi välttää sen kiusallisen tilanteen, että joutui muita auttaakseen ottamaan tavaroita kotoa. Toiveikkaana Sudhamani esitti ajatuksen vanhemmilleen, mutta Damayanthin vastaus oli masentava: "Ei sinua lähetetä opettelemaan ompelemista, vaan sinut annetaan vaimoksi kookospalmukiipeilijälle!" Kookospähkinöiden poimijat olivat Keralassa alemman luokan ihmisiä. He saivat elantonsa kiipeämällä kookospalmuihin ja pudottamalla pähkinät puusta niiden omistajalle. Sudhamani oli usein joutunut kiinni kookospähkinöiden anastamisesta. Damayanthi tietysti oletti tytön syöneen ne itse, vaikka tämä todellisuudessa vei ne lähialueen köyhille. Niinpä äiti tavoilleen uskollisena ja täydellisen kyvyttömänä ymmärtämään tyttärensä jaloja vaikuttimia heilautti jälleen pilkkakirvestään.

Sudhamani oli kuitenkin niin hellittämätön, että lopulta vanhemmat taipuivat. He suostuivat, että hän saisi mennä opettelemaan ompelemista tunnin päivässä. Ehtona kuitenkin oli, että hänen oli tehtävä kaikki kotityöt ennen lähtöään. Sudhamanin työnteko oli noina päivinä niin vauhdikasta, että se olisi hämmästyttänyt kenet tahansa. Jotenkin hän onnistui suoriutumaan kaikista vaadituista töistä ennen puoltapäivää, minkä jälkeen hän kiiruhti ompelutunnille. Joinakin päivinä muutamat ompelukurssilla mukana olevat tytöt, Sudhamanin ahdingon tuntien, tulivat auttamaan häntä hänen urakassaan.

Sudhamani kiiruhti juoksujalkaa keskipäivän paahteessa parin kolmen kilometrin päässä sijaitsevaan opiskelupaikkaansa. Tunnin päätyttyä hän syöksyi kotiin ehtiäkseen ajoissa valmistamaan päivällisen. Loppuosa päivästä kului jälleen tavanomaisessa raadannassa. Hänelle itselleen tärkeimpään asiaan, rukoiluun ja meditaatioon, jäi aikaa ainoastaan yön hiljaisina tunteina. Itkien hän vaipui jumalalliseen haltiotilaan, tavanomaisen tajunnan alkaessa palata hän raahautui vihdoin nukkumaan.

Sudhamanin jatkuva kärsivällisyys, kestävyys ja ehtymätön energia olivat täysin käsittämättömiä. Miten paljon työtä hänen harteilleen kasattiinkaan, hän suoriutui kaikesta valittamatta. Hän piti synnyinoikeutenaan ja *dharmanaan*, pyhänä velvollisuutenaan voida pyytämättä tarjota apuaan jokaiselle ja kaikille. Myöhemmin hän sanoi: "Ilonani oli nähdä toisten onni. En koskaan ajatellut omaa mukavuuttani tai työtaakkaani. Milloin vain sain tilaisuuden palvella ja auttaa, yritin täyttää velvollisuuteni vilpittömästi ja rakkaudella."

Alunperin Sudhamani opetteli ompelua kahdessa eri paikassa. Jonkin ajan kuluttua hän päätti osallistua läheisessä kappelissa pidetylle seurakunnan kurssille. Opittuaan nopeasti ompelutaidon hän ryhtyi tekemään pieniä ompelutöitä naapuruston köyhille naisille. Aluksi hän kieltäytyi ottamasta vastaan rahaa, sillä se ei ollut hänen tapojensa mukaista. Mutta vanhempien kieltäytyessä maksamasta ompelukursseja hänen oli pakko ottaa työstään palkkaa, siten hänen onnistui maksaa kurssimaksu, jäljelle jäävällä rahalla hän auttoi köyhimpiä kyläläisiä. Ja hän osti myös välttämättömiä ompelutarvikkeita. Sudhamani oli taitava ompelija ja ansaitsi sen vuoksi hyvin. Mutta kotiinsa hän ei antanut *paisaakaan*[14] vaan käytti kaikki tulonsa köyhien auttamiseen.

Ommellessaan kappelin kurssilla Sudhamani lauloi hartaita lauluja, uppoutuessaan niiden tunnelmaan hän vuodatti kyyneleitä, jotka putoilivat ompelukoneelle. Kappelin pappi, vanha hurskas mies, tajusi nopeasti Sudhamanin ainutlaatuisuuden. Muiden tyttöjen juorutessa Sudhamani keskittyi syvällisiin lauluihinsa. Tämä kosketti pappia syvästi ja Sudhamanista tulikin hänelle hyvin rakas. Tämä puolestaan synnytti muissa kateutta ja nyreyttä, mutta Sudhamani osoitti opiskelutovereitaan kohtaan rakkautta aivan kuten ennenkin, vailla pahastumisen häiväkään.

Satheesh seurasi aina siskoaan tunneille viipyillen kappelin laitamilla tai istuskellen nurkassa. Eräänä päivänä rukoushetken aikaan Sudhamani kysyi: "Miksi et osallistu rukoukseen?" Satheesh vastasi: "Emmekö me ole linduja?" Silloin Sudhamani kehotti: "Kysy papilta voisitko sinäkin osallistua rukoukseen?" Pappi suostui ilomielin. Siitä lähtien Satheesh osallistuikin aina rukoushetkeen.

Ompelutunnin päätyttyä Sudhamani meni hautausmaalle koruompelutöitä tekemään, hänestä oli ihana olla siellä yksin. Hän puheli poismenneille sieluille: "Miten voit? Missä asut nyt? Oletko onnellinen siellä? Onko sinulla tunteita?" Hän tunsi heidän olevan läsnä, ja niinpä hän alkoi lohduttaa heitä.

Sudhamanin vanhemman sisaren Kasturin edesmennyt ystävä oli haudattu sinne. Tämä tyttö oli osoittanut rajatonta rakkautta

---

[14] Rupian sadasosa, Intian pienin rahayksikkö.

Sudhamania kohtaan silloinkin, kun perheenjäsenten suhtautuminen häneen oli ollut törkeimmillään. Ehkäpä juuri tämän tytön muisto houkutteli Sudhamanin hautausmaalle. Tuntien poismenneitten surun Sudhamani vuodatti kyyneleitä. Hän puheli astraalikehoissaan vaelteleville ja lauloi heille sydämeenkäyvästi, jotta he saisivat levätä rauhassa. Joskus Sudhamani istui meditaatiossa ja vaipui *samadhiin* kristillisen hautausmaan hiljaisuudessa.

Mikäli koruompelutöiltä suinkin jäi aikaa, hän palasi kappeliin, jonka sisimmässä sijaitsi luolaa muistuttava tila. Sen hämäryydessä Suhdamani keskittyi katsomaan Jeesuksen ristiinnaulittua hahmoa. Nähdessään Kristuksen ristillä hän ajatteli, että siinä oli hänen rakastettu Krishnansa. Hän joutui välittömästi hurmiotilaan. Normaalin tietoisuudentilan palattua hän vuodatti kyyneleitä ajatellessaan Jeesuksen ja Krishnan rakkautta ja uhrautuvaisuutta. Hän ajatteli: "Kuinka he uhrasivatkaan kaikkensa maailman hyväksi. Ihmiset kääntyivät heitä vastaan, mutta silti he rakastivat heitä. Jos he tekivät niin, miksi minä en voisi tehdä samoin? Eihän siinä ole mitään uutta!"

Sudhamani oli kipeästi tietoinen monien kyläläisten äärimmäisestä köyhyydestä. Nähdessään heidän surunsa ja kärsimyksensä hän itki yön tunteina perheen rukoushuoneessa ja rukoili: "Oi Jumalani, onko tämä elämää? Ihmiset raatavat päivästä päivään pienen ruokapalan tähden tyydyttääkseen nälkänsä. Oi Krishna, miksi annat heidän nähdä nälkää? Miksi heitä koetellaan sairauksilla? Minne tahansa käännynkin kohtaan vain itsekkyyttä ja sen tuottamaa kärsimystä. Nuorina ihmiset rukoilevat pitkää ikää itselleen ja sitten lapset rukoilevat ikääntyvän äitinsä ja isänsä varhaista kuolemaa. Ketään ei kiinnosta huolehtia vanhuksista. Oi Jumalani, minkälainen maailma tämä onkaan! Mikä on ollut tarkoituksena, kun tällainen maailma on luotu? Oi Krishna, mikä on oleva ratkaisu kaikelle tälle?" Näin tämä viaton tyttö rukoili.

Kolmen vuoden kuluttua Sudhamani päätti luopua ompelutunneista. Hän koki niiden vievän liiaksi aikaa henkisiltä harjoituksilta, joihin hän nyt halusi paneutua entistäkin täydellisemmin. Niinpä hän lopetti ompelutunneilla käymisen muutaman viikon kuluttua. Samoihin aikoihin pappi puolestaan lähti pois seurakunnasta, ennen sitä hän lähetti muutamia tyttöjä Idamanneliin kertomaan siirtymisestään muualle. Sudhamani kiiruhti yhdessä Satheeshin kanssa hyvästelykäynnille. Katsoen tyttöä pappi purskahti itkuun ja itki kuin pieni lapsi. Sudhamani seisoi tunteensa hilliten hänen edessään. Pappi sanoi: "Tytär, minä luovun tästä työstä. Olen päättänyt ryhtyä elämään *sanjaasina*." Heidän sitten ollessa lähtöaikeissa pappi sanoi Satheeshille: "Sudhamanista on vielä tuleva jotakin suurta." Hurskas mies oli kenties jo nähnyt tytöstä loistavan jumaluuden.

Opittuaan ompelemaan Sudhamani toivoi saavansa oman ompelukoneen. Äiti syytti häntä kunnianhimosta, mutta isä lupasi useita kertoja hankkivansa hänelle sellaisen, mutta sitä ei kuitenkaan koskaan ilmaantunut. Sudhamani ajatteli: "En enää pyydä ompelukonetta. Vain jos Jumala antaa minulle sellaisen, käytän sitä."

Useita vuosia myöhemmin, kun oppilaita alkoi kerääntyä Idamanneliin, eräs hollantilainen oppilas Peter osti hänelle ompelukoneen, jolloin Amma sai muistutuksen lupauksestaan. Jumala pitää huolta aitojen palvojiensa kaikista tarpeista.

Perheen kaikki muut lapset paitsi Sudhamani suoriutuivat yläasteesta tai jatkoivat opiskelua yliopistossa. He olivat vaaleaihoisia. Kuten sanottu, Sudhamanin tumman sinertävän ihonvärin sekä työteliäisyyden takia häneen suhtauduttiin ylenkatseella ja pidettiin pelkkänä palvelijana. Vanhemmat ottivat aina muut lapset mukaansa mennessään uskonnollisiin tilaisuuksiin, mutta Sudhamani sivuutettiin ja jätettiin kotiin. Tytön kärsimykset sekä vanhempien ja vanhemman veljen vihamielisyyden nähdessään kyläläisillä oli tapana sanoa: "Sudhamani ostettiin läheisestä Kollamin[15] kaupungista kuorimattomalla riisillä."

Perhe ei suonut Sudhamanille edes kunnon vaatteita. Kun hän sitten eräänä päivänä sai ruudullisen puseron, hän puki sen ylleen onnellisena, mutta nähtyään tämän vanhempi veli määräsi tytön

---

[15] Kollam on rannikkokaupunki, joka sijaitsee 35 kilometriä Parayakadavusta etelään.

riisumaan heti puseron yltään, nappasi sen ja heitti tuleen Sudhamanin silmien edessä. "Haluat pitää tällaisia värikkäitä vaatteita vain kääntääksesi muiden huomion itseesi!" veli huusi. Toisella kertaa Damayanthi puolestaan sätti häntä sisaren keltaisen silkkitakin pitämisestä. Sudhamani päätti silloin käyttävänsä vain sellaisia vaatteita, jotka saisi Jumalalta, ts. vanhoja, kuluneita, muiden jo hylkäämiä vaatteita. Hän purki hylätyn vaatteen ja leikkasi siitä puseron ja hameen, lankana hän käytti pyykkinarusta irronnutta kuitua, jolla hän ompeli kankaanpalat yhteen. Hän itse toteaa: "Vaikka minulla ei ollut kunnollista lankaa, saksia eikä ompelukonetta, onnistuin silti jotenkuten ompelemaan omat vaatteeni."

Neljäs luku

Todellinen huilu

Todellinen huilu on sisälläsi. Yritä iloita soittamalla sitä, sen soinnin kuultuasi voit elää vailla kuolemaa ja syntymää...

— Amma

Vaggadgadā dravatē yasya cittam
rudatyabhīshnam hasati kvacicca
vilajja udgāyati nrityatē ca
madbhaktiyuktō bhuvanam punāti

Palvoja, jonka ääni on tunteen tukahduttama,
jonka sydämen rakkaus sulattaa,
joka itkee itkemistään ja sitten nauraa,
joka ujouden itsestään karistaen ryhtyy
laulamaan ja tanssimaan,
pyhittää maailman.

—Srimad Bhagavatam, 10. kokoelma, 14. laulu, 24. säe

Jumalaan sulautuneen sielun henkinen loistokkuus ja hänen käyttäytymisensä ovat tavallisen ihmisen ymmärryksen tuolla puolen. Jotkut pitävät jumalallisen tietoisuudentilan janoamista hulluutena, toiset nimittävät sitä psykologiseksi torjunnaksi, kolmannet kieltäytyvät kerta kaikkiaan hyväksymästä tällaisen ilmiön mahdollisuutta. Mitä hyvänsä toiset väittävätkään, se ei suuria sieluja häiritse. He eivät piittaa tietämättömien epäilijöiden ja arvostelijoiden typeristä mielipiteistä. Eihän tietämättömiä voi syyttää siitä, että heidän näkemyksensä tietoisuuden korkeammista tasoista on rajoittunut. Välittääkö fyysikko siitä, että kadunmies epäilee atomeja pienempien hiukkasten todellisuutta ja niiden merkitystä? Huolettaako häntä maallikon perusteeton arvostelu?

Oli vain luonnollista, että myös Sudhamania arvosteltiin ja epäiltiin. Myöhäiseen teini-ikään tullessaan Sudhmanani eli uppoutuneena henkisen tietoisuuden loputtomaan virtaan. Hänen Krishnaa kohtaan tuntemansa antaumuksellinen rakkaus oli sanoin kuvaamattoman voimakasta. Hän siirtyi vaistomaisesti ja vaivatta tietoisuudentasolta toiselle. Hetkenkin ero rakastetusta raastoi hänen sydäntään. Raskaan työtaakan vastapainoksi hänen sydämensä kaipuu tulvi ilmoille sydäntä särkevän hartaina lauluina, joita hän lauloi päivin ja öin.

Niramilla

Kuin sateenkaari vailla värejä,
kukka ilman tuoksua
on minun sydämeni,
miten siis voisin vaatia osakseni myötätuntoa?

Elämäni täyttää kylmyys,
lämpöä ei ole lainkaan,
suloiset soinnut ovat veenan hylänneet,
on vain lohduton hiljaisuus...

Voivatko lammen lootuskukat
kukkia keskellä metsää,
kun auringonsäteet eivät sinne yllä?
Nähdessään pilvet taivaalla,
riikinkukko levittää siipensä ja tanssii,
mutta turhaan,
ja chataka-lintu[16] *odottaa vesipisaroita...*

Kykenemättä ymmärtämään Sudhamanin haltiotiloja vanhemmat ja Subhagan-veli piinasivat ja kiusasivat häntä säälittä. He olivat vakuuttuneita siitä, että hänen jumalallinen elämäntapansa oli vain oire henkisestä sairaudesta tai masennuksesta.

---

[16] Chataka-linnun sanotaan juovan vain taivaalta putoavia sadepisaroita. Muuta vettä se ei huoli. Sanonnan ajatuksena on, että riikinkukko ja chataka-lintu tuntevat itsensä onnellisiksi nähdessään pilvien ilmaantuvan ja tulevat surullisiksi, kun sadetta ei kuulu. Samoin odottaessamme Jumalan yksin tekevän meidät onnellisiksi, meistä saattaa tuntua turhauttavalta, kun pitkä etsintä ja määrätietoiset henkiset harjoitukset eivät ole vielä kantaneet hedelmää.

Sudhamani vietti nyt päivät ja yöt meditoiden, laulaen ja toistaen Jumalan nimeä. Usein hän lukitsi itsensä perheen rukoushuoneeseen ja tanssi siellä autuaana, mikä raivostutti tavattomasti vanhempaa veljeä. Toisinaan hän itki Jumalasta erillään olon synnyttämää sietämätöntä tuskaa. Myöhemmin hänet saattoi löytää makaamasta tiedottomana hiekalla. Voi vain ihmetellä, miten oli mahdollista, että Sudhamanin tuntema rakkaus Krishnaa kohtaan saattoi ylipäätään enää kasvaa. Mutta tämä rakkaus ei tuntenut minkäänlaisia rajoja. Sudhamanin sydämen portit olivat selkosenselällään, kun hän odotti innokkaasti Herran saapumista. Tuntuu mahdottomalta edes kuvitella tämän nuoren tytön päättäväisyyden ja antaumuksen kiihkeyttä.

Sudhamani halusi loputtomasti kuunnella tarinoita Krishnasta. Kun joku kertoi niitä, hänen huomionsa sulautui välittömästi Herraan ja hän vaipui samadhiin, jumalalliseen autuuteen. Vielä pitkään, tarinan jo päätyttyä Sudhamani istui edelleen liikkumatta paikallaan. Kyläläiset eivät enää ihmetelleet Sudhamanin käyttäytymistä, se ei enää hämmästyttänyt heitä.

Toisinaan Sudhamani kutsui lapsia sivummalle ja innosti heitä näyttelemään Krishnan elämään liittyviä tarinoita. Hän katseli leikkejä kyynelsilmin, ja lasten kertoessa tarinaa, hän kuvitteli Krishnan itsensä istuvan vierellään sitä kertomassa. Unohtaen ympäristönsä hän syleili lapsia ja kuvitteli samalla syleilevänsä Krishnaa. Tämä saattoi pelästyttää pienimpiä, jotka eivät olleet tottuneet tällaiseen, jotka eivät tunteneet Sudhamanin mielentiloja.

Kokiessaan jokaisen lapsen Krishnaksi hänelle tuli tavaksi antaa heille *naivedamia*, ruokaa jota uhrataan Jumalalle temppelissä samalla, kun hän lauloi rukouksiaan

Yön hiljaisina tunteina hereillä oleva saattoi kuulla tytön sydäntä särkevän rukouksen Herralleen: "Krishna, Krishna! Elämäni päämäärä! Milloin näen ihanan olemuksesi? Ovatko kaikki ponnistukseni turhia? Etkö kuule rukoustani saada sulautua Sinuun? Eikö se voi toteutua? Oi Krishna, kerrotaan että olet täynnä myötätuntoa palvojiasi kohtaan. Enkö siis ole ilahduttanut armollista sydäntäsi?

Enkö kelpaa palvelijaksesi? Montako päivää joudun vielä odotta-
maan vastausta rukouksiini? Etkö tunne myötätuntoa tätä vähäistä,
hylättyä lasta kohtaan? Oi Kanna, oletko Sinäkin hylännyt minut?
Missä olet...? Missä olet...?"
Lopulta hän lyyhistyi maahan. Mutta ei hän nukkunut öisin,
vaan makasi ummistamatta silmiään odottaen Herran saapuvan
minä hetkenä hyvänsä.

Toisinaan Sudhamani muotoili Krishnan savesta ja hän us-
koutui rakastetulleen sanoen: "Katsohan, kukaan ei ole opettanut
minulle kuinka palvoa Sinua. Anna anteeksi virheeni!" Ja koska
hänellä ei ollut kukkia, hän uhrasi hiekkaa patsaan jalkojen juureen.
Kun jumalanpalvelus oli suoritettu, hän koki Krishnan saapuneen
ja seisovan ilmielävänä edessään. Tytön ruumis vapisi ja hänen sil-
mänsä kyyneltyivät ja hän täyttyi antaumuksellisesta rakkaudesta.
Hän polvistui kerran toisensa jälkeen savipatsaan edessä. Seuraavassa
hetkessä hänestä tuntui, että Krishna oli aikeissa juosta pois ja hän
hypähti kiireesti eteenpäin pidätelläkseen tätä.

Silloin Sudhamani kuitenkin oivalsi kaiken olleen vain hänen
mielikuvitustaan ja savipatsaan olevan yhä edelleen vain savea. Hän
purskahti itkuun ja rukoili rukoilemistaan: "Krishna, Krishna! Tule
ja siunaa minut! Kaipuuni nähdä Sinut repii minut kappaleiksi.
Näinkö koettelet rakkauttani Sinuun? Miksi epäröit? Oi Kanna,
kestän minkä tahansa koettelemuksen paitsi eron Sinusta. Oi Kri-
shna, onko sydämesi menettänyt kokonaan myötätuntoisuutensa?"

Mutta Sudhamani ei ollut masennettavissa, toiveikkaana tämä
kalastajakylän tyttö odotti odottamistaan Herran saapumista. Toi-
sinaan hän kuvitteli olevansa Krishnan rakastettu, toisinaan Hänen
palvelijansa. Tästä oppimattomasta tytöstä, joka oli käynyt koulua
vain neljä luokkaa, puhumattakaan siitä, että olisi lukenut pyhiä
kirjoituksia, Vedoja tai Upanishadeja, tuli Krishnaan kohdistuvan
korkeimman rakkauden henkilöitymä. Hänessä nämä korkeimman
rakkauden eri puolet ilmenivät luonnostaan täydellisinä.

Näihin aikoihin perheen taloudellinen tilanne kärjistyi, kun
Sugunanandan kärsi kalakaupoissaan suuren tappion ja Damayanthi

ja muut perheenjäsenet joutuivat epätoivoon. Eräänä päivänä Damayanthi sanoi Sudhamanille: "Miksi Jumala antaa meille tällaisen surun? Tytär, rukoile isäsi puolesta! Epäonnistuminen on tehnyt lopun hänen liiketoimistaan." Sudhamani ajatteli: "Oi Krishna, kuinka suru saa alkunsa? Mikä on sen perimmäinen syy? Äiti on masentunut, koska hän haluaa saavuttaa onnea miehensä kautta ja koska hän haluaisi elää mukavasti. Eikö juuri halu synnytä surua? Oi rakas Krishna, älä anna minun sotkeutua sellaiseen! Jos olen riippuvainen ihmisistä, jotka ovat vaipuneet halujen ja tietämättömyyden valtaan, silloin varmasti myös minusta tulee surullinen. Oi Krishna, anna minun mieleni pysyä aina uskollisena vain Sinun lootusjaloillesi!"

Taloudellisista vaikeuksistaan huolimatta Damayanthi ja Sugunanandan päättivät saada Sudhamanin naitetuksi. Tässä yhteydessä on syytä mainita, että Damayanthi oli aina ollut hyvin tarkka neljän tyttärensä kasvatuksesta eikä hänen tätä asiaa koskeva omahyväisyytensä ja ylpeytensä ollut kyläläisille mikään salaisuus. Ihmisten tuli nähdä hänen tyttärensä suoraselkäisinä ja hyveellisinä. Jos näin ei katsottaisi olevan, olisi kaikki menetetty, näin Damayanthi asian koki. Tätä silmälläpitäen hän kasvatti tyttäriään äärimmäistä kuria käyttäen. Heidän ei sallittu puhua yhdenkään miehen, ei varsinkaan miespuolisten ikätoveriensa kanssa. Noihin aikoihin Idamannelin taloa ympäröi vesi neljältä eri suunnalta. Sen lisäksi, suojellakseen paikkaa tunkeilijoilta, Damayanthi rakennutti aidan. Tämäkään ei riittänyt, vaan hän hankki vielä koiran aitauksen sisäpuolelle, jotta tämä varoittaisi, mikäli joku lähestyisi aluetta. Kun koira sitten haukkui, hän pyysi Subhagania katsomaan, kuka oli tulossa. Jos tulija oli tuntematon taikka nuori mies, ei ovea avattu. Koska Damayanthi oli aina huolissaan täysi-ikäisistä tyttäristään, niin halu päästä eroon Sudhamanista, melkoisesta osasta taakkaansa, muodostui hänelle suoranaiseksi pakkomielteeksi.

Sugunanandan ja Subhagan löysivät sopivan sulhasehdokkaan. Niin sovittiin päivä, jolloin intialaisten tapojen edellyttämä ensimmäinen tapaaminen tapahtuisi, näin vanhempien olisi mahdollista varmistua ennen avioliittoa siitä, että nuoret pitäisivät toisistaan. Järjestelyt tehtiin ilman että Sudhamanilla olisi ollut asiasta aavistustakaan, puhumattakaan siitä, että hän olisi antanut suostumuksensa asialle. Kaiken lisäksi hanke oli määrä toteuttaa muualla, kaukana Idamannelista. Valittuna päivänä kyseisestä perheestä saapui eräs nainen Sudhamanin kotiin verukkeenaan palkata hänet tekemään ompelutöitä. Nainen pyysi Sudhamania mukaansa ottamaan mitat tyttärien hameita ja puseroita varten.

Perille saavuttuaan kävi ilmi, että tarkoitus olikin vallan toinen. Sudhamanin kotiinsa tuonut nainen antoi hänelle kupillisen teetä ja sanoi: "Katsohan Sudhamani, toisessa huoneessa istuu eräs ihminen. Anna tämä tee hänelle." Tällä perinteisellä tavalla sulhasehdokas esitellään morsiamelle. Tarkoituksen tajuten Sudhamani vastasi vakavalla äänellä: "En voi. Olen tullut ottamaan mitat, en tarjoilemaan teetä." Tämän sanottuaan hän käveli ulos talosta.

Kotiin palattuaan ja kerrottuaan Damayanthille tapahtumasta hän tajusi omien vanhempiensa ja veljensä olleen järjestelyiden takana.

Pian Sudhamani sai taas avioliittotarjouksen. Tällä kertaa järjestettiin niin, että sulhasehdokas ja hänen seurueensa tulivat Idamanneliin. Ajateltiin, että tämä olisi turvallisempi ympäristö. Aviomiesehdokkaan saavuttua Damayanthi pyysi suloisesti Sudhamania viemään tälle muutaman banaanin. Vieraiden kuullen Sudhamani tiuskaisi: "Ei käy! Jos haluatte, voitte itse mennä vaikka ostamaan banaaneja hänelle!" Tämä yritys päättyi tähän.

Mutta vanhemmat eivät vieläkään luovuttaneet. Sudhamani sai jälleen tarjouksen ja sulhasehdokas pyydettiin taas Idamanneliin. Damayanthi tuli tällä kertaa etukäteen Sudhmanin luo ja vetosi tähän kyyneleitä vuodattaen: "Tytär, pyydän, älä pilaa perheen mainetta! Käyttäydy ystävällisesti tulevaa miestäsi kohtaan." Kun odotettu nuorukainen saapui Sudhamania tapaamaan ja istui odottamassa olohuoneessa, Sudhamani ahkeroi keittiössä murskaten kuivattua punaista chiliä puisella survimella. Hän oli jo aiemmin päättänyt kohdata tilanteen entistä suoraviivaisemmin. Niinpä

4 – Todellinen huilu

Sudhamani asettui keittiön ja olohuoneen välille tehdyn ikkunan eteen kohottaen survinta kaksin käsin uhkaavasti, kuin pistin tanassa vihollisensa kimppuun käyvä sotilas. Samalla hän huusi täyttä kurkkua ja elehti ilkkuen.

Damayanthi oli pyörtyä häpeästä, mutta Sudhamani ei ollut valmis jättämään asiaa kesken. Hän jatkoi esitystä, kunnes sulhanen seuralaisineen pakeni talosta pitäen tyttöä mielipuolena. Välittömästi tämän jälkeen Sudhamani sai jokapäiväisen annoksensa potkuja ja iskuja, mutta tällä kertaa entistäkin raaemmalla tavalla.

Nyt Sudhamani päätti, että mikäli vanhemmat vielä kiusaisivat häntä avioliittoehdotuksillaan, hän lähtisi kotoa ja jatkaisi henkisiä harjoituksiaan jossakin luolassa tai muualla yksinäisyydessä. Avioliittoasiassa Sudhamanin sietokynnys oli kaikkein matalin. Tosin hänestä tuntui, etteivät vanhemmat aivan heti yrittäisi uudelleen.

On kenties vaikea uskoa, että vanhemmat olisivat voineet kohdella häntä entistäkin huonommin, mutta niin vain kävi. Lopulta Sudhamani ei enää kestänyt tilannetta, vaan päätti paeta kotoa. Mutta juuri sinä päivänä tuuli kuljetti hänen eteensä paperinpalasen. Hän nosti sen maasta ja havaitsi hämmästyksekseen lappusen sisältävän jostakin lehdestä leikatun uutisen, jossa kerrottiin kotoaan karanneen tytön kauhistuttavasta kohtalosta. Sudhamani piti tätä viestinä Jumalalta ja päätti kaikesta huolimatta jäädä kotiin.

Jouduttuaan jälleen kerran perheenjäsenten epäinhimillisen piinan kohteeksi Sudhamani päätyi ajatukseen lopettaa päivänsä hukuttautumalla. Mutta sitten hän alkoi mielessään kysellä: "Kuka kuolee? Kuka syntyy? Kuka pystyy häiritsemään todella Jumalalle antautunutta ihmistä?" Tällaiset kysymykset ja niiden synnyttämät oivallukset saivat hänet muuttamaan mielensä.

Äärimmäisen keskittyneiden henkisten harjoitustensa päivinä Sudhamani ei kyennyt nukkumaan muissa taloissa eikä syömään maallisten ihmisten keittiöissä valmistettua ruokaa. Mikäli hän kuitenkin tuli sellaista syöneeksi, hän tuli äärimmäisen rauhattomaksi tai antoi ylen. Siksi Sudhamani paastosikin usein. Jos hän yritti viettää yön jossain sellaisessa talossa, missä maalliset ihmiset olivat nukkuneet, hän ei saanut hetkenkään lepoa. Tosin unettomuus sinänsä ei häirinnyt häntä lainkaan, sillä hänestä oli parempi valvoa ja meditoida eli kutsua rakastettuaan. Niinpä hän päinvastoin pelkäsi nukahtamista, sillä hän oli varma, että Krishna saapuisi juuri silloin ja että näin ollen hän menettäisi kauan odottamansa näyn Jumalastaan.

Vielä tässäkin vaiheessa Sudhamanin onnistui suoriutua taloustöistään. Jatkuvan ahkerointinsa johdosta hän sai kyläläisiltä nimen 'Kaveri'. Malajalamin kielessä Kaveri merkitsee ihanneihmistä, kaikkien inhimillisten hyveiden perikuvaa. Sairaanakin Sudhamani kulki talosta taloon myymässä maitoa. Nähdessään häneen jatkuvasti kohdistetun armottoman kovuuden ja tuntiessaan hänen jalon luonteensa kyläläisten syvä kunnioitus ja rakkaus tätä hurskasta kalastajakylän tyttöä kohtaan yhä vain voimistui.

Katkerat kokemukset ja ankara kasvuympäristö saivat Sudhamanin vakuuttuneeksi maallisen elämän itsekkyydestä ja tilapäisyydestä. Elämän ja sen päämäärän syvällinen mietiskeleminen täytti hänen mielensä. Elämän mysteeriä pohtiessaan Sudhamani ajatteli: "Oi Jumala, etkö näe kaikkea tätä kärsimystä ja surua? Olenko yksin tässä maailmassa? Kuka on todellinen sukulaiseni? Kuka on isäni, kuka äitini? Mikä on totuus tästä kaikesta? Kun ihminen syntyy ruumiiseen, onko hänen välttämättä kärsittävä?" Tähän tapaan ajatellen nuhteeton Sudhamani itki ja rukoili vilpittömin sydämin Herraa.

Hän tunsi myötätuntoa tavallisia, maallisen elämän hetkellisiä nautintoja kaipaavia ihmisiä kohtaan. Hän rukoili heidän puolestaan: "Oi Herra, pelasta heidät, jotka kärsivät tietämättömyytensä takia, ja pitävät katoavaa niin arvokkaana! Anna heille oikea tieto!"

Damayanthi rakasti lehmiä. Vaikka perheenjäsenten täytyi kärsiä, hän tahtoi varjella lehmät kaikenlaiselta paineelta tai rasitukselta. Hän piti lehmiä Jumalan veroisina. Lounaiset monsuunisateet aiheuttivat tulvia koko rannikkoalueella, vesi nousi nopeasti niemimaan ja mantereen välisissä ahtaissa takavesissä niin, että miltei koko kapea ja matala niemimaa haututui saman tien veden alle.

Idamannelien lehmisuoja ei kestänyt tulvaa, tällaisessa tilanteessa Damayanthi johdatti lehmät sisälle taloon. Olohuoneen lattialla lainehti pian virtsaa ja lantaa. Perheessä kaikki muut vastustivat jyrkästi Damayanthi toimia ja kirosivat häntä, paitsi tietysti Sudhamani, joka rakasti lehmiä vielä enemmän kuin äitinsä. Olihan lehmillä niin merkittävä osa Krishnan elämässä.

Sudhamanille kaikki vuodenajat olivat yhtä mielenkiintoisia. Kaikki oli yhtä ja samaa jumalallista näytelmää. Häntä ei huolettanut kesän paahtava kuumuus, monsuunikauden kaatosateet, eivätkä talven kylmät merituulet, sillä hän näki luonnossa vain rakastettunsa. Tällä muutosten maailmalla ei ollut mitään annettavaa hänelle. Hän halusi vain sulautua Krishnan lootusjalkoihin. Jopa putoilevien sadepisaroiden ääni täytti hänen sydämensä rakkaudella ja antaumuksella. Erilaiset äänet toivat hänen mieleensä pyhän *ommantran*, ennen kaikkea juuri sateen kohina. Sen tahdissa hän lauloi Jumalan ylistystä, ja sadepisaroiden putoilemista katsellessaan hän kuvitteli näkevänsä Krishnan jokaisen pisaran sisällä!

Hänen paneutumisensa henkiseen ulottuvuuteen voimistui voimistumistaan ja hajamielisyys lisääntyi samaa tahtia. Hän saattoi mennä kylpyhuoneeseen ottaakseen suihkun, ja useita tunteja myöhemmin hänet löydettiin samasta paikasta täydellisesti maailman unohtaneena. Tällaiset mielentilat olivat täydellinen arvoitus perheenjäsenille. Heidän mielestään ne olivat merkki siitä, että Sudhamani kärsi jonkinlaisesta mielenhäiriöstä.

Sudhamani teki taivaltaan yksin omassa maailmassaan. Miten voisimmekaan luoda itsellemme minkäänlaista kuvaa tämän viattoman tytön henkisistä ulottuvuuksista! Hänen sydämestään kumpuavalle rakkaudelle Krishnaa kohtaan ei ollut mitään rajoja. Mikäpä muu voima kuin Jumala itse ohjasi Sudhamania yhä syvemmälle ja syvemmälle Itsen oivaltamisen syvyyksiin?

Sudhamanin kerätessä lehtiä vuohille nämä pikku ystävät alkoivat seurata häntä minne hän menikin, sillä ne rakastivat hänen seuraansa ja kokivat Sudhamanin johtajakseen.

Istuessaan kerran puunoksalla keräämässä lehtiä Sudhamanin valtasi voimakas tunne siitä, että hän itse oli Krishna. Hän kertoi asiasta myöhemmin: "Tytöt ja pojat, jotka seisoivat alapuolellani olivat minulle gopi-tyttöjä ja gopa-poikia."

Tämän tapahtuman jälkeen hän vihdoinkin sai kauan kaipaamiaan jumalallisia näkyjä. Krishna ilmestyi hänelle myöhään illalla, jumalallinen huilunsoittaja otti häntä käsistä kiinni ja vei hänet tanssiin. Toisinaan Krishna leikki hänen kanssaan ja sai hänet nauramaan. Tällaisina autuuden hetkinä Sudhamani tanssi jumalallisen hurmion vallassa, hän tanssi Krishnan ja tämän rakastetun Radhan kanssa. Hän kuuli Krishnan huilun soinnukkaan äänen, aluksi hän luuli Krishnan soittavan taivaallista huiluaan hänen vierellään seisten. Kuitenkin tarkemmin kuunneltuaan hän tajusi äänen tulevan sisimmästään! Itkuun puhjeten hän pyörtyi, Krishnan kuvan eteen lyyhistyen.

Toisinaan hän sattui nukahtamaan, jolloin Krishna ilmestyi tuota pikaa herättämään hänet. Sudhamani kertoi: "Hänen ihonvärinsä oli sekoitus tummansinistä ja vaaleanpunaista."

Joskus taas Sudhamani näki tuoksuvin kukkasin koristellun vuoteen. Krishna piti häntä käsistä kiinni ja johdatti hänet tanssimaan kanssaan sen päällä. Sitten Hän vei tytön pilvien yläpuolelle ja näytti erilaisia maailmoja ja kauniita maisemia. Sudhamani ajatteli: "Olisivatko nämä näkymät minulle minkään arvoisia, ellei Hän olisi mukanani? Hän on kaiken ydin. Näiden maailmojen ulkoinen olemushan muuttuu alati!" Tämä Sudhamanin vakaumus sen sijaan oli ja pysyi muuttumattomana. Hänen sisäiset matkansa rakastetun luokse olivat nyt jatkuvasti toistuva tapahtuma. Hänen antaumuksensa oli nyt täydellinen.

Toisinaan Sudhamani näki Krishnan kävelevän vierellään, toisinaan taas, Krishnaan samastuessaan, hän olisi halunnut repiä kaikki jumalien ja jumalattarien kuvat seinältä, myös Krishnan kuvan. "Nämä kuvat ovat vain paperia ja maalia, eivät ne ole Krishna. Minä olen Krishna!" Seuraavassa hetkessä hänen mielentilansa muuttui: "Ei, näitä kuvia ei saa repiä. Auttoihan tämä kuva minua saavuttamaan Krishnan. Krishna, korkein tietoisuus, läpäisee kaiken. Niinpä tämä kuvakin on Hän!"

Kaiken näkeminen ja kokeminen Krishnaksi merkitsi käännekohtaa pitkällisessä kaipuun ja uhrausten ajanjaksossa. Sudhamani syleili ja suuteli nyt puita, kasveja ja pieniä lapsia. Mihin tahansa hän kääntyikin, hän näki aina ja kaikkialla Krishnan hurmaavan olemuksen. Ei ollut pienintäkään pistettä, jossa hän ei olisi nähnyt Herraa.

Tästä ajanjaksosta hän kertoo seuraavasti: "Katsoin luontoa ja näin vain Krishnan. En voinut taittaa yhtäkään kukkaa, koska näin siinäkin Krishnan. Tuulen koskettaessa kehoani tunsin Krishnan hyväilevän minua. Pelkäsin kävellä, koska ajattelin: "Oi, astun Krishnan päälle!" Jokainen hiekan jyvänen oli minulle Krishna. Asteittain tästä tuli luonnollinen tilani. Lopulta en nähnyt eroa itseni ja Vrindavanissa asuneen Krishnan välillä."

Sudhamani vakiintui puhtaan olemisen ja autuuden valtamereen ja saavutti täydellisen mielenrauhan. Silti hänen ykseytensä Korkeimman kanssa pysyi salassa perheeltä ja kyläläisiltä. Vaikka hän näytti ulkoisesti samalta tavalliselta kalastajakylän tytöltä, hän oli sisäisesti yhtä Krishnan kanssa, pitäytyen luonnollisesti ykseyden tilassa.

Viides luku

Maailman parhaaksi

Hindujen jumalmaailman jumalat, joista kukin edustaa jotakin yhden ja saman Korkeimman Olennon lukemattomista olemuspuolista, ovat kaikki meidän itse kunkin sisimmässämme. Jumalallinen persoona voi ilmentää omalla tahdonvoimallaan maailman hyväksi minkä tahansa näistä. Krishnan jumalallinen mielentila (Krishna bhava) on purushan eli absoluutin puhdasta tietoisuutta edustava olemuspuoli...

– Amma

Vamsī vibhūṣita karāt navanīra dabhāt
pitāmbarāt aruna bimba phalā taroṣṭāt
purnēntu sundara mukhāt aravinda nētrāt
kṛṣṇāt param kimapi tatva maham na jāne

En tunne muuta todellisuutta kuin Krishnan,
jonka kädet pitelevät huilua,
ja joka on kaunis kuin raikas sadepilvi,
ja jolla on yllään keltainen viitta,
ja jonka huulet ovat punaiset kuin
aruna bimban hedelmä,
ja jonka kasvot ovat hurmaavat kuin täysikuu
ja jonka silmät ovat kuin lootuskukan terälehdet.

– Madhusudana Saraswati

Krishna bhavan alkuvaiheet

Nuori Sudhamani, jonka olemus oli löytänyt ikuisen levon Korkeimmassa, pyrki silti jatkuvasti hoitamaan kotityöt entiseen tapaan. Hän yritti parhaansa voidakseen suoriutua tehtävistään rikkeettä, mutta kuten tulemme näkemään, Korkein oli suunnitellut hänen varalleen jotakin aivan muuta.

Syyskuussa 1975, eräänä keskiviikkona alkuillasta, tapahtui jotakin, mikä tuli merkitsemään uuden, raikkaan luvun alkamista Intian henkisen historian aikakirjoissa. Sudhamani oli juuri lopettanut ruohonleikkuun lehmille ja oli kellon lähetessä viittä iltapäivällä palaamassa kotiin nuoremman veljensä Satheeshin kanssa. Hän kantoi suurta ruohokimppua päänsä päällä ja oli tavanomaisessa ylevässä mielentilassaan kävellen antaumuksellista laulua hyräillen. Sisarusten ohittaessa Idamannelin pohjoispuolella olevan talon pihaportin Sudhamani pysähtyi äkisti. Hän kuuli Krishnan elämästä kertovan kirjan, *Srimad Bhagavatamin,* viimeisiä säkeitä luettavan talon sisäpihalla.[17] Lukeminen päättyi ja uskonnolliset laulut alkoivat. Sudhamani seisoi tilanteen vangitsemana ja näytti antautuneen laulun kuunteluun. Yhtäkkiä hänen mielentilansa muuttui dramaattisesti, ruohokimppu putosi pään päältä, ja hän juoksi pihalle ja pysähtyi paikalle kerääntyneiden oppilaiden keskelle. Hän oli jumalallisen autuuden vallassa, hänen sisäinen samastumisensa Jumalaan alkoi säteillä hänen ulkoisesta olemuksestaan muuttaen hänen eleensä ja liikkeensä Krishnan eleiksi ja liikkeiksi.

Suurin osa paikalla olijoista uskoi Krishnan asettuneen heitä siunatakseen hetkiseksi tämän kylätytön olemukseen. Sudhamani pyysi yhtä talon väestä tuomaan vettä, ja pirskotti sen sitten ihmisten päälle pyhänä vetenä. Uutinen Sudhamanin ilmentämästä jumalallisuudesta levisi nopeasti ja pian paikalle kerääntyi suuri joukko ihmisiä. Yleisön joukossa oli kuitenkin epäilijöitä, jotka kyseenalaistivat Sudhamanin yhtäkkisen jumalallisen mielentilan sanoen: "Jos sinä olet todellakin Krishna, sinun pitäisi tehdä sen todistamiseksi jokin ihme! Miten me muuten voimme uskoa?" Vastaus tuli välittömästi: "Kohdetta, jota ei ole jo olemassa, ei voi luoda. Kaikki on vain mielen heijastusta. Kun todellinen siemen on sisimmässänne, miksi vaaditte jäljitelmää? Puhdas oleminen on teissä itsessänne, mutta tietämättömyys peittää sen!"

Kykenemättä käsittämään puhtaassa olemisen tilassa olevan henkilön lausumaa ylevää totuutta epäilijät vaativat vaatimistaan häntä tekemään ihmeen.

Sudhamani vastasi: "Minua ei kiinnosta vähimmässäkään määrin tehdä jostakusta uskonnollista ihmeen avulla. Tehtäväni ei ole ihmeiden tekeminen, minun tehtäväni on synnyttää ihmisissä halu vapautua oivaltamalla ikuinen Itsensä. Ihmeet ovat harhaa, ne eivät ilmennä henkisyyden ydinolemusta. Sitä paitsi nähdessänne ihmeen haluatte nähdä sellaisen aina vain uudelleen ja uudelleen. En ole täällä synnyttääkseni haluja vaan poistaakseni ne."

---

[17] Joka kuukausi Sri Narayanan tuli läheisestä kylästä lukemaan tätä Sri Krishnasta kertovaa eeposta kyseisen perheen luo.

Mutta epäilijät inttivät: "Emme pyydä toistamiseen. Tee ihme kerran, sitten emme vaadi enää lisää." Lopulta Sudhamani antoi periksi ja sanoi: "Lisätäkseni teihin uskoa teen niin kerran, mutta älkää lähestykö minua enää koskaan tällaisin toivein. Tulkoot kaikki epäilijät tähän samaan paikkaan sinä päivänä, jolloin *Srimad Bhagavatamia* luetaan seuraavan kerran."

Kun seuraava *Bhagavatamin* lukutilaisuus pidettiin, paikalla oli suuri joukko ihmisiä. Jotkut epäilijät kiipesivät puihin ja rakennusten katoille toivoen sieltä käsin voivansa paljastaa mahdollisen petoksen. Ilmaistuaan ykseytensä Krishnan kanssa Sudhamani pyysi yhtä epäilijöistä noutamaan kannullisen vettä, vesi pirskotettiin sitten ihmisten päälle pyhänä vetenä kuten aiemminkin. Sitten Sudhamani pyysi veden tuonutta miestä kastamaan sormensa jäljelle jääneeseen veteen. Kaikkien hämmästykseksi vesi oli muuttunut puhtaaksi maidoksi, joka jaettiin väkijoukolle Jumalan pyhänä lahjana. Sitten Sudhamani kutsui paikalle toisen epäilijän ja pyysi tätä laittamaan sormensa kannuun. Maito oli muuttunut makeaksi ja tuoksuvaksi vanukkaaksi, *panchamritamiksi,* joka valmistetaan maidosta, banaaneista, raakasokerista, rusinoista ja kidesokerista.

Läsnäolijoiden joukosta kuului huudahduksia: "Oi Jumala! Oi Jumala!" Monet todellakin uskoivat olevansa Krishnan jumalallisessa seurassa. *Panchamritam* jaettiin nyt paikalle kokoontuneille yli tuhannelle ihmiselle, ja silti kannu oli kaiken aikaa reunojaan myöten täynnä. Sen lisäksi myös kauempana meren puolella olevan pienen banianpuun juurelle jääneet ihmiset saivat tätä makeaa juomaa, eikä kannun sisältö edelleenkään vähentynyt.

Mutta jotkut epäuskoiset eivät kuitenkaan olleet tyytyväisiä näkemäänsä. He julistivat tapahtuneen perustuvan hypnoosiin, *panchamritam* häviäisi muutaman hetken kuluttua. Heidän suureksi pettymyksekseen se ei kuitenkaan kadonnut, ja makea tuoksu säilyi ihmisten käsissä useita päiviä. Kaikki tämä lisäsi suuresti kyläläisten uskoa Sudhamanin jumalallisuuteen.

Sudhamani itse on selittänyt *Krishna bhavan*, Krishna-mielentilan alkua näin: "Jo varhain tapanani oli tanssia *Krishna bhavan* autuaallisessa mielentilassa yksinäni, kenenkään tietämättä. Eräänä päivänä tunsin voimakkaasti, että minun oli sulauduttava Korkeimpaan lopullisesti. Silloin kuulin äänen sanovan sisimmässäni: 'Tuhannet ja taas tuhannet ihmiset maailmassa elävät kurjuudessa. Minulla on paljon tehtävää sinun kauttasi, joka olet yhtä Minun kanssani'."

Tämän kuultuaan Sudhamani ilmaisi kyläläisille ykseytensä Krishnan kanssa. Hän jatkoi: "Tiesin jokaisesta kaiken. Olin täysin tietoinen siitä, että olin Krishna, en ainoastaan *bhavassa*[18] vaan myös muina aikoina. En ajatellut: 'Minä olen suuri'. Nähdessäni ihmiset ja tuntiessani heidän kärsimyksensä tunsin valtavaa myötätuntoa heitä kohtaan. Olin tietoinen siitä, miten seuraajat tervehtivät minua kutsuen minua Herraksi. Kykenin ymmärtämään heidän ongelmansa ilman, että kukaan olisi kertonut niistä minulle."

Siitä lähtien Sudhamani ilmensi Krishnan jumalallista mielentilaa säännöllisesti Idamannelin länsipuolella, lähellä rantatietä kasvavan pienen banianpuun luona. Puun ympärillä oli paljon kukkivia kasveja, paikka oli eräänlainen tiheikkö. Muutamia vuosia aiemmin kyläläiset olivat suunnitelleet rakentavansa sinne temppelin. Vihkiäkseen temppelipaikan muutamat kylän nuorukaiset olivat kokoontuneet yhteen ja istuttaneet sinne toisenkin banianpuun sekä tuoneet paikalle pyhitetyn öljylampun. Sugunanandan oli kannustanut nuoria ja osallistunut innokkaasti heidän toimiinsa. Sugunanandanin iäkkäällä äidillä, Madhavilla, oli ollut tapana tulla sinne iltaisin, usein Sudhamani seurassaan. Hän oli tällöin sytyttänyt siellä olevan lampun ja laulanut muutamia hartaita lauluja. Banianpuun eteen oli rakennettu pienenpieni kookospuun lehdistä punottu suojakatos. Sen alle oli asetettu Krishnan ja Kalin, Jumalallisen Äidin, kuvat.

Nyt samaisesta kohteesta oli tullut paikka, missä Sudhamani paljasti säännöllisesti ykseytensä Krishnan kanssa. Koska tämä alue oli kylän yhteistä maata, se oli luonteva paikka kokoontua

---

[18] *Bhava* tarkoittaa mielentilaa, tässä yhteydessä jumalallista mielentilaa.

siunausta tuottavaan *Krishna bhavaan*. Sudhamani, jonka ruumis oli muuttunut hänen tahtonsa voimalla höyhenen kevyeksi, lepäsi ohuella banianpuun oksalla *anantasajana-asennossa*, jollaisessa Vishnu loikoilee tuhatpäiseen käärmeeseen, Anantaan nojaten. Näkymä hurmasi oppilaat.

Tällä tavalla pyhästä paikasta tuli todellinen Vrindavan, Krishnan asuinsija, jonka ilmapiiri oli Jumalan kunniaksi laulettujen laulujen kyllästämä. Oppilaat kerääntyivät tänne, ei ainoastaan Krishna *darshaniin*[19], vaan myös saadakseen helpotusta ongelmiinsa. Oppilaiden ahdinko hävisi ihmeenomaisesti heidän purettuaan ongelmansa Sudhamanille *Krishna bhavan* aikana.

Jonkun rukoillessa ratkaisua ongelmiinsa Krishnaan sulautunut Sudhamani kehotti tätä sytyttämään pienen palasen kamferia ja asettamaan sen palavana hänen kielelleen. Sitten hän nielaisi palavan kamferin. Tilaisuuden päätyttyä hänen kielessään ei kuitenkaan ollut nähtävissä minkäänlaista palovammaa. Tämäkin oli omiaan lisäämään ihmisten uskoa.

Uutinen *Krishna bhavasta* levisi nopeasti ja ihmisiä alkoi kerääntyä Parayakadavun kylään niin Keralasta kuin muualtakin Intiasta. Pyhiinvaellus tälle pyhälle paikalle oli alkanut, ja se on jatkunut keskeytyksettä tähän päivään asti. Jotkut tulivat etsimään helpotusta sairauksiinsa, toiset aineellisiin ongelmiinsa, kolmannet pelkästä uteliaisuudesta ja neljännet Sudhamanin herättämän antaumuksen tunteen takia. Hänen luokseen tultuaan he kaikki löysivät yhden ja saman asian: ratkaisun ongelmiinsa.

Joukko paikallisia skeptikkoja alkoi kerääntyä juhlapaikalle aikaa kuluttamaan ja toivoen voivansa paljastaa petoksen, sillä he uskoivat siitä olevan kyse Sudhamanin jumalallisten mielentilojen suhteen. Mutta hän oli aina yhtä levollinen, oli tilanne mikä tahansa. Myöhemmin hän selitti asiaa näin: "*Bhavan* aikana erilaiset ihmiset tulevat tapaamaan minua, jotkut antaumuksesta, toiset löytääkseen ratkaisun maallisiin ongelmiinsa, jotkut taas saadakseen helpotusta

---

[19] *Darshan* tarkoittaa Jumalan tai pyhimyksen kohtaamista tai hänen antamaansa siunausta.

sairauksiinsa. En hylkää ketään. Kuinka voisin torjua heidät? Ovatko he erillisiä minusta? Emmekö me kaikki ole helmiä yhdessä ja samassa elämän helminauhassa. Jokainen näkee minut oman ajattelunsa tasolta käsin. Kaikki ovat minulle samanarvoisia, yhtä hyvin ne, jotka rakastavat minua kuin nekin, jotka vihaavat minua."

Kahden ensimmäisen *Krishna bhavan* aikana Sugunanandan oli ollut poissa kylästä liikeasioidensa takia. Kuultuaan tyttärelleen tapahtuneesta mystisestä muutoksesta hän arveli, että kyse oli jostakin toteamatta jääneestä sairaudesta. Hän päätti kuitenkin, että päättäisi lopullisen kantansa vasta nähtyään kaiken omin silmin. Niinpä hän järjesti *Bhagavatam*-tilaisuuden kotiinsa. Nähtyään tyttärensä jumalallisen mielentilan isä ällistyi, eikä kyennyt sanomaan sanaakaan. Olihan tämä tytär ollut yllätyksiä täynnä syntymästä lähtien. Siitä lähtien Sugunanandan, Krishnan harras palvoja kun oli, otti innolla osaa kaikkiin *bhava darshaneihin*. Niistä oli nyt tullut säännöllinen tapahtuma tällä pyhitetyllä kalastusrannikolla.

Tässä vaiheessa vanhemmat uskoivat kuitenkin Sudhamanin jumalallisten mielentilojen merkitsevän vain hetkellistä Krishnan valtaan joutumista ja antaumuksellisten toimintojen olevan vain jonakin päivänä päättyvä tilapäisilmiö. He odottivat tuon ajan tuloa voidakseen saattaa hänet avioliiton satamaan. Vanhempia ei voi syyttää siitä, että he eivät käsittäneet, mistä oli kysymys. Eiväthän he tienneet mitään *mahatmoista*, suurista sieluista ja heidän käyttäytymisestään. Heillä oli hyvin yksinkertainen näkemys Jumalasta, sen mukaan Jumala ilmeni maan päällä ainoastaan temppeleiden jumalissa ja jumalattarissa. Jumala ei ollut löydettävissä mistään muualta, kaikkein vähiten heidän eriskummallisesta tyttärestään.

Aiemmat kokemuksensa unohtaen vanhemmat alkoivat jälleen valmistella tyttärensä avioliittoa, mutta joka kerran Sudhamani uhkaili häikäilemättä jokaista epäonnekseen Idamanneliin saapunutta sulhasehdokasta. Lopulta Sudhamani varoitti vihaisesti vanhempiaan: "Jos onnistutte naittamaan minut, tapan miehen ja palaan Idamanneliin."

Kerta toisensa jälkeen Sudhamanin naittamisessa epäonnistuneet vanhemmat päättivät lopulta, että Sugunanandan lähtisi kysymään neuvoa tunnetulta astrologilta.[20] Mies asui kaukana, eikä ollut koskaan kuullutkaan Idamannelin perheestä, Sudhamanista, saati sitten tämän jumalallisista mielentiloista. Vanhemmat olivat toivoa täynnä uskoen viimeinkin saavansa itsepäisen kiusankappaleen satimeen. Tutkittuaan Sudhamanin horoskoopin astrologi kääntyi Sugunanandanin puoleen ja lausui juhlallisesti: "Tämä tyttö on *mahatma*, suuri sielu. Jos avioliittoa ei ole vielä järjestetty, älkää enää yrittäkö mitään sen suuntaistakaan. Jos avioliitto on jo järjestetty, kutsukaa tytär heti takaisin. Muussa tapauksessa joudutte kohtaamaan suuren onnettomuuden, joka tulee aiheuttamaan teille paljon surua." Masentunut isä palasi kotiin raskain sydämin, ja suunnitelmista Sudhamanin naittamiseksi luovuttiin lopullisesti.

Ihmisten tajuttua Sudhamanin *Krishna bhavan*, Krishnaan sulautumisen mielentilan, olevan aito, yhä enemmän väkeä alkoi saapua vastaanottamaan hänen siunaustaan. Tuli myös niitä, jotka toivoivat voivansa hyötyä Sudhamanin jumalallisen hyväntahtoisuuden kustannuksella. Nämä ihmiset tahtoivat vain edistää omia itsekkäitä pyrkimyksiään ja ansaita rahaa. Eräänä iltana jotkut tällaiset henkilöt lähestyivät Sudhamania ajatellen, että hän olisi houkuteltavissa rahalla. He tarjosivat hänelle suurta rahasummaa saadakseen hänet tekemään ihmeitä. Sudhamani nauroi ääneen ja sanoi heille lempeästi: "Minulla ei ole mitään saavutettavaa ihmeiden avulla. Päämääräni ei ole saada nimeä tai maallista mammonaa tekemällä ihmeitä. Sisimmässämme on valtava, ehtymätön jumalallinen omaisuus. Miksi luopua siitä ja tavoitella katoavaa maallista omaisuutta? Elämäni päämääränä on palvella epäitsekkäästi Jumalaa ja kärsivää ihmiskuntaa. En ole täällä ansaitakseni mitään vaan luopuakseni kaikesta toisten onnen hyväksi."

Ihmisten määrä kasvoi päivä päivältä, sillä toisten ihmeelliset kokemukset Sudhamanin *Krishna bhavan* aikana innoittivat myös

---

[20] Intiassa on yleisenä tapana konsultoida astrologia ennen avioliiton solmimista.

muita etsimään hänestä turvaa. Banianpuun lähettyvillä olevalta merenrannalta kantautui kiehtovia uskonnollisia lauluja. Keskinäiset eripuransa unohtaen kyläläiset kokoontuivat laulamaan ja vastaanottamaan hänen siunauksensa.

Kerran *Krishna bhavan* aikaan suuren ihmisjoukon kokoonnuttua pyhälle banianpuulle paikan yläpuolelle kerääntyi yhtäkkiä uhkaavan tummia, kaatosadetta enteileviä myrskypilviä. Koska siellä ei ollut mitään suojaa sateelta, ihmiset jäivät aloilleen odottamaan väistämätöntä rankkasadetta ja kastumista. Mutta kaikkien suureksi hämmästykseksi juuri sille kohdalle ei pudonnut ainuttakaan pisaraa, vaikka kaikkialla ympärillä sade ryöppysi kaatamalla.

Noihin aikoihin myrkyllinen kobra huolestutti niillä tienoin liikkumaan joutuvia, kyläläiset näkivät sen luikertelevan usein alueella ja heitä alkoi pelottaa ulkoilla rannalla iltaisin, erityisesti pimeän aikaan. Jotkut kääntyivät *Krishna bhavan* aikana Sudhamanin puoleen ja pyysivät häntä ratkaisemaan ongelman. Eräänä iltana jumalallisen tilaisuuden ollessa meneillään pelätty käärme näyttäytyi jälleen, väki pakeni eri suuntiin ja jäi seisomaan turvallisen välimatkan päähän. Sudhamani tarttui pelotta kobraan ja kosketti sen lipovaa kieltä omalla kielellään, näin tehtyään hän päästi käärmeen vapaaksi. Sen jälkeen käärmeestä ei enää näkynyt merkkiäkään, kaikki saattoivat jälleen liikkua pelkäämättä valtameren rannalla.

Erään kerran kävi niin, että 'meriäidin lapset', niin kuin kalastajakansaa kutsuttiin, eivät saaneet kalaa moneen päivään, minkä seurauksena he näkivät nälkää. *Krishna bhavan* aikana kyläläiset kääntyivät Sudhamanin puoleen ja kertoivat hänelle murheensa. Hän antoi kalastajille tulasinlehden[21] ja sanoi, että nuoren pojan tulisi heittää lehti mereen tietyssä kohdassa. Sen jälkeen heidän tulisi kalastaa siinä samassa paikassa.

Asettaakseen hänet kokeelle kalastajat jättivät ohjeen noudattamatta ja saapuivat jälleen seuraavaan *darshaniin*. Ennen kuin miehet ehtivät sanoa sanaakaan, Sudhamani huomautti heidän

---

[21] Tulasi kuuluu basilikakasveihin, jota jo Krishna piti pyhänä.

laiminlyönnistään, mutta antoi kuitenkin jälleen heille tulasinlehden. Hämmentyneinä ja katuvaisina he ottivat lehden ja menivät merenrantaan, mutta syystä tai toisesta heidän ei onnistunut pudottaa lehteä oikeaan paikkaan. Myötätuntoa kalastajia kohtaan Sudhamani meni seuraavan *darshanin* aikana rannalle ja tanssi siellä autuuden tilassa antaen näin siunauksensa. Seuraavana päivänä kalastajien suureksi onneksi ja tyytyväisyydeksi iso kalaparvi ui rannan läheisyyteen. Koskaan aiemmin kylän historiassa ei oltu saatu niin mahtavaa saalista. Sudhamani toisti saman ihmeen vielä kahdesti kalastajakansan vilpittömien rukousten ja pyyntöjen takia, hän ei kuitenkaan halunnut rohkaista tällaista itsekeskeistä, halujen toteuttamisesta aiheutuvaa antaumuksellisuutta.

Vaikka *Krishna bhava* oli tapahtuma, jossa Sudhamani ilmensi ääretöntä henkistä voimaansa Krishnan olemuksen kautta, niin hänen vanhempansa, kuin suurin osa kyläläisistäkin, uskoivat, että hän oli noiden julkisten tilaisuuksien aikana vain väliaikaisesti Krishnan vallassa. Vanhin veli ja vanhemmat olettivat edelleen, että häntä vaivasi skitsofrenia tai jokin muu psyykkinen sairaus. Sudhamani antoi heidän pitää käsityksensä. Tässä vaiheessa hänelle näytti riittävän, että ihmiset alkoivat tuntea kiintymystä Jumalaa kohtaan ja että he saivat helpotusta maallisiin ongelmiinsa *bhava darshanin* kautta. Tämä jumalallinen näytelmä oli kehittyvä ihmisten tarpeiden mukaisesti aina oikeaan aikaan.

Bhava darshanin harjoittamisella lähellä merenrantaa oli myös varjopuolensa. Vaikka ihmiset saattoivatkin kokoontua sinne vapaasti, myös häiriköillä oli sinne vapaa pääsy. Siinä missä jotkut tulivat kunnioituksen ja antaumuksen hengessä, ryhmä jääräpäitä tuli pelkästään häiriköimään ja solvaamaan Sudhamania. Sitä paitsi seuraajien määrän nopea lisääntyminen oli synnyttänyt banianpuun vaiheille aivan toisenlaisen hankkeen. Joukko ahneita ja itsekkäitä ihmisiä oli näet lyöttäytynyt yhteen ja muodostanut hallinnollisen toimikunnan, joka päätti asettaa *bhava*-alueelle lukitun keräyslippaan kerätäkseen siten rahaa itselleen. Tämä oli jo jonkinlainen ennakkovaroitus tekeillä olevasta hankalasta liittoutumasta.

Kaikki tällainen teki Sugunanandanin hyvin surulliseksi. Erää-
nä iltana hän kääntyi *Krishna bhavan* aikana Sudhamanin puoleen
ja ilmaisi huolensa: "On tuskallista nähdä kuinka harjoitat Krishna
bhavaa tällä tavoin tien sivussa, mutta sitäkin sietämättömämpää
on kuunnella epäuskoisten sinusta tekemää pilkkaa. Kaikkein tus-
kallisimmaksi asian minulle tekee se, että olet minun tyttäreni. On
sydäntä särkevää nähdä kaikenlaista väkeä pyörimässä sinun ympä-
rilläsi julkisella paikalla." Tämän sanottuaan hän purskahti itkuun.

Sudhamani vastasi: "Siinä tapauksessa anna minulle toinen
paikka, missä voin ottaa vastaan ihmisiä. Navetta kelpaa, jos muuta
paikkaa ei ole." Sugunanandan suostui ilomielin, ja niin ryhdyttiin
toimiin navetan kunnostamiseksi uuteen tarkoitukseen. Se jaettiin
kahtia noin metrin korkuisella, keskelle rakennetulla väliseinällä.
Toinen puoli toimi navettana ja toinen puoli kunnostettiin *darshania*
varten verhoamalla sen seinät palmunlehtipunoksilla.

Niinpä *bhava darshan* siirrettiin rannalta banianpuun luota
Idamanneliin, missä – puitteiden tosin vaihtuessa – se on jatkunut
tähän päivään asti. Sudhamanilla oli tapana seistä uudessa navetta-
temppelissä Krishna bhavan aikana, aina ajoittain keskiseinämään
nojatessaan hän kurottautui sen yli koskettelemaan seinämän toisella
puolella seisoskelevaa lehmää.

Eräänä iltana *Krishna bhavan* aikana Sudhamani kutsui luok-
seen isänsä ja sanoi: "Oppilaani tulevat pitkien matkojen takaa.
Monia heistä tulee asettumaan tänne pysyvästi. Sinä joudut koh-
taamaan vastuksia, mutta älä pelkää. Siedä kaikki. Älä kovistele
ketään! Älä havittele keneltäkään mitään. Älä ole kateellinen. Kaikki
tarvitsemasi tulee sinulle pyytämättä, osa siitä sinun tulee antaa hy-
väntekeväisyyteen. Ajan kuluessa tästä paikasta tulee suuri henkinen
keskus. Tyttäresi tulee matkustamaan monia kertoja eri puolilla
maailmaa. Vaikka lähiaikoina joudut kärsimään paljon, Jumala
tulee aina siunaamaan sinua ja täyttämään tarpeesi. Sukulaisesi ja
jopa kyläläiset tulevat vihaamaan sinua ja kiusaamaan sinua, mutta
ajan kuluessa heistä tulee ystäviäsi. Tuhansista oppilaistani tulee
sinulle kuin omia lapsia. Tästä lähtien tämä tytär on aina puhdas."

Jälleen kerran Sugunanandan joutui ihmetyksen valtaan. Hänen ihonväriltään sinertävän tumma tyttärensä, jota hän itse oli lyönyt ja piiskannut niin monen monta kertaa tulisi matkustamaan ympäri maailmaa! Miksi? Eihän Sudhamani ollut vielä koskaan käynyt edes Cape Comorissa.²² Tuhannet ihmiset tulisivat Idamanneliin? Missä ihmeessä he yöpyisivät? Heillähän oli vain pieni talo. Ja mitä tarkoitti, että hän olisi aina puhdas?²³ Vaikka nämä sanat tekivät Sugunanandaniin voimakkaan vaikutuksen, ne tuntuivat kuitenkin hänestä täysin järjettömiltä. Vasta vuosien kuluttua hän tajusi sen, että tuona päivänä hänelle kerrottu oli alusta loppuun totta.

Jotkut paikkakuntalaisista kokivat oman etunsa kärsineen siitä, että Krishnan mielentilaa ilmentävät tilaisuudet oli siirretty muualle. He ilmaisivat vastalauseensa äänekkäästi sanoen: "Me emme halua Jumalaa, joka noudattaa isänsä toiveita!"

Banianpuun luona laulamassa olleet jakaantuivat nyt kahteen ryhmään. Osa asettui vastahankaan ja kieltäytyi yhteistoiminnasta. Toiset taas tulivat Idamanneliin laulamaan *bhajaneita*, henkisiä lauluja niin kuin ennenkin. Joitakin kyläläisiä harmitti se, että osa ihmisistä pysyi lojaaleina. Silti harmistuneetkin tulivat Idamanneliin, mutta vain haastamaan riitaa ja rettelöimään. He ryhtyivät *darshanin* aikana estoitta häiritsemään laulajia. Tämä sekä miehistä että naisista koostuva vihamielisten ryhmä jatkoi itsepintaisesti häirintäänsä, kunnes Sugunanandan kyllästyi siihen lopullisesti. Yhdessä muutamien uskollisina pysyneiden kanssa hän karkotti rettelöitsijät Idamannelista. Tämä kaikki oli kuitenkin vasta tulevien vaikeuksien alkua.

---

²² Intian niemimaan eteläisin kärki, joka sijaitsee Parayakadavusta 200 kilometriä etelään.
²³ Siitä lähtien kun Krishna-mielentilat alkoivat Sudhamanilla ei ole ollut enää kuukautisia.

93

Järjestäytynyt häirintä

Kylässä oli joukko Sudhamanin toimintaan erittäin vihamielisesti suhtautuvia maanomistajien poikia. He lyöttäytyivät yhteen ja perustivat järjestön, 'Sokeiden uskomusten poistamiskomitean', joka tunnettiin myös nimellä 'Rationalistiliike'. Heidän onnistui koota kolmestatoista rannikkoseudun kylästä tuhatkunta nuorta, jotka aloittivat kampanjan tehdäkseen lopun Sudhamanin jumalallisista mielentiloista.

Kyläläiset olivat rakastaneet hyveellistä ja jaloluontoista Sudhamania tämän lapsuudesta lähtien. Heitä oli kiehtonut hänen tapansa tervehtiä uutta päivää lumoavilla, Krishnalle omistetuilla lauluillaan. Nyt he uskoivat hänen jumalallisiin mielentiloihinsa ja tunsivat vilpitöntä antaumusta häntä kohtaan. Sugunanandanin itsepintaisuus ja *Krishna bhavan* siirtäminen Idamanneliin olivat kuitenkin omiaan kirvoittamaan esiin aiemmin pinnan alle jäänyttä kateutta ja vihamielisyyttä. Kuten mainittu, Sudhamani oli varoittanut *darshanin* aikana isäänsä sietämään kaiken ja pidättäytymään kostamasta hänen vastustajilleen. Jumalallisen ohjeen unohtaen Sugunanandan alkoi toimia järjestöä vastaan, mutta tällä tavoin hän vain onnistui kiihdyttämään vastahankaan asettuneiden vihamielisyyttä.

He alkoivat tehtailla Sudhamanin vastaisia iskulauseita ja kustansivat ilmoituksia, jotka olivat täynnä Sudhamaniin kohdistettuja tekaistuja ja järjettömiä syytöksiä, mutta tämäkin oli vasta alkua. Itse asiassa heidän kaunan elähdyttämänä pyrkimyksenään oli häpäistä Sudhamani ja saada siten *Krishna bhavat* loppumaan.

Seuraavaksi he esittivät tutkintapyynnön poliisille siitä, että Sudhamani petkutti uskonnollisuuden nimissä ihmisiä. Sen seurauksena Idamanneliin saapui muutamia poliiseja suorittamaan kuulusteluja. Rohkeana kuten aina Sudhamani sanoi viranomaisille: "Pidättäkää minut, jos haluatte ja viekää vankilaan. Täällä perheenjäsenet ja kyläläiset eivät anna minun meditoida. Vankilassa saan ainakin olla yksinäisyydessä, joten voin jatkuvasti mietiskellä Jumalaa. Jos se on Jumalan tahto, tapahtukoon niin." Sanottuaan tämän hän ojensi kätensä. Hänen rohkeutensa ja vilpittömyytensä ja tapansa puhutella heitä teki erittäin suuren vaikutuksen poliiseihin. Joku tosin ajatteli, että hänen täytyi olla hullu, mutta kaikki muut sen sijaan hurmaantuivat hänen persoonallisuudestaan ja pahoittelivat sitä, että suurta sielua häpäistiin näin karkeasti ja ahdisteltiin syyttä. Poliisit ilmaisivat kunnioituksensa ja lähtivät.

Seuraava laulu syntyi tutkimuspyynnön ja siihen liittyneen tutkinnan aikoihin:

Bhagavane bhagavane[24]

Sinä olet myötätuntoinen palvojiasi kohtaan,
oi puhdas tietoisuus,
kaikkien syntien tuhoaja.
Onko tässä maailmassa vain synnintekijöitä?

Oi Herra! Oi Herra!
Kuka ohjaakaan hurskauden polulle?
Perusperiaatteet[25] löytyvät vain kirjojen sivuille painettuina.

Oi Herra! Oi Herra!
Näkyvillämme on vain
valepukuja ja pintakoreutta.
Oi Kanna, suojele ja
palauta oikeudenmukaisuus!

Eräänä päivänä iltahämärissä, antaumuksellisten laulujen jo alettua, Idamanneliin saapui taas poliisi. Hän tuli uuden valituksen takia. Ensimmäinen tutkinta ei ollut saanut häntä täysin vakuuttuneeksi. Tutkija koki ilmapiirin hämmästyttävän rauhoittavaksi, ja koska hän ei havainnut missään mitään loukkaavaa eikä väärää, hän poistui paikalta sanaakaan sanomatta.

---

[24] Oi Herra! Oi Herra!
[25] Tässä viitataan ikuiseen pyhään totuuteen ja hyveellisen elämän periaatteisiin, jotka kerrotaan *Veda*-kirjoissa.

Mutta vastustajat eivät olleet vieläkään valmiita luopumaan yrityksistä lopettaa Sudhamanin jumalalliset tilaisuudet. Päämääränsä saavuttamiseksi he ottivat käyttöön entistä aggressiivisemmat ja suoraviivaisemmat keinot. He päättivät mennä Idamanneliin pienissä ryhmissä *bhava darshanin* ollessa meneillään ja käydä käsiksi jumalallisessa mielentilassa olevaan Sudhamaniin häpäistäkseen hänet ja samalla *darshanin*. Heidän tarkoituksenaan oli saada hänestä ote ja mukiloida hänet sitten. Nämä raakimukset olivat vakuuttuneita häikäilemättömän suunnitelmansa onnistumisesta. He rehvastelivat rohkeudellaan ja voimallaan. Mutta ennen kuin ilta päättyi, he lähtivät Idamannelista noloina, sillä jostakin selittämättömästä syystä yksikään heistä ei uskaltanut lähestyä Sudhamania jumalallisen mielentilan aikana.

Tämä ei kuitenkaan riittänyt lannistamaan heitä, he keksivät nyt palkata tappavasta noituudestaan kuuluisan mustan maagikon. Mies tuli Idamanneliin ja tarjosi Sudhamanille niin sanottua 'pyhää tuhkaa', johon hän oli manannut tuhoavia voimia. Tuhka oli valmistettu hiiltyneestä kobrasta. Sen tiedettiin olevan niin tehokasta, että se tappaisi kenet tahansa, jota vastaan se oli suunnattu. Jo tuhkan käteen ottaminen tiedettiin erittäin vaaralliseksi: jo se saisi aikaan vakavan onnettomuuden. Täysin tietoisena oletetuista seuraamuksista Sudhamani levitti tuhkan iholleen kieron maagikon edessä. Hän ajatteli: "Jos ruumis tuhoutuu tähän, tapahtukoon niin. Jos se on Jumalan tahto, voiko kukaan paeta sitä?" Häikäilemätön mies jäi odottamaan saadakseen itse todistaa noituudellaan aiheuttamansa kuolemantuskat, joita hänen aiemmat uhrinsa olivat joutuneet kokemaan. Mutta tuntienkaan odottelun jälkeen ei ilmaantunut mitään tavallisuudesta poikkeavaa, ja niin hänen oli lopulta poistuttava täydellisesti epäonnistuneena.

Maagikon nolo epäonnistuminen herätti vastustajissa suorastaan vimmaisen tahdon tuhota Sudhamani jumalallisine mielentiloineen. He kehittelivät, jos mahdollista, entistäkin kavalamman suunnitelman: muutamat heistä saapuivat temppeliin *Krishna bhavan* aikaan ja toivat Sudhamanille lahjaksi lasillisen maitoa – tappavaksi myrkytettynä. Sudhamani näytteli osansa mallikelpoisesti, hymyili rakastettavasti ja joi koko maitolasillisen epäröimättä. Murhanhimoiset viholliset odottivat kärsimättöminä hänen lyyhistymistään kouristellen pyhäkön lattialle ja hänen viimeistä henkäystään. Heidän tyrmistyksekseen Sudhamani vain kääntyi hetken kuluttua heidän puoleensa ja oksensi myrkytetyn maidon heidän eteensä. Tämän jälkeen hän jatkoi paikalla olleiden vastaanottamista, aivan kuin mitään ei olisi tapahtunut. Vainoojat pakenivat paikalta ja lopettivat hyökkäyksensä joksikin aikaa.

Vihamielisten vastustajien lisäksi oli muutakin, mikä aiheutti hankaluuksia Sudhamanille, nimittäin hänen oman perheensä asenteet. Mutta niin paljon kuin perhe ja sukulaiset häntä painostivat ja ahdistelivatkin, hän säilytti aina mielenrauhansa, kärsivällisyytensä ja myötätuntoisuutensa sekä halunsa auttaa kärsiviä, oli sitten kyse ystävästä tai vihollisesta, perheestä tai tuntemattomista ihmisistä.

Vastustajien liittoutuminen Sudhamanin nujertamiseksi aiheutti kuitenkin suurta henkistä painetta Sugunanandanille. Näihin aikoihin Sudhamanin tapana oli viettää yönsä ulkona meditoiden tähtitaivaan alla. Aina lapsuudesta alkaen hän oli kokenut pyhiksi nuo yön yksinäisyydessä viettämänsä hiljaiset hetket, jolloin hän oli voinut olla kosketuksissa Jumalalliseen ja tanssia autuaana Jumalasta humaltuneena, kenenkään häiritsemättä.

Sugunanandanin pelko tyttärensä puolesta moninkertaistui hänen kuvitellessaan, miten viholliset saattoivat hiipiä yön pimeydessä ja iskeä yksin mietiskelevän tytön kimppuun. Sen tähden isä eräänä iltana vaatikin: "Tytär, tule nukkumaan sisälle taloon!" Sudhamani vakuutti isälleen painokkaasti: "Katsohan, ei minulla ole omaa taloa. Nukun mieluummin ulkona. Jumala on läsnä kaikkialla. Hän on ulkona ja sisällä. Miksi minun pitäisi huolestua? Jos joku tulee ja pyrkii vahingoittamaan minua, Jumala kyllä suojelee."

Damayanthi puolestaan, vaikka hän uskoikin tyttärensä olevan *Krishna bhavan* aikana todella Krishna, pahoinpiteli silti jumalallisen mielentilan päätyttyä tytärtään aivan kuten ennenkin. Hän – kuten mainittu – ajatteli, että Sudhamani oli Krishnan vallassa ainoastaan *bhava darshanin* aikana ja että muina aikoina hän oli sama kuin ennenkin, toisten alapuolella oleva palvelija ja hieman eriskummallinen tytär. Krishna bhavan alkamisen jälkeen Damayanthin oli kuitenkin vapautettava Sudhamani kotitöistä, sillä hän saattoi vaipua samahdiin minä hetkenä hyvänsä, ajasta ja paikasta riippumatta. Jos hän olisi ollut esimerkiksi keittämässä ruokaa tai kahlaamassa matalissa lähivesistöissä jonkin tehtävän takia, täydellinen Jumalaan sulautuminen olisi saattanut muodostua todella kohtalokkaaksi.

Tyttäriensä käytöksestä tarkka Damayanthi kielsi Sudhamania puhumasta oppilaiden, erityisesti nuorten miesten kanssa *darshanin* päättymisen jälkeen. Mikäli Sudhamani kuitenkin teki niin, Damayanthi kuritti ja löi häntä epäröimättä. Hän pelkäsi edelleenkin Sudhamanin epätavanomaisen käyttäytymisen pilaavan perheen maineen. Vaikka Sudhamani oli mieltymysten ja vastenmielisyyksien tuolla puolen, vanhemmat luulivat silti hänen olevan tavallinen tyttö inhimillisine tunteineen, mieltymyksineen ja heikkouksineen, *bhava darshanin* aikaa lukuun ottamatta. On merkillistä, etteivät häntä lähimpänä olleet ihmiset kyenneet näkemään, että hän oli jatkuvasti yhtä Jumalan kanssa.

Hankalin perheenjäsenistä oli Subhagan, Sudhamanin vanhin veli. Hän ei voinut sietää sisarensa tapaa vastaanottaa seuraajiaan eikä tämän autuaallisia lauluja ja tansseja. Kaiken kaksinaisuuden tuolla puolen oleva Sudhamani suhtautui miehiin ja naisiin, lapsiin ja vanhuksiin samalla tavoin. Tämä raivostutti Subhagania, jok,a sen lisäksi että oli ateisti, uskoi naisten olevan miesten palvelijoita ja heidän tuli olla hiljaa ja näkymättömissä. Hän piti sisartaan skitsofreenikkona ja pyrki parhaansa mukaan häiritsemään tämän toimintaa.

Eräänä päivänä hän rikkoi lampun, jossa oli tapana pitää tulta *Krishna bhavan* aikana. Nähdessään rikotun lampun seuraajat masentuivat, sillä paikalla ei ollut toista sen tilalle. Nähdessään heidän onnettomat ilmeensä Sudhamani pyysi noutamaan näkinkenkiä. Ne saatuaan hän kehotti asettamaan niihin lampunsydämen ja sytyttämään ne, vaikka öljyä ei ollutkaan. Ja mahdoton tapahtui:

sydämet syttyivät palamaan ja valaisivat koko yön aina *Krishna bhavan* päättymiseen asti, ilman öljyn pisaraakaan. Kun häneltä kysyttiin, miten tämä oli mahdollista, Sudhamani sanoi: "Lamput paloivat oppilaiden vilpittömän toiveen, *sankalpan*[26] takia."

Seuraavan *bhava darshanin* aikaan eräs oppilas, tietämättä mitään rikotusta lampusta ja siihen liittyneistä tapahtumista, lahjoitti öljylamppuja alttaria varten. Kysyttäessä hän kertoi nähneensä unen, jossa häntä oli kehotettu tuomaan ne.

Jotkut Sudhamania röyhkeästi pilkanneista kyläläisistä joutuivat kohtaamaan suuria onnettomuuksia. Seuraavassa muuan tällainen tapaus. Eräänä päivänä kun Sudhamani palasi kotiin vierailtuaan lähitalossa, polun varrella seisoskeli ryhmä kylän miehiä. Ohittaessaan heidät Sudhamani kuuli erään varakkaan kyläläisen puhuvan hänestä pilkaten, hän sanoi toisille kovalla äänellä: "Katsokaahan tuota tyttöä! Hän on hullu! Hän laulaa ja tanssii kaiken aikaa ja teeskentelee olevansa Krishna. Mitä hölynpölyä! Hän on hysteerinen! Jos hänen isänsä vain naittaisi hänet, sairaus paranisi." Miehen ystävät purskahtivat nauruun ja hän jatkoi omahyväisesti: "Mikäli tytön isä tarvitsee myötäjäiset, olen valmis antamaan hänelle luottoa kaksi tuhatta rupiaa, jotta tyttö pääsee naimisiin. Puhunpa hänelle asiasta vielä tänään!"

Sudhamani ohitti miehet sanaakaan sanomatta. Kotiin päästyään hän juoksi perheen rukoushuoneeseen ja lukitsi itsensä sinne. Siellä hän vuodatti sydämensä Krishnalle: "Oi, Krishna, etkö kuule, mitä he sanoivat? He nimittävät minua hulluksi. He eivät tiedä mitään Sinun kauneudestasi ja tahtoisivat kytkeä minut omaan itsekeskeiseen elämäntapaansa. Oi, Krishna, suojelustasi etsivien suojelija, oletko Sinäkin hylännyt minut? Jos niin on, kuka enää palvoo Sinua nähdessään minun epätoivoisen tilanteeni? Onko tämä palkkio niistä kyynelistä, jotka olen vuodattanut Sinua ajatellen? Sinä olet ainoa lohtuni. Taivaan sinessä näen vain Sinun nauravat kasvosi. Aalloissakin näen Sinun tanssivan hahmosi. Aamukyyhkyn

---

[26] *Sankalpa* tarkoittaa päätöstä, toivetta ja rukousta; mestarin sankalpa toteutuu aina.

laulussa minä kuulen Sinun jumalaisen huilusi soiton. Oi, Krishna, Krishna…" Tähän tapaan rukoillen hän vaipui nyyhkyttäen lattialle.

Samaan aikaan Sudhamania pilkannut varakas mies oli valmistelemassa kalastusmatkaa varten aluksiaan ja verkkojaan, joiden omistamisesta hän ylpeili. Saatuaan kaikki apulaisensa paikalle hän suuntasi heidän kanssaan merelle. Tuona päivänä heitä onnisti epätavallisen hyvin. Saalis oli poikkeuksellisen runsas ja kaikki iloitsivat heidän palatessaan rantaa kohden. Silloin jotkut Sudhamania rakastavista miehistä sanoivat veneenomistajalle: "Ei ollut oikein pilkata viatonta tyttöä niin kuin sinä teit tänään." Veneenomistaja vastasi virnistellen: "Mitäpä siitä, jos teinkin niin? Katsokaa vain mitä tapahtui, kun pilkkasin häntä! Saimme isomman saaliin kuin koskaan!"

Sudhamanin kannattajat eivät sanoneet mitään, painoivat vain vaieten päänsä alas. Veneen jo lähestyessä kotirantaa veneenomistaja sanoi yhtäkkiä: "Hei, miksi emme menisi Neendakaraan[27]? Sieltähän saamme saaliista enemmän rahaa, Parayakadavussa hinnat ovat alhaalla." Niinpä he suuntasivat kohti Neendakaraa. Kun he olivat jo melkein perillä, myrsky nousi yhtäkkiä, eikä aikaakaan kun valtavat aallot jo löivät veneen kylkiin. Kalaa, verkkoja ja miehiä täynnä oleva alus viskoutui ylös alas mahtavassa aallokossa. Yritykset hallita venettä osoittautuivat hyödyttömiksi. Aallot heittivät vettä yli laitojen ja vene alkoi vajota. Seuraavassa hetkessä valtava aalto heitti sen rantakiviä vasten murskaten pirstaleiksi koko veneen. Päivän saalis oli mennyttä, yksi varakkaan miehen parhaista veneistä oli tuhoutunut ja hänen kalaverkkonsa olivat riekaleina kallioilla. Miesten henkirievut sentään säästyivät. Kaikkien onnistui – vaikkakin suurin ponnistuksin– päästä kuivalle maalle.

Täysin odottamaton onnettomuus oli yllättänyt ylpeän veneenomistajan. Hän raahusti pitkin rantaa pää painuksissa ja vaipui hiekalle sydän menetyksen murtamana. Sudhamania ihailevat työntekijät kuiskailivat toisilleen: "Katsokaa Jumalan vihan seurausta!

---

[27] Kalamarkkinoistaan hyvin tunnettu kaupunki Keralassa.

Vastahan mies kerskaili hyvällä onnellaan pilkattuaan Sudhamania. Katsokaa mitä on tapahtunut!" Eräs apumiehistä, hänkin Sudhamanin ihailijoita, huomautti: "Hän lähti Parayakadavun rannoilta väitettyään Sudhamanin kärsivän hysteriasta ja kerskui antavansa lainaksi kaksituhatta rupiaa, jotta tämä voitaisiin naittaa. Saapas nähdä, mistä hän nyt sen ottaa!" Laskien yhteen veneen, kalaverkkojen ja päivän saaliin arvon mies oli menettänyt 75.000 rupiaa. Apulaiset ajoivat bussilla kotiin ja tieto onnettomuudesta levisi kylällä kulovalkean tavoin.

Noihin aikoihin Sudhamani saattoi kesken kaiken intoutua leikkisäksi kuin kolmivuotias lapsi ja tehdä kepposia *Krishna bhavaan* saapuneille oppilaille. *Darshanin* päätyttyä hän hiipi toisinaan hiljaa kuin varas nukkuvien seuraajien luo. Kerran hän sitoi erään naisen sarin toisen naisen hiuksiin. Toisinaan hän saattoi valuttaa kourallisen hiekkaa miespuolisten oppilaiden suuhun näiden nukkuessa suu auki. Harshan, Sudhamanin vanhempi serkku, oli rampa. Hän rakasti ja kunnioitti Sudhamania suuresti. Mikäli hän oli nukkumassa jossakin *darshanin* jälkeen, Sudhamani etsi hänet käsiinsä. Hän tarttui serkkuaan jaloista ja veti tätä ympäri. Se oli niin serkusta kuin muistakin hyvin hauskaa. Tällaiset Sudhamanin lapsenomaiset kepposet saivat aina kaikki nauramaan. Mutta Subhagan ei pitänyt sisarensa leikeistä lainkaan, vaan sätti tätä epätavallisen käytöksen takia. Kuinka hän, jolla ei ollut tietoa edes henkisyyden alkeista, olisi voinut ymmärtää Sudhamanin jumalallista haltiotilaa?

Sudhamani itse totesi omasta toiminnastaan: "Mieleni pyrkii aina kohoamaan sulautuakseen Absoluuttiin. Yritän tuoda sen alas. Vain siten voin palvella kärsivää ihmiskuntaa ja liittyä seuraajieni joukkoon, siksi leikin tällaisia leikkejä... pitääkseni mieleni oppilaitteni maailmassa, silti vapaana kiintymyksestä."

Kuudes luku

Jumalallisen Äidin lapsi

Jalojen pyrkimysten ilmetessä kirkkaasti mielessäni, Jumalallinen Äiti hyväili päätäni, loistokkain, hellin käsin. Kumartuen kerroin Äidille, että elämäni oli omistettu Hänelle...

– Amma

Sivastvam gurustvanca saktistvamēva
tvamēvasi māta pitā ca tvamēva
Tvamēvasi vidyā tvamēvāsi bandhur
gatirmmē matirddēvi sarvam tvamēva

Oi Devi, totisesti Sinä olet Siva, yksin Sinä olet opettaja,
yksin Sinä olet korkein energia, yksin Sinä olet Äiti, ja Sinä
olet Isä. Sinä olet minulle kaikki, olet tieto, sukulaiset,
ravinto ja ymmärrys.

– Devi Bhujangam

Antaumus

B*hakti*, antaumuksellinen rakkaus ja sen ainutlaatuinen vie-
hätys ovat sanoilla kuvailemisen tuolla puolen. Todellinen
palvoja haluaa vilpittömästi olla ikuisesti palvoja, hän ei
toivo saavuttavansa taivasta eikä vapautusta. Hänelle antaumus on
elämää ja hänelle Herra on kaikki kaikessa. Palvoja iloitsee aina
saadessaan laulaa Korkeimman ylistystä. Siksi *Bhakti shastrat*, antau-
musta kuvaavat pyhät tekstit, kuten *Narada bhakti sutrat* julistavat:

Antaumus yksin on antaumuksen hedelmä.
Todelliselta olemukseltaan
jumalallinen rakkaus on ikuista autuutta...

Jopa korkeimman tietoisuuden saavuttanut suuri pyhimys Suka,
rakasti Herran ylistyksen laulamista, sellaista on puhtaaseen an-
taumukseen liittyvä autuus.

Täydellisesti Krishna-tietoisuuden saavuttaneella ja siinä elä-
neellä Sudhamanilla oli edelleen kyltymätön jano saada nauttia

korkeimman antaumuksen, *parabhaktin*, autuutta. Mutta täydellinen samastuminen Krishnaan teki kuitenkin Sudhamanille mahdottomaksi mietiskellä Krishnan muotoa tai vaipua Häntä koskeviin ajatuksiin. Tällaiset yritykset päättyivät saman tien, koska hän itse oli nyt Krishna, ei ollut enää ulkopuolista kohdetta, mitä meditoida. Hänen Krishna-*sadhanansa*, Krishna-harjoituksensa oli tullut tiensä päähän.

Eräänä päivänä Sudhamani sai sielunsa silmin nähdä jotakin, mikä muutti ratkaisevasti hänen tapaansa ilmentää Korkeinta ja palvella maailmaa. Tämä odottamaton näky avasi tien Sudhamanin *Devi-sadhanalle*, hänen intohimoiselle pyrkimykselleen oivaltaa Korkein maailmankaikkeuden Äitinä.

Sudhamani istui tuolloin yksin huoneessaan, hänen silmänsä olivat avoinna, mutta Itseen sulautunut mieli oli suuntautunut sisimpään. Yhtäkkiä hänen eteensä ilmaantui loistava valopallo, joka oli punertava kuin laskeva aurinko ja samaan aikaan rauhoittava kuin kuu. Valopallo ei sen enempää levännyt maata vasten kuin leijunut ilmassakaan. Se oli pyörivässä liikkeessä, tämän loistavan ja kuitenkin niin rauhoittavan valokehrän eteen ilmaantui mitä lumoavin ilmestys, Jumalallinen Äiti, Devi, jolla oli kaunis kruunu päässään. Innoissaan tästä sydäntä sykähdyttävästä näystä Sudhamani huudahti: "Oi Krishna, Äiti on tullut! Vie minut Hänen luokseen, tahdon syleillä Häntä!" Hän tunsi välittömästi nousevansa Krishnan nostamana ylöspäin. Krishna kohosi Sudhamani mukanaan pilvien yläpuolelle, missä oli outoja, mahtavia kukkuloita, valtavan sankkoja metsiä, sinisiä käärmeitä ja pelottavia luolia, mutta Deviä ei näkynyt missään. Kuin pieni lapsi Sudhamani vaati: "Tahdon nähdä Äitini! Missä on Äitini?" Sitten hän alkoi itkeä.

Vaikka ihana, suuren lumoajan hahmo oli hävinnyt Sudhamanin näköpiiristä, se oli kiinnittynyt ikuisiksi ajoiksi hänen sydämeensä. Näyn synnyttämä haltiotila jatkui pitkään. Häntä elähdytti nyt toive saada nähdä jälleen Jumalallisen Äidin lempeä hymy ja myötätuntoiset kasvot. Krishnan jumalallisen olemuksen lukemattomia kertoja nähnyt Sudhamani, oli hämmästynyt Devin,

Jumalallisen Äidin, valtavasta säteilystä. Hänen sydämensä suuntautui nyt malttamattomana Deviin, hän toivoi saavansa syleillä nyt Äitiä, istua Hänen sylissään ja suukotella Hänen poskiaan.

Krishnan suloiseen olemukseen keskittyessään Sudhamani oli uskonut vahvasti, ettei ollut olemassa Krishnaa korkeampaa Jumaluutta. Mutta nyt hän omistautui koko olemuksellaan oivaltamaan Jumalan universaalina Äitinä, *adi-parashaktina*.[28] Lukuun ottamatta *Krishna-bhavaan* kuluvaa aikaa, hän istui nyt jatkuvasti syvässä meditaatiossa, Jumalallisen Äidin loistavaan hahmoon keskittyneenä.

Halu nähdä Hänet jälleen jumalallisessa näyssä synnytti Sudhamanin sydämessä lakkaamattoman kaipauksen tulen. Aiemmin taloustyöt olivat pakottaneet hänet säilyttämään toimintakykynsä aineellisessa maailmassa, mutta nyt tämä kahle oli katkaistu, ja niinpä häneltä hävisi täysin tietoisuus ulkopuolisesta, karkeasta olemassaolosta. Hän joutui ponnistelemaan kyetäkseen pitämään huolta kehonsa vähimmäistarpeista. Kuukaudesta toiseen hän eli pelkillä tulasinlehdillä ja vedellä.

Joskus Sudhamani lopetti hetkeksi syvän meditaationsa ja itki ääneen:

"Amma! Amma! Minne olet mennyt? Ilmestyitkö tuona päivänä vain hylätäksesi minut? Armahda lastasi! Paljasta minulle jälleen ylivertaisen rakastettava hahmosi! Oi Äiti, mikäli olen sen arvoinen, anna minun tulla yhdeksi Sinun kanssasi. En kestä tätä erillisyyden tuskaa! Oi maailmankaikkeuden Äiti, miksi et piittaa lohduttoman lapsesi vetoomuksesta? Syleile minua, ota minut syliisi!"

Kannunir kondu

Pesen jalkasi kyynelilläni,
oi Katyayani, älä hylkää minua.
Montako päivää kuluu vielä, Äitini,
ennen kuin saan nähdä olemuksesi?

---

[28] *Adiparashakti* tarkoittaa alkuperäistä korkeinta voimaa, Luojatarta, Shivan, puhtaan tietoisuuden feminiinistä vastaparia.

Vaikka viivytteletkin sen antamista mitä haluan,
mieleni on tyytyväinen mayasi vuoksi.
Sallitko, että uhraan
punaisen kukan jalkojesi juureen?

Vaellan tätä yksinäistä tietäni
toivoen löytäväni Sinut.
Onko kovassa sydämessäsi
lainkaan lempeyttä,
kerro minulle, oi Sivan rakastettu?

Aivan kuten Sudhamani oli Krishna-mietiskelynsä päätteeksi koke-
nut kaiken olevan Krishnan läpäisemää, hän tunsi nyt Devin juma-
lallisen läsnäolon kaikkialla. Tuulikin oli hänelle nyt Jumalallisen
Äidin hengitystä. Hän vaelteli puhuen kasveille, puille, linnuille
ja eläimille. Hän koki maan omaksi Äidikseen ja kieriskeli maassa
itkien: "Amma, Amma! Missä Sinä olet? Missä Sinä et ole?"

Sudhamani oli eräänä päivänä meditoinut tavalliseen tapaansa
pienessä alttarihuoneessa, kun hän sieltä poistuessaan yhtäkkiä tunsi
olevansa kuin pieni lapsi, ja että luonto oli Jumalallinen Äiti. Hän
laskeutui nelinkontin maahan ja lähti pikkulapsen tavoin ryömi-
mään kohti läheistä kookospalmua, jonka juurelle hän jäi istumaan
lohduttomasti itkien ja vaikeroiden: "Äiti... minun Äitini... miksi
piiloudut? Tiedän, että olet piiloutunut tähän puuhun. Sinä olet
näissä kasveissa. Olet näissä eläimissä ja noissa linnuissa! Sinä olet
tämä maa. Oi, Äiti, miten kätkeydytkään meren aaltoihin ja vilvoit-
tavaan tuuleen! Oi Äiti, vaikeasti löydettävä Äitini...!" Seuraavassa
hetkessä hän syleili kookospalmua kokien sen Jumalalliseksi Äidiksi.

Joskus Sudhamani kävi makuulle, mutta ei levätäkseen eikä
rentoutuakseen, hän oli näet alkanut tuntea voimakasta vastenmie-
lisyyttä aineellista maailmaa kohtaan. Hän ei halunnut nähdä sitä
ympärillään kaikkine viettelevine kohteineen ja aistinautinnoissa
rypevine ihmisineen. Maatessaan ulkona hän katseli ääretöntä
taivasta, hopeisia pilviä, tuikkivia tähtiä, säteilevää aurinkoa tai
rauhoittavaa kuuta aina vuorokaudenajasta riippuen. Tummien

myrskypilvien kerääntyessä taivaalle, Sudhamani ei nähnyt niissä enää Krishnaa, vaan jumalallisen Äidin hulmuavat hiukset, äärettömän taivaan kohteet toivat hänelle nyt mieleen yksin Devin. Ulkopuolinen saattoi olettaa hänen nukkuvan, mutta todellisuudessa hän oli omaan sisimpäänsä kääntyneenä, tilassa, jonka oli synnyttänyt maailmankaikkeuden Korkeimmalle Äidille itkien kohdistettujen vetoomusten kiihkeys.

Sudhamani itse kertoo näistä päivistä: "Kävellessäni toistin jumalallista nimeä jokaisella askeleellani. Otin seuraavan askeleen vasta *mantran*[29] toistettuani. Jos joskus unohdin toistaa mantraa ottaessani askeleen, astuin heti takaisin. Sitten jatkoi matkaani mantran toistettuani. Mikäli tein jotakin työtä, päätin etukäteen miten monta kertaa lausuisin mantran ennen työni valmistumista. Kylpiessäni takavesissä päätin veteen sukeltaessani toistaa mantraa tietyn määrän ennen kuin nousisin jälleen pintaan. Missään vaiheessa minulla ei ollut *gurua*[30], eikä kukaan vihkinyt minua minkään mantran käyttöön. Tapanani oli toistaa mantranani: 'Amma, Amma'."

Pyhissä teksteissä sanotaan: "Korkeimmassa antaumuksen tilassa toiminta laantuu luonnostaan." Näin tapahtui myös Sudhamanille. Aamuisin hänen harjatessaan hampaita hänen mielensä saattoi ylevöityä Jumalalliseen Äitiin kohdistuneesta ajatuksesta. Tila syveni ja se saattoi kestää tunteja. Hänestä tuli hyvin hajamielinen. Yritykset kylpeä eivät yleensä onnistuneet, mentyään kylpyhuoneeseen hän havaitsi unohtaneensa pyyhkeen, haettuaan pyyhkeen hän huomasi unohtaneensa saippuan. Sitten hän ajatteli: "Oi Äiti, kuinka paljon aikaa kuluukaan yritykseeni ottaa kylpy! Olkoon mieleni sen sijaan kaiken aikaa kiinnittynyt Sinuun! Pienikin hetki, jolloin en ajattele Sinua, synnyttää polttavan tuskan sydämessäni..." Niinpä hän hylkäsi alkuperäisen ajatuksensa kylpemisestä ja istuutui sen sijaan kylpyhuoneeseen meditoimaan vaipuen saman tien samadhiin. Kului tunteja ennen kuin joku häntä etsittyään keksi

---

[29] *Mantra*, 'se jota toistetaan'; pyhä nimi, jota toistetaan Jumalaa mietiskeltäessä.
[30] *Guru*, 'hän joka vie pimeydestä valoon'; henkinen opettaja.

hänen istuvan kylpyhuoneessa syvässä meditaatiossa. Jotta hänet olisi saatu liikkeelle hänen päälleen kaadettiin ämpärillinen vettä ja näin hän sitten sai kuin saikin kylpynsä. Mutta tämäkään ei aina saanut häntä virkoamaan, silloin turvauduttiin kovakouraiseen ravisteluun. Joskus ei ollut muuta mahdollisuutta kuin kantaa hänet ulos kylpyhuoneesta.

Tällä rannikkoseudulla ei ollut kunnollisia käymälöitä, niinpä perheet pystyttivät jonkinlaisen telineen takavesien yläpuolelle ja kattoivat sen punotuilla palmunlehdillä. Lattiaa ei ollut. Luonnollisia tarpeitaan toimittamaan piti kavuta istumaan orrelle. Sudhamanin istuessa tällaisessa käymälässä sattui aina silloin tällöin, että hän putosi päistikkaa veteen menetettyään tietoisuuden ulkomaailmasta.

Sudhamani vietti tuntikausia vaipuneena Jumalallisen Äidin meditoimiseen. Ryhtyessään mietiskelemään hän teki sisäisen päätöksen: "Istun niin ja niin kauan." Sitten hän antoi ruumiillleen käskyn: "Ruumis, istu tässä." Deville hän sanoi: "Älä temppuile minun kustannuksellani, pidä temput itselläsi. Jos et anna minun istua ja meditoida, en päästä Sinua menemään!" Ulkoisten häiriöiden ilmetessä Sudhamani puri Deviä ja veti häntä hiuksista, kunnes oivalsi purevansa omaa kehoaan ja vetävänsä omista hiuksistaan.

Eräänä päivänä Sudhamani ei kyennyt istumaan ennakolta määräämäänsä aikaa, sillä hän tunsi jonkun ravistelevan hänen ruumiistaan. Aistimus häiritsi häntä. Sudhamani ajatteli. "Tämä on hänen temppujaan! Miksi hän ei anna minun istua?" Yhtäkkiä hän avasi silmänsä, juoksi perheen rukoushuoneesta ja palasi hetkeä myöhemmin kädessään puinen survin ajatellen uhkaavansa ja lyövänsä Deviä. Survinta kohottaen hän huusi Deville: "Tänään minä..." ja seuraavassa hetkessä hän oivalsi aikeensa mielettömyyden. Hän ajatteli: "Mitä! Lyödä Deviä? Onko se oikein? Onko se mahdollista?" Hän pudotti survimen ja jatkoi meditaatiotaan.

Sudhamani ei käyttänyt hetkeäkään muuhun kuin Jumalallisen Äidin ajattelemiseen. Jos joku puhutteli häntä, hän ajatteli tämän olevan Devi, joka puhui puhumistaan kunnes oivalsi tytön tietoisuuden kaikonneen toiseen maailmaan. Jos Devi unohtui hetkeksikään,

Sudhamani masentui ja tunnusti heti: "Oi Äiti, näin paljon aikaa meni hukkaan!" Saadakseen menetetyn ajan takaisin hän pidensi sen päivän meditaatioitaan. Mikäli syystä tai toisesta meditaatio jäi väliin, hän käveli koko yön mantraa toistaen ja rukoillen vilpittömästi: "Oi Äiti, mitä hyötyä on tästä elämästä, jos en kykene mietiskelemään Sinua! Silloinhan *maya*[31] nielaisee minut! Oi Äiti, anna minulle voimaa! Näyttäydy minulle! Sulauta minut ikuisesti onnea tuottavaan Itseesi!"

Sudhamani halusi mieluiten meditoida merenrannalla yön hiljaisuudessa. Rantahiekkaan murtuvat aallot kaikuivat hänen korvissaan pyhänä *om*-mantrana. Ääretön, tummansininen taivas lukemattomine tuikkivine tähtineen heijasti Äidin rajatonta jumaluutta. Hetkessä hänen mielensä kääntyi sisäänpäin ja sulautui vaivattomasti Itseen.

Mikäli Sugunanandan sattui tällaisina öinä etsimään tytärtään, hän huolestui tavattomasti, kun tätä ei löytynyt talosta eikä pihamaaltakaan. Lopulta hän löysi Sudhamanin istumasta merenrannalla, liikkumattomana kuin kallio, syvään meditaatioon vaipuneena. Ymmärtämättä Sudhamanin yöllisten merenrantamatkojen tarkoitusta jotkut kyläläiset alkoivat levittää hänestä juoruja. Juorujen saavuttua Sugunanandanin korviin hän kielsi tiukasti tytärtään menemästä rannalle öisin.

Edellä kerrotun kaltaiset Sudhamanin Devi-*sadhanan* alkuvaiheen tapahtumat saivat perheen yhä voimakkaammin vakuuttuneeksi siitä, että tyttö oli henkisesti sairas. Puhtaan antaumuksen korkeat tilat olivat täysin tavallisen ihmisen käsityskyvyn tuolla puolen. Joskus Sudhamani nyyhkytti kuin pieni lapsi ja kutsui näkymätöntä olentoa. Toisinaan hän löi käsiään yhteen ja nauroi ääneen, sitten hän kieriskeli maassa ja yritti suudella aaltoja toistaen: "Amma, Amma." Siksi ei ollutkaan ihme, että tytön lento kohti ykseydentilaa tulkittiin hulluudeksi, eivätkä edes *Krishna-bhavan*

---

[31] *Maya* tarkoittaa harhaa, illuusiota, joka saa meidät pitämään aistimaailmaa ainoana todellisuutena, jolloin me unohdamme kaikkialla läsnäolevan jumalallisen tietoisuuden.

aikaan hänen luonaan vierailleet seuraajat kyenneet ymmärtämään Sudhamanin intohimoista pyrkimystä sulautua Jumalalliseen Äitiin. Vaikka perheenjäsenet pitivät häntä mielisairaana, he – ironista kyllä – eivät silti missään vaiheessa yrittäneet löytää syytä sairauteen, saati että olisivat pyrkineet saamaan siihen parannusta. Sen sijaan he vain jatkuvasti pilkkasivat ja piinasivat tyttöä, siinä kunnostautui erityisesti vanhin veli Subhagan. Lopulta epäinhimillinen kohtelu ajoi Sudhamanin siihen pisteeseen, että hän päätti päättää päivänsä hukuttautumalla mereen. Itkien hän vetosi Jumalalliseen Äitiin: "Olenko minä sitten niin paha tyttö? Minkä tähden perheeni jäsenet ovat jatkuvasti julmia minua kohtaan? Ihmiset rakastavat vain niitä, jotka viehättävät heitä. En löydä puhdasta rakkautta mistään, tässä maailmassa. Oi, rakkain Äitini, tunnen kaiken olevan harhaa. Oi Äiti, etkö ole palvojiesi suojelija? Enkö olekaan lapsesi? Oletko Sinäkin hylännyt minut? Jos niin on, miksi minun tulisi enää kantaa tätä ruumista? Se on vain taakka sekä minulle että muille. Ota vastaan lapsesi, oi Äiti Meri!" Päättäväisenä Sudhamani juoksi kohti merta. Saavuttuaan rantaan hän oli juuri aikeissa heittäytyä veteen, kun hän yhtäkkiä näki aavan meren olevan Devi, Jumalallinen Äiti. Kykenemättä pitämään mieltään fyysisellä tasolla, hän vaipui samadhiin ja kaatui tajuttomana hiekalle.

Sudhamanin serkku Harshan oli hänen kannattajiaan ja oppilaitaan, hän oli kuullut Sudhamanin viimeisen huudahduksen tämän lähdettyä juosten Idamannelista. Aavistettuaan Sudhamanin aikeen hän kiiruhti seuraamaan tätä. Löydettyään tytön rannalta tajuttomana Harshan kantoi hänet kunnioittavasti takaisin Idamanneliin kiittäen Jumalaa siitä, että oli löytänyt hänet elävänä.

Sudhamanin tilan nähdessään kyläläiset tunsivat myötätuntoa häntä kohtaan, vaikka moni heistä pitkin häntä hulluna. He puhuivat keskenään: "Miten säälittävää. Tyttörukka! Kukaan ei pidä hänestä huolta, vanhemmatkin ovat hylänneet hänet. Ollessaan terve ja normaali hän raatoi heidän hyväkseen vuorokaudet ympäri, mutta sen sijaan heitä ei lainkaan kiinnosta huolehtia hänestä. Eikö hän olekaan enää heidän tyttärensä?"

Jotkut Sudhamania säälivistä naapurin naisista ryhtyivät pitämään hänestä hellää huolta, nämä naiset olivat tunteneet syvää kunnioitusta tätä kalastajakylän epätavallista tyttöä kohtaan aivan lapsuudesta alkaen. Nyt he kävivät säännöllisesti *Krishna bhava* -tilaisuuksissa ja jumaloivat Sudhamanin henkistä säteilyä ja hänen kaikenkattavaa rakkauttaan jumalallisten mielentilojen aikana. Heillä oli hämärä aavistus hänen henkisistä tiloistaan. Milloin suinkin mahdollista he tarjosivat apuaan ja pelastivat hänet monilta vaaratilanteilta.

Chellamma ja hänen tyttärensä Vatsala asuivat maatilkullaan vastapäätä Idamannelia. Vatsala piti Sudhamania läheisenä ystävänään ja rakasti häntä rajattomasti. Koska he asuivat niin lähellä, juuri he tulivat useinkin huomanneeksi, kun tyttö putosi tajuttomana takavesiin. He nostivat hänet ylös, kuivasivat ja pukivat hänen ylleen kuivat vaatteet.

Pushpavathi ja hänen miehensä olivat kumpikin hartaita uskovaisia. Pushpavathi piti Sudhamanista kuin omasta tyttärestään ja tunsi surua siitä, miten perhe piinasi häntä.

Kaksi sisarusta, Rema ja Rati asuivat Idamannelin naapurissa. Sudhamani oli hyvin lähellä myös heidän sydäntään. Aisha oli Sudhamanin serkku tädin puolelta ja häneltäkin on miellyttäviä muistoja ystävällisestä ja rakastavasta Sudhamanista. Näillä naisilla oli onni saada palvella Sudhamania niinä päivinä, jolloin hän antautui kaikkein kiihkeimmin *tapas*-harjoituksiin.[32] Oman perheen torjuessa hänet nämä naiset yrittivät antaa apuaan, milloin vain mahdollista. Usein kun Sudhamani menetti tietoisuutensa ympäristöstään ja makasi mutaisessa vedessä tai jossakin lian keskellä, joku näistä naisista löysi hänet. Mikäli he eivät kyenneet herättämään häntä, he kantoivat hänet omaan kotiinsa. Aivan kuin hän olisi ollut pieni lapsi, he pesivät hänen hampaansa, antoivat hänelle lämpimän kylvyn, vaatettivat hänet ja syöttivät häntä omin käsin.

---

[32] *Tapas* tarkoittaa kirjaimellisesti 'kuumuutta'; tapasharjoitukset ovat itsekuriharjoituksia, joiden päämääränä on saavuttaa Jumaloivallus.

Ennakkoluuloilleen uskollisena Subhagan piti jatkuvasti sisartaan ja tämän jumalallisia mielentiloja epäilyttävinä. Hän painosti jatkuvasti Sudhamania lopettamaan Krishna-bhava -tilaisuudet, sillä hän piti niitä perheelle häpeää ja huonoa mainetta tuottavina. Mutta nähtyään etteivät hänen vaatimuksensa tehonneet, hän päätti ottaa käyttöön kovemmat otteet.

Sudhamanin ollessa eräänä päivänä *bhava darshanin* jälkeen palaamassa kotiinsa Subhagan seisoi uhkaavana ovella estäen hänen pääsynsä sisään. Veli huusi sisarelleen: "Älä astu tähän taloon! Sinun sallitaan tulla sisälle vasta sitten kun olet lopettanut häpeälliset laulusi ja tanssisi." Pitäen hänen sanojaan jumalallisena määräyksenä Sudhamani kääntyi takaisin sanomatta sanaakaan ja istuutui etupihalle, mutta Subhagan karkotti hänet sieltäkin. Tämän tapahduttua Sudhamani otti kourallisen hiekkaa ja antoi sen Subhaganille sanoen: "Jos tämä on sinun, laske nämä hiekanjyväset!"

Siitä lähtien hän asui kaiket ajat ulkona, mikä itse asiassa olikin hänelle hyvinkin mieluisaa. Taivaasta tuli hänen kattonsa, maasta hänen vuoteensa, kuusta hänen lamppunsa ja merituulesta hänen tuulettimensa. Nämä karut olosuhteet palvelivat Sudhamania yhä vain voimistamalla hänen kieltäymystään ja päättäväisyyttään samastua Jumalalliseen Äitiin. Kädet pään yläpuolelle kohotettuina ja kyynelten valuessa poskilleen Sudhamani itki ääneen kuin huomiota rukoileva pieni lapsi: "Amma, Amma... oletko jättänyt minut tänne kuolemaan ikävästä odottaessani ilmestymistäsi? Päivät kuluvat toinen toisensa jälkeen eikä mieleni saa rauhaa, ellen saa nähdä Sinun lumoavaa olemustasi. Kaikki toiveeni on kiinnitetty Sinuun. Hylkäätkö Sinäkin minut? Etkö näe epätoivoista tilannettani?"

Näihin aikoihin Sudhamani loi seuraavat laulut:

Bhaktavalsale Devi

Oi Devi, oi Ambika, itse kauneus,
oi Sinä, joka rakastat palvojiasi,
asetu tänne ja lopeta

palvojiesi kärsimykset...
Sinä olet kaikki,
Sinulla on voimaa
lopettaa kärsimykseni;
olet kaiken alkulähde...

Sinä, kaikkien olentojen valtiatar,
Sinä olet kaikki ja kaiken suojelija...

Tämän uskoen ylistän Sinua antaumuksella.
Oi kaikkeuden Jumalatar, haluan nähdä Sinut...

Miten monta päivää olenkaan halunnut nähdä Sinut...
Ylistän Sinua hukkaamatta hetkeäkään...

Teinkö jonkin virheen vai onko niin
ettet haluakaan lopettaa tuskaani?

Tai kenties haluat, että sisäinen minuuteni
palaa tuhkaksi? Hämmennyn, en tiedä mitään...

Osoittautuuko vääräksi totuus,
jota vaalin sydämessäni?
Eivätkö kaikki lapset olekaan
samanarvoisia Äidin silmissä?
Lopettaaksesi kärsimykseni pyydän,
anna hiukan armosi nektaria,
jota säteilee pyhien silmiesi luomista katseista...

Vaivun jalkojesi juureen
saadakseni nähdä armolliset kasvosi,
pyydän elämäni täyttymyksen armolahjaa...

Oru tulli sneham

Oi Äiti, lohduttaaksesi elämääni,
anna hieman rakkauttasi kuivaan,
karrelle palaneeseen sydämeeni.
Miksi, oi miksi, asetit palavan tulen
hedelmöittämään tätä korventunutta
maan matelijaa?

Purskahdan itkuun, miten monta
kuumaa kyyneltä olenkaan uhrannut edessäsi?
Etkö kuule sydämeni lyöntejä
ja sitä tuskaa, joka purkautuu
syvinä huokauksina?

Älä päästä tulta leviämään ja tanssimaan
läpi santelipuumetsän.
Älä anna surun tulen näyttää voimaansa
ja kaiken mennä murskaksi kattotiilien tavoin...

Oi Devi, toistaen nimeäsi 'Durga, Durga'
mieleni on unohtanut muut tiet.
Oi Durga, en tahdo sen enempää
taivasta kuin vapautustakaan.
Haluan vain saada tuntea puhdasta
antaumusta Sinua kohtaan.

Sudhamanin hellittämättömät *tapas*-harjoitukset kuumensivat hänen kehonsa äärimmilleen, oli kuin hän olisi seissyt palavilla hiilillä, hän kykeni töin tuskin pitämään vaatteita yllään. Palavaa tuntemusta lieventääkseen hän kieriskeli toisinaan takavesien mutaisessa hietikossa, toisinaan hän taas saattoi seistä tuntikausia kaulaa myöten vedessä syvään meditaatioon vaipuneena.

Uskolliset ja innokkaat seuraajat kutsuivat Sudhamanin kotiinsa aina kun vain oli jumalanpalveluksen aika. He kokivat hänen läsnäolonsa tuovan tilaisuuteen henkistä loistoa ja voimaa. Useinkin he tulivat Idamanneliin viedäkseen hänet sitten mukanaan bussilla kotiinsa. Joskus saattoi sattua, että bussia pysäkillä odottava Sudhamani vaipui jumalalliseen haltiotilaan, ulkomaailman unohtaen hän kieriskeli maassa ja purskahteli autuaana nauramaan. Paikalla olleet ihmiset eivät ymmärtäneet, mistä oli kyse, he kerääntyivät hänen ympärilleen tuijottelemaan ja ihmettelemään. Jotkut yrittivät kiusata tai moittia häntä ja nimitellä hulluksi. Lapset alkoivat monestikin huitoa häntä käsillään, mutta Sudhamani tuskin huomasi sitä. Mutta miten mikään pilkka olisi voinut yltää siihen maailmaan, mihin hän oli kohonnut? Miten mikään kiusa olisikaan voinut pilata vilpittömän tytön jumalallista autuuden tilaa?

Joskus kun Sudhamani itki ja huusi ääneen syvää tuskaansa, jonka aiheutti ero Jumalallisesta Äidistä, pienet lapset kerääntyivät hänen ympärilleen ja sanoivat: "Älä itke, isosisko! Särkeekö sinun päätäsi?" Myöhemmin he ymmärsivät hänen itkeneen Deviä, Jumalallista Äitiä. Tällaisten rajujen purkausten aikana eräällä Sudhamanin nuoremmista siskoista oli tapana tulla sari yllään ja hiukset kiharrettuina ja asettua hänen eteensä Devin asentoon. Sudhamani oli innoissaan ja syleili häntä. Jos hän tällaisessa tilassa ollessaan sattui näkemään kauniin tytön, hän juoksi tämän luo syleilemään ja suutelemaan tätä, koska näki tässä Devin.

Sugunanandanin havaittua tyttärensä lyövän täydellisesti laimin oman kehonsa hänessä heräsi sääli tätä kohtaan. Niinpä kun Sudhamani makasi tai istui jossakin meditaatioon vaipuneena, vanhemmat riensivät rakentamaan hänelle olkikatoksen suojaksi auringolta ja sateelta. Normaaliin tietoisuudentilaan palattuaan ja nähdessään, mitä vanhemmat olivat tekemässä, Sudhamani siirtyi katoksen alta pois ja sanoi: "Myös tämä tulee synnyttämään surua. Miten monta päivää voitte ylläpitää katosta? Jos joudutte menemään muualle, kuka pitää siitä huolen? Mikään ei vaikuta minuun. Antakaa siis minun kestää kylmää, kuumaa ja sadetta, ja ylittää ne."

Noina päivinä, kaivatessaan kiihkeästi Jumalallista Äitiä, Sudhamani omaksui kaksivuotiaan lapsen mielentilan ja toimintatavan. Hänen eläytymisensä Pyhän Äidin lapseksi oli niin kokonaisvaltaista, että jotkut hänen tuon ajan teoistaan voidaan ymmärtää vain tätä taustaa vasten. Eräänä päivänä meditaation lopetettuaan Sudhamani tunsi itsensä hyvin janoiseksi ja nälkäiseksi, jolloin hän sattui näkemään naapuritalossa Pushpavathin imettävän lastaan. Sudhamani meni ja otti vauvan pois ja asettui naisen syliin imemään rintaa. Sen sijaan, että olisi kokenut Sudhamanin käyttäytymisen oudoksi, Pushpavathin täyttivät äidilliset tunteet häntä kohtaan. Sama toistui useita kertoja, kunnes Pushpavathi tajusi, että oli parempi syöttää vauvaa Sudhamanin katseilta piilossa.

Eräänä päivänä muutamat oppilaat sattuivat löytämään Sudhamanin makaamasta tiedottomana mudassa lähellä vesirajaa. Heidän sydäntään särki nähdessään hänet siellä sieraimet, silmät, korvat ja tukka mutaisina ja hiekkaisina. Tummansinisillä poskilla oli kyynelvirtojen jälkiä. Löydön tehneet menivät kertomaan Sugunanandanille tyttären surkeasta tilasta, mutta asia ei näyttänyt kiinnostavan häntä tuon taivaallista. Se tuntui hyvin pahaltaoppilaista, jotka palasivat tytön luo murheellisina. Yritettyään turhaan herättää häntä he päättivät kantaa hänet Idamanneliin. Pestyään ja puhdistettuaan hänet perusteellisesti he laittoivat hänet kenttäsängylle tietämättä, että se kuului Subhaganille.

Kotiin palatessaan tämä löysi sisaren sängyltään ja raivostui silmittömästi ja alkoi ravistella sänkyä, ikään kuin aikoisi särkeä sen pirstaleiksi. Hän huusi kuin hullu: "Kuka laittoi tämän heittiön minun sänkyyni!" Sänky hajosi, mutta Sudhamani makasi palasten keskellä omassa maailmassaan. Kuultuaan sittemmin, mitä oli tapahtunut, miten suuressa vaarassa hän oli ollut, hän sanoi vain: "Kaikki tapahtuu Jumalan tahdon mukaan ja on aina parhaaksemme."

Seuraavan darshanin aikana eräs oppilas, puuseppä ammatiltaan, toi Sudhamanille sängyn, pöydän ja tuolin. Hän sanoi nähneensä unen, jossa Krishna oli ilmestynyt hänelle ja käskenyt tuomaan huonekalut Sudhamanille.

Seitsemäs luku

Ihmistä parempi

Ihmiset eivät ole ainoita, jotka osaavat puhua. Eläimillä, linnuilla ja kasveillakin on tämä kyky, mutta meillä ei ole kykyä kuunnella. Joka on kokenut Itsen, tietää tällaiset asiat.

— Amma

Ahimsā pratiśtāyām tat
sannidhau vairatyāgaha

*Kaikista väkivallattomuuteen vakiintuneen läheisyyteen
tulevista olennoista häviää vihamielisyys.*

– Patanjalin jooga-sutrat, Sadhana padam, 35. säe

Sudhamanin eläessä ulkosalla koirat, kissat, lehmät, vuohet,
käärmeet, oravat, kyyhkyset ja myös papukaijat sekä kotkat
etsiytyivät hänen läheisyyteensä ja niistä tuli hänen parhaita
ystäviään. Sudhamanin henkiset harjoitukset ovat myös tällä tavoin
esimerkkinä sellaisen rakkauden voimasta, jota eivät mieltymykset
ja vastenmielisyydet väristä. Se saa vihamielisyyden häviämään
sellaisistakin eläimistä, joilla muuten olisi agressioita ihmistä koh-
taan. Omien sukulaisten vastustaessa hänen henkistä elämäänsä ja
hylätessä hänet eläimet tarjosivat palveluksiaan pysytellen hänen
vierellään sekä sateessa että auringon paahteessa. Eläimet näyttivät
ymmärtävän Sudhamania paljon paremmin kuin niin kutsutut
ihmisolennot.

Noihin aikoihin Sudhamani ei syönyt mitään kotona val-
mistettua, sillä maallisten ihmisten valmistama ruoka oli hänelle
tuolloin haitallista. Hänelle sopi ainoastaan sellainen ruoka, joka oli
valmistettu mantroja toistaen. Eräänä päivänä tullessaan temppelistä
meditoimasta, hän tunsi itsensä nälkäiseksi ja janoiseksi. Temppelin
edessä makasi perheen lehmä, joka oli asettanut takajalkansa niin
että utareista saattoi imeä maitoa. Sudhamani piti tätä Jumalan jär-
jestämänä ja ryhtyi toimeen: vasikan tavoin hän joi suoraan utareista
tyydyttäen siten sekä janonsa että nälkänsä.

Tämä ei ollut sattuma, sillä siitä päivästä lähtien tuo sama leh-
mä makasi aina samalla paikalla temppelin edustalla odottamassa

Sudhamanin tuloa temppelistä. Vasta ruokittuaan Sudhamanin se suostui syömään ruohoa tai syöttämään omaa vasikkaansa. Ärtyneinä Sugunanandan ja perheen muut jäsenet yrittivät useita kertoja pakottaa lehmää lähtemään paikasta, missä se odotti ruokittavaansa. He vetivät sitä hännästä ja kaatoivat vettä sen päälle, mutta mitä hyvänsä he sitten tekivätkään, lehmä ei suostunut lähtemään temppelin edestä. Sudhamanille tuotiin silloin tällöin maitoa naapurista. Se ei kuitenkaan ollut täyttä maitoa, vaan vedellä ohennettua. Jos hän tuli juoneeksi sitä, hän oksensi välittömästi. Lisäksi ohennetun maidon lähettäneille ihmisille koitui ikävyyksiä. Siksi Sudhamani päätti tästedes syödä ja juoda vain sitä mitä Jumala hänelle antaisi.

Seuraavana päivänä tapahtui jotakin hyvin merkillistä osoituksena jumalallisen suunnitelman salaperäisestä toiminnasta. Lukija muistanee kuutisen kilometriä Parayakadavusta etelään sijaitsenneen Bhandaraturuttun kylän, missä Sudhamanin isoäiti asui. Sudhamanin setä Ratnadasan laski siellä lehmät tavalliseen tapaan ulos navetasta tuodakseen ne etupihalle, missä hänellä oli tapana syöttää ja pestä ne. Yhtäkkiä yksi lehmistä rimpuili itsensä vapaaksi ja alkoi juosta valtamerta kohden. Rannalle saavuttuaan se kääntyi pohjoiseen. Se juoksi sellaista vauhtia, että Ratnadasanilla oli täysi työ pysyä sen kintereillä. Lopulta lehmä kääntyi sille ennalta täysin tuntemattomaan Sudhamanin kylään ja juoksi suoraa päätä Idamanneliin. Ratnadasanin hämmästyksellä ei ollut rajoja hänen nähdessään, mitä sitten tapahtui: lehmä suunnisti suoraan meditaatiossa istuvan Sudhamanin luokse ja alkoi hellästi töniä ja nuolla häntä aivan kuin ilmaisten rakkauttaan vanhalle ystävälleen. Mutta Sudhamanin ollessa edelleen syvään meditaatioon vaipuneena, lehmä asettui makaamaan lähettyville pitäen tyttöä jatkuvasti silmällä, aivan kuin odotaen meditaation päättymistä. Jonkin ajan kuluttua Sudhamani aukaisi silmänsä ja havaitessaan jollain lailla tutulta näyttävän lehmän hän nousi ylös ja käveli sen luo. Silloin lehmä nosti toista takajalkaansa kuin kutsuen häntä juomaan maitoaan. Sudhamani joi utareesta vatsansa täyteen. Vähän matkan päässä seissyt setä pyöritteli päätään epäuskoisena.

Mikä mystinen voima olikaan saanut lehmän tulemaan sille tuikituntemattomaan paikkaan, Sudhamanin luo? Lehmällä oli ollut selvä päämäärä hurjan karkumatkansa aikana. Vaikka Sudhamani olikin huolehtinut lehmästä jonkin aikaa ollessaan isoäitinsä luona kotitöitä tekemässä useita vuosia sitten, selittikö se eläimen ennennäkemättömän käyttäytymisen? Tässä äly joutuu kumartamaan sydämen viisaudelle.

Sudhamanin meditoidessa ulkona tapahtui useita kertoja, että käärme kiertyi hänen ruumiinsa ympärille, ikään kuin tuodakseen siten hänen tietoisuutensa takaisin ulkomaailmaan. Jotkut lukijoista voivat pitää tätä sattumana, mutta seuraavaa tapahtumaa on vaikea kuitata satunnaiseksi.

Eräänä päivänä perheen jälleen kerran piinattua Sudhamania hän lähti Idamannelista. Eräs naapuruston naisista tapasi hänet, lohdutti häntä ja ohjasi tytön oman kotinsa rauhaan. Sinne saavuttuaan Sudhamani meni perheen rukoushuoneeseen ja kiteytti surunsa ja kaipuunsa Jumalalliselle Äidille osoittamaansa lauluun:

Manasa vacha

Muistan Sinua alati
ajatuksillani, puheillani ja toiminnallani.
Miksi siis viivyttelet osoittaa
armoasi minulle, oi rakastettu Äitini?

Vuosia on vierinyt, mutta vieläkään
minulla ei ole rauhaa.
Oi rakas Äitini,
suo minulle hiven helpotusta...

Mieleni kieppuu kuin vene myrskyn kourissa.
Oi Äiti, suo minulle mielenrauhaa
jottei mieleni sekoaisi...

Olen väsynyt, Äiti, tämä on sietämätöntä.
En tahdo tällaista elämää, en kestä koettelemuksiasi.
Oi Äiti, en kestä enää!

Olen kurja hädänalainen.
Minulla ei ole muita kuin sinä, Äiti.
Pyydän, älä koettele enää,
ojenna kätesi ja vedä minut ylös...

Hänen mielentilansa muuttui yhtäkkiä ja hän joutui jumalallisen hulluuden valtaan. Hän pyöri maassa itkien ja repien vaatteitaan, sitten kieriskellessään maassa hän purskahti nauruun. Perhe katseli häntä huolestuneen hämmästyneenä tietämättä, miten rauhoittaa häntä, samassa ovelle ilmestyi iso käärme, joka luikerteli Sudhamanin luo. Kaikki seurasivat kauhuissaan, kun käärme alkoi lipoa kielellään tajuttoman tytön kasvoja. Se jatkoi lipomista useita minuutteja, millä näytti olevan rauhoittava vaikutus. Jonkin ajan kuluttua hän palasikin normaaliin tietoisuudentilaan, ja käärme luikerteli ulos ja katosi. Käärme näytti tietävän, miten Sudhamanin tietoisuus saatiin palaamaan maan pinnalle ja taitavasti se toimikin.

Idamannelissa vierailevat havaitsivat, että talon pihapiirissä oli jatkuvasti paljon monenlaisia lintuja. Sudhamani rakasti erityisesti papukaijoja, koska ne olivat jumalattaren lemmikkejä. Joskus hänen rukoillessaan: "Oi Äiti, etkö tulisi luokseni?" parvi papukaijoja lensi maahan hänen lähelleen. Kerran joku opetuslapsista lahjoitti Sudhamanille papukaijan, joka siitä lähtien pysytteli aina hänen läheisyydessään. Eikä hän koskaan sulkenut sitä häkkiin. Eräänä päivänä Sudhamani mietiskeli: "Miten kauhea, julma tämä maailma onkaan! Mistään ei löydy hitustakaan totuutta tai oikeudenmukaisuutta. Kaikki ovat petollisia ja maailma on täynnä syntisiä. Näyttää siltä ettei kukaan ole osoittamassa tietä ihmisyyteen." Hänen näin ajatellessaan kyyneleet alkoivat valua poskille. Hän pysyi pitkään sisäänpäin kääntyneenä. Lopulta hän havaitsi oman papukaijansa seisovan edessään ja huomasi myös sen vuodattavan kyyneleitä,

aivan kuin silläkin olisi ollut murheita. Sudhamanin ahdistus oli
liikuttanut myös lintua. Papukaijan lisäksi kaksi kyyhkystä vietti paljon aikaa hänen
lähellään. Sudhamanin laulaessa Jumalalliselle Äidille kolme lintua
tanssi hänen edessään hypähdellen iloisesti sävelmän tahdissa ja
levitellen siipiään. Idamannelin tontilla kasvavassa suuressa puussa oli kotkan
pesä. Kerran pesä putosi maahan ja rikkoutui, jolloin siinä olleet
kaksi lentokyvytöntä poikasta makasivat maassa huumaantuneina
ja haavoittuvaisina. Ilkivaltaiset lapset alkoivat heitellä niitä kivillä
yrittäen tappaa ne. Sudhamani ehti kuitenkin paikalle ja pelasti
linnut. Hän suojeli ja hoiti niitä hellävaroen. Muutamassa viikossa
ne kehittyivät lentokykyisiksi ja Sudhamani päästi ne vapaaksi.
Nämä kaksi kotkaa, intialaiselta nimeltään *garudaa*, lensivät aina
Krishna-bhavan alkaessa pyhäkön katolle ja istuivat siellä pitkään.
Ne kiehtoivat oppilaita tavattomasti, sillä onhan *garuda* Vishnun
pyhä kulkuneuvo. Lintujen mystinen yhteys Sudhamaniin, ei aino-
astaan antanut loistokkuutta *darshanille*, vaan se oli myös omiaan
lisäämään oppilaitten uskoa hänen jumalallisuuteensa.

Kun Sudhamanin kiihkeä halu nähdä Jumalallinen Äiti kul-
minoitui kyyneleiseen tajuttomuuteen, nämä linnut lennähtivät
paikalle ja istuutuivat hänen lähelleen suojelemaan häntä. Naapu-
rin naiset tuijottivat suu hämmästyksestä auki näitä Sudhamanin
ilmeitä seuraavia lintuja, jotka nähdessään hänen itkevän alkoivat
nekin vuodattaa kyyneleitä.

Eräänä päivänä meditaation jälkeen Sudhamanin tuntiessa
itsensä nälkäiseksi toinen garudoista lensi valtamerelle ja palasi
muutamien minuuttien kuluttua kala nokassaan. Kotka laski ka-
lan Sudhamanin syliin, joka otti kalan tyynesti vastaan ja söi sen
raakana. Tämän jälkeen sama lintu toi joka päivä kalaa hänelle ja
tätä jatkui pitkähkön ajan. Kun Damayanthi sai tietää tästä, hän
tuli odottamaan *garudan* jokapäiväistä tuomista. Linnun pudo-
tettua saaliinsa, hän syöksyi nappaamaan kalan ja keitti sen sitten
tyttärelleen.

Sadhanan, henkisten harjoitusten, siinä vaiheessa, jolloin Sudhamani halusi lopullisesti sulautua Krishnaan, hän lopetti kalan syönnin kokonaan. Silloin jo pelkkä kalan hajukin sai hänet oksentamaan. Mutta nyt garudan tuoma ruoka oli hänelle Jumalan lähettämää ravintoa, ja sen takia hän söi sen.

Noihin aikoihin eräällä kissalla oli tapana liikuskella tiiviisti Sudhamanin ympärillä. Se tuli temppeliin *bhava darshanin*, jumalallisen mielentilan, aikana ja kulki Sudhamanin ympäri aivan kuin se olisi harjoittanut *pradakshinaa*, rituaalia, jossa kierretään pyhän kohteen ympäri. Kissa istui hänen lähellään pitkiä aikoja silmät suljettuina ja opetuslapsista näytti siltä kuin se olisi meditoinut. Kerran joku yritti päästä kissasta eroon viemällä sen takavesien yli mantereen puolelle, mutta jo seuraavana päivänä se oli jälleen Sudhamanin vierellä.

Koirat ovat luonnostaan uskollisia, mutta erään mustavalkoisen koiran käyttäytyminen ylitti huomattavasti niiden tavanomaisen kiintymyksen. Mikäli Sudhamani kutsui ja itki Deviä liikaa ja vaipui rukoustensa aikana tiedottomuuden tilaan, koira hieroi itseään häntä vasten ja nuoli hänen kasvojaan ja jäseniään yrittäen saada hänet virkoamaan. Mikäli Sudhamani pyrki hurmostilassaan pois Idamannelin piha-alueelta, koira kiskoi häntä mekosta ja haukkui estäen hänen lähtönsä. Toisinaan se toi ruokapaketin suussaan ja laski sen hänen eteensä. Koira ei syönyt tällaisesta uhrilahjana tuomastaan ruoasta muruakaan. Yöllä se nukkui lähellä Sudhamania, joka käytti sitä tyynynä taivasta katsellessaan.

Eräänä iltana Sudhamani meditoi istuen joen törmällä. Hän oli syvässä samadhissa, moskiittojen peittäessä paksuna kerroksena hänen koko ihonsa. Sugunanandan sattui tulemaan paikalle ja puhutteli häntä. Kun vastausta ei tullut, hän ryhtyi ravistelemaan tytärtään voimakkaasti, niin kuin perheenjäsenillä oli tapana ja havaitsi tytön muuttuneen tavattoman kevyeksi. "Hän oli kuin varpu. Hänen fyysinen ruumiinsa vaikutti kuolleelta. Mutta tämähän ei ollut ensimmäinen kerta, kun hän löytyi tällaisesta tilasta, joten en ollut huolestunut," selitti Sugunanandan myöhemmin kuvaillessaan tapahtumaa. Hän istuutui tyttärensä vierelle ja pian paikalle ilmestyi mustavalkoinen koira, joka alkoi haukkua voimakkaasti. Muutamien minuuttien kuluttua Sudhamani aukaisi silmänsä ja tavanomainen tietoisuudentila palasi. Eläimet näyttivät ihmisiä paremmin tavoittavan Sudhamanin huomion riippumatta siitä, minkälaisissa maailmoissa hän sattui olemaan.

Koiran osoittama voimakas rakkaus sai Sudhamanin toisinaan ajattelemaan, että se oli itse Jumalallinen Äiti. Hän saattoi syleillä ja suukotella koiraa toistellen: "Minun Äitini, minun Äitini..."

Sudhamani alkoi meditoidessaan eräänä päivänä tuntea äärimmäistä levottomuutta. Hän nousi ylös ja lähti kiireesti kohti kylää. Sillä aikaa mustavalkoinen koira oli joutunut rankkurin kynsiin. Se ulvoi ja itki säälittävästi, mutta ei kuitenkaan käyttäytynyt mitenkään uhkaavasti. Se ei kyennyt karkaamaan rankkurin remmistä, mutta se harasi tassuillaan vastaan kaikin voimin miehen yrittäessä raahata sitä pois. Jotkut Sudhamanin kanssa ystävystyneistä ja häntä ihailevista tytöistä tunnistivat koiran hänen uskolliseksi seuralaisekseen ja pyysivät pyydystäjää vapauttamaan sen selittäen koiran olevan Sudhamanin lemmikki. Kun koiran vapauttaminen ei kuitenkaan tuntunut onnistuvan, he jopa yrittivät lahjoa rankkurin, kunhan tämä päästäisi koiran menemään.

Sudhamanin saavuttua paikalle koira katsoi vetoavasti häneen ja alkoi vuodattaa kyyneleitä. Tämä oli jo liikaa rankkurillekin, joka katsoi ensin Sudhamania ja sitten koiraa, joka selvästikin rakasti tyttöä suuresti. Rankkurin oli kuin olikin päästettävä koira vapaaksi. Tällä tavoin se pelastui kerran jos toisenkin koiranpyydystäjän kynsistä.

Myös eräs naapurin koirista tunsi syvää rakkautta Sudhamania kohtaan. Eräänä päivänä koiran ollessa tiineenä se ilmestyi temppelin eteen ja seisoi siinä odottavan näköisenä. Kun Sudhamani oli tulossa pyhäköstä meditoituaan siellä, hän löysi koiran temppelin kuistilta. Se ei pyrkinyt sisään vaan laittoi etutassunsa temppelin kynnykselle ja alkoi ulvoa kuin olisi itkenyt. Sudhamani suukotti ja halasi sitä kysyen: "Mitä on tapahtunut tyttäreni, mitä on tapahtunut?" Sudhamanin tehtyä näin koira astui heti temppelin kuistilta alas ja asettui makaamaan hiekalle vähän matkan päähän, hetken kuluttua se hengähti viimeisen kerran.

Jos joku heittäytyi maahan Sudhamanin edessä, mustavalkoinen koira suoristi etujalkansa ja painoi päänsä alas hänen edessään. Hänen tanssiessaan haltioituneena koira hyppeli hänen ympärillään aivan kuin ottaen osaa hurmioituneeseen tanssiin. Kun auringonlaskun aikaan puhallettiin pyhää kotilonkuorta, koira ulvoi sen synnyttämää ääntä matkien.

Eräänä päivänä Sudhamanille tuli voimakas aavistus, että hänen mustavalkoinen ystävänsä kuolisi vesikauhuun. Muutamien päivien kuluttua näin tapahtuikin. Mutta se kuoli joutumatta kuitenkaan kärsimään kovia tuskia. Sudhamanilta kysyttäessä, oliko hän surullinen menetettyään uskollisen seuralaisensa, hän sanoi: "En ole ollenkaan surullinen hänen kuolemastaan. Vaikka hän kuoli, hän tulee luokseni. Miksi siis olisin surullinen?" Myöhemmin hän kertoi koiran sielun syntyneen lähelle Idamannelia, mutta hän ei paljastanut yksityiskohtia.

Vuohesta, joka tunsi syvää rakkautta häntä kohtaan, Sudhamani kertoi: "Utaresairauden vuoksi se joutui taistelemaan elämästään. Vuohi oli juuri kuolemaisillaan palatessani jostakin. Nähdessäni sen hädän istuin vähän matkan päähän ja vaivuin rukoukseen ja meditaatioon. Avatessani silmät näin eläinparan lähestyvän minua polvillaan kontaten. Päästyään luokseni se asetti päänsä syliini ja hengähti hiljaa viimeisen kerran kasvojani katsellen. Sellaista on puhdas rakkaus!"

Joitakin vuosia myöhemmin muistellessaan näitä tapahtumia hän sanoi: "Ihme sinänsä oli, että eläimet ymmärsivät tunteitani ja toimivat niiden mukaisesti. Jos itkin, ne liittyivät seuraani itkien. Jos lauloin, ne tanssivat edessäni. Jos kadotin ulkoisen tietoisuuteni, ne ryömivät ylitseni. Eläimet ja ihmiset ovat olemukseltaan samanlaisia. Kun vapautuu mieltymyksistä ja vastenmielisyyksistä ja näkee kaikki samanarvoisena, silloin vihamielisistäkin eläimistä tulee läheisyydessäsi ystävällisiä."

Kahdeksas luku

Loistaen miljoonana aurinkona

"Hymyillen Hän (Jumalallinen Äiti) muuttui jumalalliseksi loistoksi ja sulautui minuun. Mieleni kukoisti, kylpi monisävyisessä jumalallisuuden valossa ja miljoonien vuosien tapahtumat nousivat esiin sisälläni. Siitä lähtien en nähnyt mitään erillisenä Itsestäni, vaan näin kaiken ykseytenä, ja sulauduin maailmankaikkeuden Autuuden Äitiin, luovuin siitä käsityksestä, että onnellisuutta olisi Itsen ulkopuolella."

— Amma

Driśā drāghīyasā dara dalita nīlotpala rucā
davīyamsam dīnam snapaya kripayā mām api shive
Anenāyam dhanyo bhavati na ca te hānir
iyatāvane vā harmlye vā sama kara nipāto himakaraha

*Oi Sivan puoliso! Kylvetä armollisesti kauas ulottuvat
katseellasi, joka on kaunis vastapuhjennut sinililja, myös
minua, joka seison avuttomana syrjässä. Tämä kuolevainen
saa tästä toimestasi elämän korkeimman hyvän. Ethän Sinä
lopultakaan menetä sen johdosta mitään. Saavathan sekä
metsä että palatsi lumivalkeana hohtavalta kuulta osakseen
samanlaisen loisteen.*

– Saundarya Lahari, 57. säe

Kiinnittäen täydellisen uskonsa Jumalalliseen Äitiin Sudhamani uiskenteli nyt ikuisen rakkauden valtameressä. Kaikki hänen ympärillään niin ylhäällä kuin alhaalla, sekä oikealla että vasemmalla oli vain Hänen jumalallista läsnäoloaan. Tuuli oli Äidin hellää kosketusta; puut, köynnöskasvit ja kukat olivat hänelle *Devi* ja sen tähden tasapuolisen palvonnan arvoisia. Taivaalle katsoessaan ja nähdessään siellä jotakin meille näkymätöntä Sudhamani joutui vuolaiden kyyneltulvien ja naurunpuuskien valtaan, jotka laantuivat vasta kun hän vaipui tiedottomana hiekalle. Tämän orvon tytön sydäntä särkevät rukoukset kadoksissa olevalle Äidille kaikuivat Idamannelissa päivin ja öin. Eläessään tällä tietoisuuden tasolla ja kokiessaan kaiken luonnossa Jumalallisena Äitinä, hän kirjoitti seuraavan laulun:

Srishtiyum nie

Sinä olet Luoja ja luomakunta,
Sinä olet energia ja totuus,
oi Jumalatar, oi Jumalatar, oi Jumalatar!

Sinä olet kosmoksen Luoja,
Sinä olet sen alku ja loppu...
Sinä olet myös sielun ydinolemus
ja Sinä olet myös viisi peruselementtiä...

Jo tutuksi käyneen eläinjoukon huolehtiessa Sudhamanista hänen ei nähty enää syövän eikä nukkuvan, eikä hän myöskään lähestynyt ihmisiä, elleivät nämä ensin lähestyneet häntä, ja jotkut sellaiset perusasiat, kuten hampaiden harjaaminen, olivat korkeuksissa pysyttelevän mielen kiinnostuksen tuolla puolen. Paikalle osunut havaitsi, että mikäli hän söi, hän saattoi syödä käytettyjä teenlehtiä, lehmän lantaa, lasinpalasia tai ihmisen ulosteita. Hän ei kokenut enää mitään eroa herkullisella ravinnolla ja kaikella tällaisella. Miten sanoilla voisikaan kuvata sellaista tilaa, jota oma mielemme ja älymme eivät kykene tavoittamaan?

Sudhamani ei kyennyt enää vähimmässäkään määrin pidättelemään tuskaansa, niinpä hänen huuliltaan kumpusi katkeamattomana virtana rukouksia Jumalalliselle Äidille: "Oi Äiti, sydäntäni raastaa tämä eron tuska! Miksi Sinun sydämesi ei sula nähdessäsi nämä loputtomat kyyneleeni? Oi Äiti, monet suuret sielut ovat palvoneet Sinua ja sillä tavoin löytäneet Sinut ja tulleet yhdeksi Sinun kanssasi. Oi rakas Äiti, avaa myötätuntoisen sydämesi portit nöyrälle palvelijallesi! Menehdyn suruuni ja hukun siihen. Ellet Sinä halua tulla luokseni, lopeta elämäni, minä pyydän. Anna julmia ja epäoikeudenmukaisia mestaavan miekkasi pudota myös minun päälleni, salli edes miekkasi kosketuksen siunata minua! Mitä mieltä on ylläpitää tätä hyödytöntä ruumista, joka on vain raskas taakka."

Sudhamanin tuska saavutti huippunsa. Rukoukset oli nyt rukoiltu. Hän kuvaa tilannetta seuraavasti: "Kaipuu oli avannut

ruumiini jokaisen huokosen, jokainen atomini värähteli pyhän mantran tahtiin, koko olemukseni kiirehti kohti Jumalallista Äitiä kuin tulviva virta..."
Hän itki sanoinkuvaamattomassa sieluntuskassa: "Oi Äiti... lapsesi on kuolemassa, hukkumassa pohjattomaan suruun... sydämeni murtuu... jäseneni vapisevat... kouristelen kuin rannalle heitetty kala... Oi Äiti... et tunne hellyyttä minua kohtaan... en voi uhrata Sinulle enää muuta kuin elämäni viimeisen henkäyksen..."
Ääni salpautui, hengitys pysähtyi ja hän vaipui tajuttomuuteen. Tuona hetkenä Äiti ilmaisi tahtonsa. Maailmankaikkeuden jumalallinen lumoajatar, kaikkitietävä, kaikkialla läsnäoleva, kaikkivoipa olento, ikivanha, alkuperäinen Luoja, Jumalallinen Äiti ilmaantui Sudhamanin eteen ilmielävänä, kirkkaana kuin miljoona aurinkoa. Sudhamanin sydän vuoti yli äyräitten sanoinkuvaamattoman rakkauden ja autuuden tulvan täyttäessä hänet. Jumalallinen Äiti hymyili hyväntahtoisesti ja muuttuen puhtaaksi säteilyksi Hän sulautui Sudhamaniin!
Paras kuvaus siitä, mitä sitten seurasi on Sudhamanin kirjoittamassa laulussa 'Ananda Vidhi', 'Autuuden tie'. Siinä hän on yrittänyt saattaa ymmärrettäväksi tuon mystisen, sanojen tuolla puolen olevan yhteensulautumisen.

Ananda vidhi

Erään kerran minun sieluni tanssi
iloiten Autuuden Tietä ptkin.
Silloin sisäiset viholliset,
mieltymykset ja vastenmielisyydet pakenivat
piiloon mieleni sisimpiin sopukoihin.

Unohdin itseni ja sulauduin kultaiseen uneen,
joka nousi sisälläni.
Jalot pyrkimykset
ilmenivät selkeästi mielessäni,
Jumalallinen Äiti helli loistavin käsin päätäni.

Kumaraten pääni, kerroin
että elämäni on omistettu Hänelle.

Hymyillen Hän muuttui jumalalliseksi loistoksi
ja sulautui minuun. Minun mieleni kukoisti,
kylpi monisävyisessä jumalallisuuden valossa.
Ja miljoonien vuosien tapahtumat
nousivat esiin sisälläni.
Siitä lähtien en nähnyt mitään erillisenä Itsestäni,
vaan näin kaiken Ykseytenä,
ja sulauduin Jumalalliseen Äitiin,
luovuin kaikista nautinnon muodoista.

Äiti kehoitti minua pyytämään ihmisiä
täyttämään ihmiseksi syntymisen tarkoituksen.
Siksi julistan maailmalle
ylevän totuuden, jonka hän ilmaisi:
"Oi ihminen, sulaudu Itseesi!"

Tuhannet ja tuhannet joogit
ovat syntyneet Intiaan ja
toteuttaneet elämässään
tuntemattoman menneisyyden
suurten pyhimysten
ilmaisemat lainalaisuudet.
Kuinka monta totuutta onkaan
ihmiskunnan kärsimysten poistamiseksi!

Tänään vapisen autuudesta
muistellen Äidin sanat:
"Oi rakkaani, tule Minun luokseni,
jätä muut työsi.
Sinä olet aina Minun."

Oi puhdas tietoisuus,
oi totuuden henkilöitymä,

otan huomioon sinun sanasi.
Oi Äiti, miksi viivyttelet?
Miksi annoit tämän syntymän?
En tiedä mitään, oi Äiti,
anna anteeksi virheeni.

Tässä vaiheessa Sudhamanissa kehittyi voimakas vastenmielisyys kaikkea ulkopuolista kohtaan. Hän kaivoi suuria kuoppia voidakseen piiloutua moninaisuuden maailmalta ja aistillisuuteen takertuneilta ihmisiltä. Hän vietti päivät ja yöt nauttien Jumalaan yhtymisen ikuisesta autuudesta ja vältti kaikkea yhteyttä ihmisiin. Aiemmin häntä hulluksi epäilleet tulivat nyt varmoiksi hänen mielenvikaisuudestaan. Kukapa tämän kalastajakansan jäsenistä olisikaan kyennyt edes kuvittelemaan sellaista tietoisuuden tasoa, jolla Sudhamani nyt eli? Vaikka hän olikin itse sisäisesti ylittänyt kynnyksen Perimmäiseen, perheelleen ja kyläläisille hän oli edelleenkin sama hullu Sudhamani, joka joutui kolmena iltana viikossa Krishnan valtaan. Ainut viimeaikainen muutos, mikäli he olivat mitään sellaista havainneetkaan, oli että maassa kieriskelyn sijasta hän kaivoi nyt syviä kuoppia.

Devi bhavan alkaminen

Eräänä päivänä Sudhamani kuuli äänen sanovan sisimmässään: 'Lapseni, Minä oleilen kaikkien olentojen sydämessä, eikä Minulla ole mitään tiettyä asuinpaikkaa. Et ole syntynyt vain nauttiaksesi Itsen puhtaasta autuudesta vaan lohduttaaksesi kärsivää ihmiskuntaa. Palvo vastedes Minua kaikkien olentojen sydämessä ja vapauta heidät maallisen elämän kärsimyksistä...'

Tämän sisäisen kehotuksen jälkeen Sudhamani alkoi *Krishna bhavan* lisäksi ilmentää *Devi bhavaa*, Jumalallisen Äidin mielentilaa. Kun hän nyt paljasti ykseytensä Jumalallisen Äidin kanssa, oppilaat ajattelivat hänen joutuvan nyt Krishnan lisäksi ajoittain myös Devin,

Jumalallisen Äidin valtaan. *Devi bhava* alkoi kuuden kuukauden kuluttua Krishna bhava darshanin, Krishnan jumalallisen mielentilan ilmentämisen alkamisesta. Elettiin loppuvuotta 1975. Eräänä iltana, kun *Krishna bhavan* oli meneillään ja kun hänen seuraajansa tulivat kukin vuorollaan temppeliin, tapahtui jotain odottamatonta, mikä muutti koko ilmapiirin. Ryhmä seuraajia lauloi tavalliseen tapaan antaumuksellisia lauluja pyhäkön edessä olevalla kuistilla. Sudhamani ilmensi Krishnana sisäistä ykseyttään Korkeimpaan vastaanottaen hilpeänä seuraajiaan. Miellyttävä, hurmaava hymy valaisi hänen kasvojaan, ja kaikki nauttivat suuresti Jumaluuden läsnäolosta. Eräs seuraajista saapui tuolloin pieneen temppeliin syvästi masentuneena. Hän oli joutunut vihamielisten kyläläisten ahdistelun kohteeksi, uskonnon kieltäjät vastustivat näet edelleenkin hänen toimintaansa. Heillä oli tapana seisoskella temppeliin johtavan tien varrella ja kun oppilaat saapuivat Sudhamanin luo, he heittelivät näille ivallisia kommentteja. Eivätkä ainoastaan kyläläiset toimineet näin vaan siihen osallistuivat myös Sudhamanin oma isä ja veli. Oppilaita kehotettiin jopa lähtemään pois kesken *darshanin*. Yksi miehistä ei kestänyt häneen kohdistettuja ilkeyksiä ja parahti itkuun Sudhamanin edessä. Hän vetosi nyt Krishnaan, jotta tilanne korjaantuisi.

Varoituksetta Sudhamanin kasvoilta katosi armollinen hymy, hänen ilmeensä muuttui täysin, se muuttui kerta kaikkiaan kauhistuttavaksi, kuin lopullisen tuhon enteeksi. Silmät näyttivät hurjasti hehkuvilta rautapalloilta, oli kuin vihan voimasta palavat silmät olisivat lähettäneet tulenlieskoja ympärilleen. Sormet olivat *Devi-mudrassa,* Jumalallisen Äidin käsiasennossa. Sekä pienessä temppelissä että sen ulkopuolella olevat järkyttyivät kuullessaan hänestä kumpuavan hurjan naurun, mitään sellaista he eivät olleet kuulleet eläessään. Sudhamanissa tapahtuneen äkillisen muutoksen nähdessään temppelin sisällä olijat alkoivat vapista pelosta tietämättä mitä tehdä. Paikalla olleet oppineet alkoivat toistaa äänekkäästi rauhan mantroja ja laulaa antaumuksellisia lauluja Jumalalliselle Äidille. Toiset ryhtyivät tekemään *arathia* heiluttaen pyörivin liikkein palavaa kamferia hänen edessään. Pitkään jatkuneen rukoilun ja mantrojen laulamisen jälkeen Sudhamani lopulta tyyntyi ja rauhoittui. *Bhava,* jumalallinen mielentila oli kuitenkin muuttunut Krishnasta Deviin, Jumalalliseen Äitiin.

Sudhamani kertoi myöhemmin: "Nähdessäni tuon oppilaan hädän tunsin halun tuhota kaikki nuo kierot ihmiset, jotka jatkoivat sinnikkäästi seuraajien pilkkaamista. Tietämättäni Devin hurja olemuspuoli, Kali Mata, ilmaantui suojaamaan vainottuja." Tämän jälkeen Pyhä Äiti Amma, niin kuin kutsumme häntä tästä lähtien, ryhtyi antamaan *Krishna bhavan* lisäksi oppilaille säännöllisesti *darshania* myös Devinä, jumalallisena Äitinä.

Amma oli nyt kaikkiallisen rakkauden henkilöitymä. Hänessä varhaisesta lapsuudesta lähtien ilmenneet hyveet, kuten halu rakastaa, auttaa ja palvella ihmisiä, olivat nyt täydellisiä. Amma vastaanotti niin maalliset kuin henkisetkin ihmiset, niin oppimattomat kuin oppineetkin, rikkaat ja köyhät, sairaat ja terveet samanlaisella tasapuolisella hellyydellä ja myötätunnolla. Hän kuunteli yhtä kärsivällisesti jokaisen ongelmia suhtautuen kuhunkin tämän luonteen ja kypsyyden edellyttämällä tavalla. Hän ohjasi ja lohdutti ihmisiä heidän vaikeuksissaan kunkin tarpeitten mukaisesti.

Pian *Devi bhava darshanin* jälkeen, Jumalallisen Äidin olemuksen ilmentämisen jälkeen Ammassa alkoi ilmetä erilaisia muutoksia. Devi *sadhanan,* Jumalalliseen Äitiin kohdistuneitten henkisten harjoitusten, aikana hän oli pysytellyt syrjässä välttäen kaikkea kanssakäymistä, hän oli omistanut kaiken aikansa rukoilemiselle ja Jumalallisen Äidin mietiskelylle. Mikäli vanhemmat tai veli loukkasivat häntä fyysisesti tai sanallisesti, hän pysytteli vaiti. Nyt hän alkoi määrätietoisesti ottaa kantaa ja hänen ilmeensäkin muuttuivat. Hänestä tuli peloton ja peräänantamaton käsitellessään vanhempiensa ja veljiensä kanssa *bhava darshania* koskevia asioita ja erityisesti hänen suhdettaan seuraajiinsa. Hän alkoi viettää yhä enemmän aikaa seuraajiensa parissa opastaen heitä henkisesti. Tämä merkitsi Amman henkisen lähetystyön alkamista.

Muotojen tuolla puolen oleva Itseni

Tuosta päivästä lähtien[33] en kyennyt enää näkemään mitään erillisenä muotojen tuolla puolen olevasta Itsestäni, jonka sisällä koko maailmankaikkeus on vain pieni kupla...

Tässä ydinlausumassa paljastuu Amman syvän ymmärtämyksen koko huikeus. Vaikka Amma oli jo pysyvässä Jumaloivalluksen tilassa, hän harjoitti vielä sadhanaa osoittaakseen, että kaikki jumalien ja jumalattarien muodot ovat vain yhden ja saman ei-kaksinaisen todellisuuden eri olemuspuolia. Mielensä täydellisen hallinnan saavutettuaan hän havaitsi kykenevänsä samastumaan mihin tahansa valitsemaansa Jumaluuteen.

Amma on kertonut kokemuksista, joita hänellä oli tällaista henkistä harjoitusta, *sadhanaa,* harjoittaessaan: "Eräänä päivänä *sadhanan* loppupuolella tunsin suuren kulmahampaan tunkevan ulos suustani, samanaikaisesti kuulin kauhistuttavan humisevan äänen. Havaitsin Devin, suurine kulmahampaineen, valtavine ulos työntyvine kielineen, paksuine tummine kiharaisine hiuksineen, ulospäin pullistuvine punertavine silmineen ja tummansinisine ihoineen.[34] Ajattelin: 'Pian, pakene! Devi tulee ja tappaa minut!' Olin aikeissa juosta karkuun. Yhtäkkiä kuitenkin tajusin, että olin itse Devi. Humiseva ääni syntyi minussa. Seuraavassa hetkessä huomasin pitäväni käsissäni Devin viinaa.[35] Minulla oli päässäni hänen kruununsa ja nenässäni Devin nenäkoru. Muutaman minuutin kuluttua ihmettelin: 'Mistä on kysymys? Miten minusta on tullut Devi? Ehkä tämä on kepponen, jonka avulla Jumalallinen Äiti pyrkii estämään *sadhanani.*' Sitten ajattelin: 'Annas kun meditoin Shivaa ja katson mitä tapahtuu'. Heti kun keskityin Shivan olemukseen, muutuin Häneksi, takkutukkaiseksi, minulla oli käärmeitä kaulal-

---

[33] Tällä päivämäärällä viitataan hetkeen, jolloin Amma sulautui Jumalalliseen Äitiin.
[34] Jumalisen Äidin kauhisuttavan olemuspuolen, Kali Matan ulkomuodon kuvaus.
[35] Viina on kielisoitin, jollaista Saraswati, Tiedon Jumalatar pitää käsissään.

lani ja olkavarteni ympärille kiertyneenä. Ajattelin: 'Ehkä Shivakin koettelee minua, joten lopetin Hänen muotonsa mietiskelemisen.' Nyt kiinnitin sydämeni ja sieluni Ganeshaan, esteiden poistajaan. Samassa olinkin jo Ganesha, elefanttikasvoinen, pitkäkärsäinen jumala kaksine syöksyhampaineen, joista toisesta oli vain puolet jäljellä. Mitä tahansa jumalaa tai jumalatarta mietiskelinkin, muutuin häneksi. Kuulin äänen sanovan sisälläni: 'Et ole erillinen heistä. He ovat sulautuneet sinuun jo ajat sitten. Miksi siis kutsut kaikkia näitä jumalia ja jumalattaria?'"

Sen jälkeen Amman mietiskely joka kohdistui Jumalan eri muotoihin päättyi luonnollisella tavalla. Kaikkialla läsnäoleva pyhä tavu *om* nousi itsestään esiin hänen sisimmästään ja hänen koko olemuksensa sulautui lopullisesti siihen. Toisinaan hän istuu yhä edelleenkin meditoimassa ollakseen esimerkkinä muille. Asiaa tiedusteltaessa hän sanoi: "Meditaation aikana Amma lähestyy lapsiaan, erityisesti niitä, jotka ajattelevat häntä voimakkaasti tai niitä, jotka kärsivät."

Samasta asiasta kerrotaan suuressa eepoksessa, *Srimad Bhagavatamissa*. Eräänä päivänä maineikkaan pyhimys Naradan vieraillessa Dwarakassa Krishnan luona hän löysi Herran istumasta syvässä meditaatiossa. Narada kysyi kunnioittavasti: "Oi Herra, ketä Sinä mietiskelet?" Herra vastasi hymyillen: "Mietiskelen oppilaitani."

Mutta vaikka Sudhamanista olikin tullut nyt monille 'Äiti', hän oli kuitenkin edelleen perheensä silmissä Sudhamani. Hänen luonnollinen vakiintumisensa Korkeimpaan Itseen olisi ollut jotakin aivan liian syvällistä hänen vanhempiensa ja vanhemman veljensä ymmärtää, vaikka he olisivat yrittäneetkin. Heillä oli jatkuvasti omat epäilyksensä, ja he tulkitsivat yhä hänen käyttäytymisensä skitsofreniaksi. He pelkäsivät myös läheisten suhteiden oppilaisiin saattavan saada hänet hairahtumaan moraalin polulta ja tuottavan siten häpeää perheelle. Subhaganin vihamielisyys Ammaa kohtaan oli erityisen kiihkeää ja hänen käyttäytymisensä oli vain kärjistynyt, kuten seuraava karmea välikohtaus osoittaa.

Eräänä päivänä Subhagan ja muutamat hänen serkkunsa pyysivät jonkin tekosyyn varjolla Amman erään sukulaisen kotiin. Perille saavuttuaan he veivät yhdessä Sudhamanin erääseen huoneeseen ja lukitsivat oven. Yksi serkuista alkoi uhkailla häntä vetäen vaatteittensa alta esille pitkän veitsen. Subhagan sanoi: "Käyttäytymisesi on mennyt liian pitkälle, häpäiset perheen nimen. Koska et voi olla tapaamatta kaikenlaisia ihmisiä ja jatkuvasti vain laulat ja tanssit, on parempi, että kuolet." Hänen raivonsa vain yltyi, kun Amma nauroi ja sanoi: "Kuolema ei pelota minua vähäisimmässäkään määrin. Ruumis kohtaa loppunsa ennemmin tai myöhemmin, mutta Itseä sinun on mahdotonta tappaa. Nyt kun olet päättänyt lopettaa fyysisen olemassaoloni, tahdon ilmaista viimeisen toivomukseni. On välttämätöntä, että täytät sen. Anna minun meditoida hetken aikaa. Sitten kun olen meditaatiossa, voit vapaasti tappaa minut."

Rohkean vastauksen kuultuaan miehet raivostuivat entistä enemmän. Joku heistä huudahti: "Kuka sinä olet komentamaan meitä? Pitäisikö meidän muka tappaa sinut tai jättää tappamatta sinun toivomuksesi mukaisesti?" Amma hymyili ja vastasi pelottomana: "Näyttää siltä, että Jumala yksin kykenee lopettamaan minun elämäni!" Silloin yksi serkuksista huusi: "Jumala! Kuka on sinun Jumalasi!" Vaikka he uhkailivatkin Ammaa sanallisesti, kuultuaan hänen rohkean vastauksensa ja nähdessään hänen häiriintymättömän olemuksensa yksikään heistä ei ollut riittävän rohkea tehdäkseen hänelle mitään.

Yhtäkkiä kuitenkin veistä heilutellut serkku hyppäsi eteenpäin ja painoi sen Amman rintaa vasten pistääkseen hänet kuoliaaksi. Mutta sen jälkeen mies ei kyennyt enää liikahtamaankaan, sillä hänen omaan rintaansa iski sietämätön tuska tarkalleen samaan kohtaan, mihin hän oli Amman rintaan veitsen painanut. Mies lyyhistyi lattialle hurjan tuskan vallassa. Tämän nähdessään muut huoneessa olijat joutuivat kauhun valtaan. Tällöin Damayanthi, joka oli pelästynyt nähdessään Sudhamanin lähtevän yksin Subhaganin ja serkkujen kanssa, ilmestyi paikalle. Hän kuuli metelin ja arvasi, että jotakin todella pahaa oli tapahtumassa ja alkoi hakata ovea ja pyysi itkien avaamaan sen. Lukko aukaistiin ja ovi avautui. Damayanthi tarttui Ammaa kädestä ja vei hänet kiireesti talosta pois. Paluumatkalla Idamanneliin heidän kulkiessaan pitkin merenrantaa Amma sanoi Damayanthi: "Minä tuotan väellesi häpeää. Tämä valtamerikin on Äitini. Onneksi hän ottaa minut vastaan ojennetuin käsin, menen hänen syliinsä." Nämä sanat järkyttivät Damayanthia perin pohjin. Hän huusi: "Älä sano noin, tytär! Älä sano noin, tytär! *Krishna bhavan* aikana *Bhagavan*, Herra, sanoi minulle, että jos sinä tekisit itsemurhan, kaikki lapseni menettäisivät järkensä..." Jotenkin hänen onnistui taivuttaa Amma luopumaan aikeestaan ja viedä hänet takaisin Idamanneliin.

Välikohtaus ei kuitenkaan päättynyt vielä tähän. Serkku, joka oli aikonut iskeä Amman kuoliaaksi, jouduttiin viemään sairaalaan. Hän sai siellä parhaan mahdollisen hoidon, mutta lopulta hän kuitenkin kuoli oksennettuaan jatkuvasti verta. Hänen tilansa äkillisesti huononnuttua Amma meni tapaamaan häntä sairaalaan. Hän lohdutti miestä hellästi ja syötti tätä omin käsin. Mies katui syvästi tekoaan ja saatuaan osakseen Amman myötätunnon ja anteeksiannon hän purskahti itkuun.

Vaikka serkku olikin yrittänyt murhata hänet, Ammalla ei ollut minkäänlaisia kielteisiä tunteita tätä sukulaistaan kohtaan, eikä hänellä myöskään ollut pienintäkään osuutta serkun sairastumiseen ja kuolemaan. Tämä mies joutui yksinkertaisesti kohtaamaan oman tekonsa seurauksen. Amma selitti: "Aivan niin kuin ihmiset rakastavat syvästi Ammaa, on olemassa lukemattomia henkiolentoja, jotka myös rakastavat häntä. Jos joku yrittää vahingoittaa Ammaa, Amma ei vastusta. Amma kohtaa tapahtuman täysin tyynenä, eikä edes ajattele kielteistä tästä ihmisestä, joka pelkästään tietämättömyyttään on toiminut niin. Mutta nämä henkiolennot kimpaantuvat ja kostavat. Ymmärrätkö tämän? Jos esimerkiksi joidenkin lasten äidin kimppuun hyökätään, niin istuvatko lapset vain aloillaan välittämättä tapahtumasta? Vaikka äiti yrittäisi estää heitä, he etsivät hyökkääjän käsiinsä ja kostavat."

Amma vastaanotti oppilaita maalliset raja-aidat ylittäen, erottelematta heitä kastin, uskontunnustuksen, yhteiskuntaluokan tai sukupuolen perusteella. Tietämättömien vastustajien silmissä Amman tasapuolisuus ja avarakatseisuus olivat oireita mielenhäiriöstä. Heitä tuli temppeliin jatkuvasti kesken *bhava darshanin* kyselemään Ammalta kaikenlaista asiatonta. Amman tyyneyttä ja rauhallisuutta sellainen ei horjuttanut vähimmässäkään määrin, mutta Sugunanandania jatkuva julkea inttäminen masensi.

Vaikka yritykset järjestää tytär avioliittoon olivat tähän menessä epäonnistuneet, ajatus kyti hänen mielessään vieläkin. Hänestä alkoi nyt tuntua, että *bhava darshan* esti näiden toiveiden toteutumisen. Niinpä hän alkoi ajatella poikansa Subhaganin tavoin, että *darshan*, ihmisten kohtaaminen jumalallisen mielentilan aikana oli häpeällistä. Sen lisäksi häntä vielä huolestutti se, että tyttären ruumis oli kivikova *bhavan* jälkeen ja vaadittiin tuntien hieronta, jotta se palasi normaaliksi.

Tällaisia pohdiskeltuaan Sugunanandan päätti lopulta yhdessä Subhaganin kanssa lopettaa *bhava darshanit* tavalla tai toisella. Näine ajatuksineen Sugunanandan ilmestyi temppeliin seuraavan *Devi bhavan* aikana. Hän sanoi Ammalle: "Devin tulee lähteä tyttäreni ruumiista. Emme tarvitse *bhava darshania* täällä enää. Haluamme naittaa hänet. Tahdon tyttäreni takaisin." niin Sugunanandanille kuin koko perheelle Amma oli yhä vain hullu tyttö, jonka Krishna ja Devi ottivat valtaansa kolme kertaa viikossa.

Amma, joka hyväksyi lapsesta lähtien vain taivaallisen Isän omaksi isäkseen nimitti Sugunanandania isäpuoleksi ja kysyi: "Onko hän sinun tyttäresi?" Valmiiksi ärsyyntynyt Sugunanandan raivostui nyt entistä enemmän kuullessaan miksi häntä kutsuttiin. Hän tiuskaisi vihaisesti: "Kyllä! Hän on minun tyttäreni. Onko jumalilla ja jumalattarilla isäpuoli? Tahdon tyttäreni takaisin!"

Pyhä Äiti vastasi rauhallisesti: "Jos annan tyttäresi takaisin, hän ei tule olemaan muuta kuin ruumis joka alkaa pian hajota alkutekijöihinsä. Joudut laittamaan hänet polttoroviolle, et naimisiin."

Sugunanandan, joka ei ollut kuuntelutuulella, vaati: "Palatkoon jumalatar omaan paikkaansa! Minä tahdon lapseni takaisin!"

Pyhä Äiti vastasi: "Jos niin on, tässä on tyttäresi, ota hänet!", ja kaatui välittömästi niille sijoilleen. Muutamassa hetkessä hänen ruumiinsa jäykistyi ja sydämenlyönnit lakkasivat. Vaikka silmät olivat avoinna, niissä ei näkynyt minkäänlaista elonmerkkiä. Hän oli kuollut.

Alkoi yleinen hälinä ja sekasorto. Kaikki *darshaniin* tulleet mykistyivät surusta. Damayanthi ja hänen toinen tyttärensä pyörtyivät. Ihmisten keskuudessa levisi tieto, että Devi oli ottanut Sudhamanin elämän Sugunanandanin tekemän erehdyksen takia. Kaikki syyttivät häntä Amman ennenaikaisesta kuolemasta.

Ruumiin ympärille sytytettiin öljylamppuja. Jopa luonto vaikeni. Jotkut opetuslapsista purskahtivat itkuun. Toisilla taas yhtäkkisen, kohtalokkaan käänteen synnyttämä sisäinen ahdistus purkautui mielettömänä lörpöttelynä. Muutamia oppilaita istui juhlallisesti Amman ruumiin vierellä tutkien, kulkiko hänessä hengitys pitämällä kättä sierainten kohdalla. Ei mitään elonmerkkiä. Paikalla ollut lääkäri tarkisti pulssin. Ei sykähdystäkään! Se hetki oli kauhea.

Sugunanandanin tajutessa vaatimuksensa kauhistuttavat seuraukset hän ei kyennyt kestämään syyllisyydentunnon aiheuttamaa kiduttavaa tuskaa, vaan lyyhistyi tajuttomana maahan. Murheellinen hiljaisuus levisi kaikkialle. Tajuttiin, että mahdoton oli todella tapahtunut, ja toiveet Amman virkoamisesta oli menetetty.

Kului kahdeksan pitkää tuntia. Sitten Sugunanandan palasi tajuihinsa kohdatakseen saman järkyttävän näkymän. Se sai hänet itkemään ääneen ja rukoilemaan epätoivoisena: "Oi Devi! Pyydän Sinua antamaan anteeksi nuo täydellisestä tietämättömyydestäni johtuneet sanat! Pyydän, palauta tyttäreni elämä! Anna anteeksi virheeni! En enää koskaan tee mitään niin katalaa!" Näin rukoillen hän heittäytyi itkien maahan temppelin edessä.

Hetket tuntuivat tunneilta. Yhtäkkiä joku oppilaista havaitsi pieniä liikahduksia Amman ruumiissa. Toiveet virisivät ja kaikki hypähtivät pystyyn surun kyynelten muuttuessa ilon kyyneliksi.

Amma palasi elämään, nyt *Krishna-bhavassa!* Puhutellen Krishnan palvojaa Sugunanandania hän sanoi: "Ilman *shaktia* ei ole Krishnaa!"

Shaktilla Amma viittasi kosmiseen energiaan, Korkeimman feminiiniseen olemuspuoleen, joka personoituneena ilmenee Jumalallisena Äitinä.

Tämä tapahtuma muutti täydellisesti isän suhtautumisen sekä Jumalaan että omaan tyttäreensä. Siitä lähtien hän antoi tyttären tehdä, mitä tämä halusi, eikä yrittänyt enää naittaa häntä. Myöhemmin Amma totesi tästä tapahtumasta: "Hän vaatimalla vaati saada tyttärensä takaisin Deviltä. Mutta jos tämä todella olisi ollut heidän tyttärensä, heillä olisi pitänyt olla voima tuoda hänet takaisin elämään. Siihenhän he eivät kyenneet. Korkeintaan tämä ruumis on heidän. Isä vaati lastaan takaisin, tämä ruumis annettiin."

146

Yhdeksäs luku

Totuuden miekka

Lapset, vaikka ihminen kaataisi puun juurineen, se antaa hänelle suojaa. Henkisen oppilaan tulisi olla samanlainen. Vain hänestä, joka rukoilee jopa niiden hyvinvoinnin puolesta, jotka piinaavat häntä, voi tulla henkinen ihminen. Henkisen oppilaan tehokkain ase on totuuden miekka.

—Amma

Durvrtta vrtta samanam tava dēvi sīlam
rūpam tadhaitadavi cintyamatulya manyaih
Vīryam ca hantr hrtadēvaparākramānām
vairisvapi prākatitaiva dayā tvayēdham

*Oi Devi, luontosi mukaisesti Sinä nujerrat pahuuteen
taipuvat; Sinun vertaansa vailla olevaa kauneuttasi eivät
kaikki käsi¬tä; Sinun voimasi tuhoaa ne, jotka ovat
ryöstäneet deevoilta heidän urhoollisuutensa, ja näin Sinä
ilmennät myötätuntosi jopa vihollisiasi kohtaan.*

– Devi Mahatmyam, 4. luku, 21. säe

Näyttää siltä, että kaikki suuret sielut joutuvat kestämään keskinkertaisuuksien vainoa. Siitä huolimatta suuret ihmiset näyttävät menestyvän, sillä kaikki heidän tielleen nostetut esteet vain lisäävät heidän loistokkuuttaan. Niin Krishnan, Raman, Jeesuksen kuin Buddhankin elämästä löytyy tästä runsaasti todistuksia. Sitä todistaa myös Amman elämä.

Oli kulunut kolme vuotta *Devi bhavan* alkamisesta. Elettiin vuoden 1978 puoliväliä. Seuraajien määrä lisääntyi päivä päivältä ja ihmisiä alkoi kerääntyä joukoittain kaikkialta Intiasta Amman onnea ja suojelusta tuottavaan *darshaniin*. Mutta ihailijoiden ja kannattajien määrän lisääntyminen sai hänen vastustajansa puolestaan vauhdittamaan omaa kamppanjaansa. Mikään maallinen voima ei kuitenkaan kyennyt estämään Amman ennalta määrättyä elämäntehtävää.

Mutta nyt oli havaittavissa tiettyjä kielteisiä enteitä, jotka varoittivat Idamannelia uhkaavasta onnettomuudesta. Subhagania eivät kuitenkaan lannistaneet seuraukset, jotka koituivat siitä että hän oli kylmäverisesti suunnitellut murhaavansa oman sisarensa. Hän päinvastoin alkoi käyttäytyä Ammaa kohtaan entistäkin julkeammin ja vihamielisemmin. Hän tyrkytti omia itsekeskeisiä ajatuksiaan muillekin perheenjäsenille, jotka pelkäsivät vastustaa häntä hänen räjähtelevän, tulisen luonteensa takia. Seuraajien kasvava määrä ja vastustajien ehtymätön panettelu sytyttivät Subhaganin mielen rauhattomaan tuleen. Hän alkoi ahdistella *bhava darshaniin* saapuvia aina vain törkeämmin solvauksin toivoen voivansa saada heidät luopumaan *darshaniin* osallistumisesta.

Tässä vaiheessa, joko kohtalon tai halpamaisten tekojensa takia, Subhagan sairastui kauhistuttavaan norsutautiin, sairauden oireet ilmaantuivat sekä käsiin että jalkoihin. Vaikka hän saikin lääkäreiltä monenlaista hoitoa, mistään ei ollut apua. Ajatus parantumattomasta sairaudesta ahdisti häntä jatkuvasti. Hän vaipui syvään masennukseen, joka sai aikaan itsetuhoisuutta. Useaankin otteeseen hän kertoi jäytävistä peloistaan läheisille ystävilleen. Häntä alkoi myös vaivata unettomuus, joka pakotti hänet turvautumaan unilääkkeisiin. Fyysisten ja henkisten sairauksien kasaantuminen vaati veronsa ja pikkuhiljaa Subhagan alkoi menettää henkistä tasapainoaan.

Eräänä päivänä Amma kutsui Damayanthin luokseen ja sanoi: "Näyttää siltä, että Subhagan on lähestymässä elämänsä päätepistettä. Se voisi ehkä siirtyä, jos ryhtyisit harjoittamaan hiljaisuutta, mutta näen tiettyjä tekijöitä, jotka vaikeuttavat sen toteutumista. Sen tähden ole varovainen siihen ryhdyttyäsi." Amman ohjetta noudattaen Damayanthi omisti yhden päivän vaitiololle. Päivän puolivälissä yksi lehmistä sattui katkaisemaan liekaköytensä ja pääsi karkaamaan lehmisuojasta. Damayanthi unohti vaitiololupauksensa ja huusi: "Lehmä karkaa! Ottakaa se kiinni!" Perhe piti tapahtunutta huonona enteenä, erityisesti siksi, että Amma oli vannottanut Damayanthia noudattamaan lupausta erittäin tunnollisesti. Tämä huono enne synnyttikin nyt perheenjäsenissä paljon huolta ja pelkoa.

Eräänä päivänä Subhagan kiusasi raivokohtauksen saatuaan erästä musliminaista pahanpäiväisesti tämän tullessa Idamanneliin pyhään tilaisuuteen. Kykenemättä kestämään Subhaganin suoltamia törkeyksiä nainen ryntäsi temppeliin, purskahti itkuun ja alkoi lyödä päätään pyhäkön kynnykseen. Hän itki ääneen: "Oi Amma... Oi Amma... tämäkö on niiden kohtalo, jotka tulevat tapaamaan sinua?" Kuullessaan suunniltaan olevan musliminaisen itkun Amman säteilevissä ja hymyilevissä kasvoissa tapahtui välitön, perusteellinen muutos. Hän nousi pyhältä istuimelta kauhistuttavan näköisenä kolmikärki toisessa, miekka toisessa kädessään. Vaikuttavalla ja voimakkaalla äänellä Amma sanoi: "Kuka hyvänsä onkin aiheuttanut tämän kohtuuttoman kärsimyksen tälle oppilaalle tulee kuolemaan seitsemän päivän kuluessa."

Amman sanat kuultuaaan Sugunanandan ryntäsi temppeliin anomaan anteeksi poikansa törkeää käytöstä. Hän vetosi Ammaan, että tämä säästäisi Subhaganin elämän ja ottaisi hänen elämänsä sen sijaan. Amma sanoi rauhallisesti: "Minä en koskaan rankaise ketään. Mikäli minua kohdellaan väärin tai kiusataan, en välitä siitä lainkaan. Mutta kun oppilas joutuu tuollaisen piinan kohteeksi, ei edes Jumala anna anteeksi. Jokaisen täytyy kärsiä omien tekojensa seuraukset. Muuta tietä ei ole."

Seitsemän päivää oli kulunut. Keskiyön maissa kesäkuun toisena päivänä 1978, tapahtui sitten, että Subhagan, jolle oli kerrottu Amman ennustuksesta, päätti päivänsä hirttäytymällä. Hän oli kirjoittanut viestin, jossa kertoi syyn itsemurhaansa. Se oli parantumattoman sairauden aiheuttama sietämätön paine. Subhaganin itsemurha sai aikaan kaaoksen ja suuren surun Idamannelissa. Vihanlietsojat tarttuivat tilaisuuteen ja voimistivat Amman vastaista taisteluaan. He alkoivat sepittää muunnelmia Subhaganin kuoleman syystä. He muun muassa syyttivät Sugunanandania, joka rakasti vanhinta poikaansa kuin omaa elämäänsä, että hän oli murhannut Subhaganin.

Kaikista yrityksistä huolimatta kierot vastustajat eivät kyenneet saamaan mitään näyttöä väärien syytöstensä tueksi. Olihan olemassa täysin riittävät todisteet kuolinsyystä. Omalla käsialalla kirjoitetun itsemurhaviestin lisäksi Subhagan oli kertonut aikeistaan myös joillekin ystävilleen ja sukulaisilleen lähettämissään kirjeissä.

Ruumiinavauspöytäkirja vahvisti niin ikään, että kuolema oli aiheutunut itsemurhasta. Aihetta oikeustoimiin ei ollut. Subhaganin itsemurha sai aikaan kohua sukulaisten keskuudessa. He ilmaisivat avoimesti vihansa ja haluttomuutensa yhteydenpitoon ja jättivät perheen huomiotta aivan kuin sitä ei olisi ollut olemassakaan. Perhettä ei kutsuttu julkisiin tilaisuuksiin, juhliin, häihin tai uskonnollisiin riitteihin tai rituaaleihin. Kaikki sukulaiset hylkäsivät heidät täysin. Lähitaloissa vieraillessaan nämä eivät edes vilkaisseet Idamannelin suuntaan. Mikäli sukulaiset joutuivat tulemaan merenrantaan lähelle Idamannelia suorittamaan riittejä esi-isille, he lähtivät paikalta heti uhrauksensa suoritettuaan. Kohtelu tuntui kovalta ja lisäsi painetta perheen jo ennestään raskaaseen henkiseen taakkaan.

Kuusitoista päivää Subhaganin kuoleman jälkeen, kun *bhava darshania* jatkettiin jälleen, Sugunanandan lähestyi raskain sydämin Ammaa. Hän valitti, ettei Amma ollut pelastanut hänen rakasta poikaansa kauhistuttavalta kuolemalta ja purskahti itkuun. Amma lohdutti häntä: "Älä ole huolissasi. Sairauksien rasittama poikasi syntyy oppilaaksi samaan taloon kolme vuotta myöhemmin." Parin vuoden kuluttua vanhin tytär Kasturi meni naimisiin. Hänen tultuaan raskaaksi ensimmäistä kertaa Amma antoi lapselle nimeksi 'Shiva' tämän ollessa vielä kohdussa.

Koska Amma oli antanut tulevalle lapselle miehen nimen, perhe oli varma, että kyseessä olisi poika, ja niin olikin. Hänen syntymänsä jälkeen Amma sanoi kerran: "Subhaganin kuoltua hänen sielunsa on koko ajan ollut tämän ashramin ilmapiirissä, nyt siis jo kolmen vuoden ajan. Hän on kuunnellut uskonnollisia lauluja ja vedisiä mantroja, niinpä hänen annettiin syntyä 'Shivaksi' tähän samaan taloon." Shiva on tänä päivänä älykäs nuori poika, pikkulapsesta lähtien hän on kenenkään kehottamatta lausunut pyhää *om*-mantraa ja istunut meditoimassa.

Vastustajat yrittävät jälleen

Devi bhavan alkamisen jälkeen Amman vastustajista tuli, jos mahdollista, entistäkin julkeampia ja vihamielisempiä. Tiedotusvälineitä käyttäen he yrittivät saada ihmisiä ajattelemaan, että Amma on mielisairas ja että *bhava darshan* on petosta. Heidän itsepintaisuutensa oli suoranainen ihme. Mutta mitä enemmän he yrittivät, sitä pahemmin he epäonnistuivat.

Eräänä iltana vastustajat päättivät turvautua jälleen vanhaan, aiemmin epäonnistuneeseen taktiikkaansa. He aikoivat käydä käsiksi Ammaan *darshanin* aikana nöyryyttääkseen siten häntä ja tehdäkseen pilkkaa jumalallisesta voimasta. Kaksi ryhmän pahinta räyhääjää saapui tapahtumapaikalle humalapäissään innokkaina aiheuttamaan ongelmia pyhäkössä. He asettuivat oppilaiden joukkoon jonottamaan temppeliin pääsyä.

Äiti oli jo istuutunut aloittaakseen *Devi bhavan*, hän huomautti muutamille lähellä alttaria istuville oppilaille: "Katsokaa, Amma näyttää teille jotakin hauskaa." Näin sanottuaan hän kohdisti humalaisille hurmaavan hymyn. Miehet olivat jo pyhäkön oviaukossa, mutta etumaisena oleva ei liikahtanutkaan siitä eteenpäin. Hän ei pystynyt ottamaan askeltakaan, vaan seisoi siinä halvaantuneena. Välittömästi hänen takanaan oleva kumppani raivostui ja kysyi kovalla äänellä, miksi tämä ei mennyt sisään. "Etkö näe kuinka monta ihmistä seisoo jo temppelin sisäpuolella edelläni", ensimmäinen tiuskaisi. Toinen huusi: "Sinä olet seisonut siinä kuin puupölkky jo pitkän aikaa! Onko tuo tyttö hypnotisoinut sinutkin?" Kiivas sananvaihto muuttui saman tien hurjaksi tappeluksi, ja rähinöitsijät lähtivät Idamannelista, niin kuin Amma oli ennustanut.

Kuten mainittu, noihin aikoihin jotkut perheelliset oppilaat kutsuivat Amman kotiinsa suorittamaan jumalanpalveluksen ja laulamaan antaumuksellisia lauluja. Ihmisten saatua tietää Amman vierailevan jossakin tietyssä talossa sinne kerääntyivät myös hänen vastustajansa. Eräänä kauniina iltana Amma vieraili Panmanan kylässä sijaitsevassa talossa suunnilleen kahdenkymmenen kilometrin päässä Parayakadavusta. Tämän perheen jäsenet olivat jo pitkään kärsineet erilaisista fyysisistä ja henkisistä vaivoista saamatta niihin mistään apua, turhaan he olivat myös vedonneet jumaliin ja jumalattariin suorittamalla erilaisia *pujia*, palvontamenoja. Kuultuaan Ammasta he olivat osallistuneet *bhava darshaniin* ja anoneet apua häneltä. Myötätuntoinen Amma suostui lähtemään heidän kotiinsa suorittamaan tietyn pujan poistaakseen siten heidän ongelmansa. Kävi ilmi, että osa tämän perheen jäsenistä oli jumalanpalvelusta vastaan. He liittoutuivat muiden vastustajien kanssa valmistautuen häiritsemään jumalanpalvelusta. Vierailuiltana eräs perheen miehistä sanoi Ammalle ylimielisesti: "Minä tulen seuraamaan kaikkea tekemisiäsi erittäin tarkkaan ja lopuksi sitten esitän joitakin kysymyksiä." Silloin Amma kysyi häneltä: "Onko tämä 'minä' jotakin, joka on rajattu vain sinun ruumiiseesi? Hallitsetko sinä sitä?"

Kello oli kaksi aamuyöllä Amman valmistellessa *puja*-tarvikkeita. Omahyväisenä aikomuksistaan julistanut mies kellahti yhtäkkiä selälleen tajuttomana, aivan kuin olisi vaipunut syvään uneen. Tämä tapahtui perheen uskonnollisten jäsenten suureksi huojennukseksi. Kun *pujan* viimeinen vaihe oli saatettu päätökseen, kopea mies heräsi hätkähtäen, hän hypähti pystyyn ja huudahti: "Onko jumalanpalvelus ohi? Onko se jo ohi...?"

Amma vastasi: "Kyllä, se on jo päättynyt. Sanoit, että seuraisit kaikkea hyvin tarkkaan. Oletko nähnyt kaiken? Ymmärrätkö nyt, että se mitä kutsumme 'minäksi' ei olekaan hallintamme alainen? Kun nukuit, minne sinun 'minäsi' meni?" Mies kalpeni ja vaikeni pää painuksissa.

Paikalle kerääntyneet vastustajat eivät kuitenkaan lannistuneet yhtä helposti. He alkoivat esittää Ammalle kaikenlaista julkeita ja mielettömiä kysymyksiä. Amma oli iloinen ja häiriintymätön, kuten aina, mutta *pujan* suorittamisessa auttamaan tullut *brahmachari*[36] kyllästyi ja sanoi Ammalle: "Näytä heille jotakin mikä sulkee heidän suunsa. Muuten he eivät lakkaa häiritsemästä."

---

[36] Selibaatissa elävä henkien oppilas.

Yhtäkkiä läheiseltä hautausmaalta nousi ilmaan roihuava tulipallo, tulisäteet säkenöivät siitä tanssien tämän hurjan taivaankappaleen ympärillä. Nyt oli Amman vuoro koetella mykistyneitä häiriköitä: "Ehdotan, että ne teistä, joilla on riittävästi rohkeutta, ettekö kävelisi hautausmaalle ja takaisin?" Mutta yksikään siitä joukosta ei astunut esiin vastaamaan haasteeseen. Eikä aikaakaan, kun pelästyneiksi pojiksi muuttuneet miehet perääntyivät ja pakenivat.

Vastaavanlaista tapahtui 1980 Srimati Indiran kotona Karunagapallyn kaupungissa kymmenen kilometrin päässä Vallickavusta, joka puolestaan sijaitsee mantereella. Indira oli harras oppilas, ja oli kutsunut Amman vierailemaan kotiinsa pyhittämään sen läsnäolollaan. Tavoilleen uskollisena paikalle saapui myös joukko häiritsijöitä. Talon väki pelästyi nähdessään heidät, sillä tuon joukon maine oli kaikkien tiedossa. Ammaa rukoiltiin karkottamaan nuo uskonnon pilkkaajat.

Amma vaipui meditaatioon. Kaikkien suureksi hämmästykseksi paikalle ilmestyi muutaman hetken kuluttua loistavasti säteilevä pallo ympärillään monta kirkasta valoa kuin pieniä lamppuja. Pallo oli ilmaantunut talon pohjoispuolelle ja alkoi liikkua läpi huoneiston etelän suuntaan ja poistui etuoven lävitse. Oppilaat olivat täynnä ihmetystä ja kunnioitusta ja toistivat Amman nimeä. Hitaasti pallo kiersi ensin eteläpihalla kasvavan pyhän *bilvapuun* (aegle marmelos) ja kohosi sitten yhä korkeammalle ja korkeammalle kadoten lopulta kaukaisuuteen. Hämmästyneinä ja pelästyneinä epäilijät lähtivät talosta, eikä kukaan heistä enää koskaan palannut häiritsemään Amman antaumuksellista laulua. Itse asiassa, tämän tapahtuman jälkeen, moni heistä kääntyi Amman oppilaaksi.

Musta magia epäonnistuu

Edellä mainitun Srimati Indiran talon lähellä asui eräs omahyväinen noita. Joku oli kertonut hänelle nuoresta Parayakadavun tytöstä, joka joutui kolmena iltana viikossa Krishnan ja Devin valtaan.

Musta maagikko kerskui lopettavansa äkkiä tuollaisen valtaan joutumisen. "Halkaisen kookoslehden pääruodun toistaen samalla tiettyjä mantroja, niin jumalan ja jumalattaren vierailut loppuvat välittömästi hänen ruumiissaan", hän julisti.

Ja niin noita tuli eräänä päivänä Idamanneliin, mutta yrittipä hän mitä tahansa, mitkään hänen loitsuistaan eivät tuottaneet toivottua tulosta ja hänen täytyi lähteä saatuaan maistaa omaa egoaan. Silti hän jatkoi sinnikkäästi Ammaa vastaan suunnattua magiaansa. Useita kertoja hän lähetti Ammalle pahoilla mantroilla kyllästämäänsä tuhkaa, mutta aina tuloksetta. Ennen pitkää hän menetti järkensä ja kykeni enää vain kerjäämään. Entinen kuuluisa noita vain hoki hokemistaan: "Anna minulle kymmenen paisea, anna minulle kymmenen paisea..."

Arickalin kylässä, joka sijaitsee samalla niemimaalla kuin Amman kotikylä, asui eräs pappi. Hän oli erään temppelin pappi, mutta hänet tunnettiin sen lisäksi noitana, joka oli erityisen tehokas ajamaan pois pahoja henkiä ja henkiolentoja, jotka olivat ottaneet viattomia ihmisiä valtaansa. Erittäin karsaasti Ammaan suhtautunut vanhempi nainen meni salavihkaa kyseisen papin puheille. Hän halusi tämän käyttävän voimiaan saadakseen Amman romahtamaan henkisesti ja hänen jumalalliset mielentilansa loppumaan. Manausta varten nainen kirjoitti Amman nimen ja syntymätähden paperilappuselle ja antoi sen papille.

Samaan aikaan eräs Amman naispuolisista oppilaista sai unessa viestin, että hänen tulisi mennä seuraavana päivänä rukoilemaan tiettyyn temppeliin. Nainen tuli Amman luo ja kertoi unesta. Amma sanoi: "Mene sinne ja tule takaisin. sitten ymmärrät unen merkityksen."

Amman kehotuksesta nainen meni unessa osoitettuun temppeliin tietämättä, että temppelin pappia oli suostuteltu käyttämään mustaa magiaa Ammaa vastaan. Rukoiltuaan nainen meni tapaamaan pappia keskustellakseen tämän kanssa. Nähdessään hänet pappi nousi kohteliaasti vuoteeltaan, jolla oli istunut. Kääriessään patjaansa kokoon hän sanoi: "Ole hyvä ja istuudu." Samassa lattialle, oppilaan eteen putosi paperilappunen. Nostaessaan sen ylös hän näki siinä Amman nimen ja syntymätähden. Hän ymmärsi välittömästi mitä paperi, ja hänen näkemänsä uni noitapapista tarkoitti. Hän alkoi lyödä rintakehäänsä sanoen: "Mitä sinä olet tehnyt? Oletko tehnyt jotakin Ammaa vastaan? Jos olet, hän ei elä enää!" Sitten hän purskahti itkuun. Pappi selitti: "Ei, ei, en ole tehnyt mitään. Eräs vanha nainen tuli eilen tänne jankuttaen kaiken aikaa, että minun tulisi tuhota se paikka. Vain saadakseni hänet lähtemään otin tämän muistilapun ja pidin sen täällä."

Nähdessään papin vilpittömyyden nainen rauhoittui ja sanoi tälle: "Pyydän, että tulet itse katsomaan, mitä siellä tapahtuu. Sitten ymmärrät totuuden asiasta." Pappi suostui ja sanoi tulevansa pian tutustumaan tilaisuuteen.

Lupauksensa mukaisesti hän saapui Idamanneliin *bhava darshaniin*. Kuullessaan kuuluisan papin saapumisesta suuri joukko seuraajia ja vastustajia kokoontui hyvin erilaisin odotuksin saadakseen seurata noidan ja Amman tapaamista. Vastustajat sanoivat: "Tämä pappi on suuri maagikko. Hän panee pisteen kaikelle sille mitä täällä tapahtuu." Oppilaat taas olivat vahvan luottamuksen vallassa: "Hän ei tule tekemään mitään."

Pappi oli tullut erään vanhemman naisen seurassa ja antoi tälle riisihiutalepaketin, jotta tämä pitäisi sitä sen aikaa, kun hän itse kävisi temppelissä. Pappi oli jo päättänyt, että hänestä tulisi Amman oppilas, mikäli tämä kykenisi todistamaan olevansa jumalallinen olento. Amma oli Krishnan mielentilassa. Hän antoi miehelle kourallisen pyhää tuhkaa ja sanoi: "Etkö olekin täällä toistaaksesi tätä mantraa?", ja lausui vain papin tiedossa olleen mantran. Pappi hämmästyi. Amma jatkoi: "Etkö sinä olekin Hanumanin[37] palvoja? Älä lausu pahoja mantroja samalla kielellä, jota käytät hänen nimensä lausumiseen." Pappi seisoi sanattomana. Kukaan koko maailmassa ei tiennyt, että hänen *upasana murthinsa,* hänen rakastamansa jumaluus oli Hanuman. Amma oli juuri paljastanut

---

[37] Hanuman on apinakasvoinen jumala, ihanteellisen oppilaan esikuva.

hänen elämänsä suurimman salaisuuden, mutta hän ei ollut vielä lopettanut: "Etkö olekin pyytänyt tuota ulkopuolella seisovaa naista pitelemään riisihiutalepakettia. Kuchela[38] meni Krishnan luo tuoden uhrilahjaksi riisihiutaleita. Etkö sinäkin ole tuonut samanlaisen uhrilahjan? Kuchela antoi kuitenkin riisihiutaleet Krishnalle luopumisen ja totuuden symbolina. Herra ei piitannut, vaikka riisi oli täynnä kiviä ja hiekkaa. Hän näki vain Kuchelan puhtaan antaumuksen ja avoimen sydämen. Siinä ei ollut kiviä eikä hiekkaa. Se oli jumalten ruokaa. Sen takia Herra söi riisin. Miksi lainasit raa'an riisin naapuriltasi? Miksi riisin hakattuasi sekoitit siihen kiviä ja hiekkaa ja toit sen sitten tänne?"

Pappi oli hämmästynyt. Kuullessaan kaiken tekemänsä Amman suusta pienimpiä yksityiskohtia myöten hän purskahti itkuun. Syvästi katuen hän pyysi anteeksi pahoja tekojaan. Siitä päivästä lähtien hänestä tuli Amman vilpitön seuraaja.

Vastustajien uusia edesottamuksia

Amman toimintaa vastustava liike yritti kehitellä aina vain kierompia suunnitelmia häntä vastaan. He yrittivät vaikuttaa korkeisiin poliisiviranomaisiin ja valtion virkailijoihin, jotta nämä ryhtyisivät pyhien tilaisuuksien vastaisiin toimenpiteisiin. Nämä yritykset johtivatkin useisiin tutkimuksiin, sekä julkisiin että salaisiin, mutta ainoa näkyvä tulos niistä oli, että useista tutkijoista tuli oppilaita.

Eräänä iltana *Devi bhavan* aikana häiritsemään tulleet vaativat, että antaumuksellisia lauluja laulavan tytön tulisi lopettaa laulaminen. Tyttö vastasi: "Minä laulan, uskon Ammaan." Tästä sukeutui sanaharkka, joka kärjistyi oppilaiden ja häiritsijöiden väliseksi riidaksi. Lopulta Sugunanandan tuli paikalle ja ajoi riidan haastajat pois.

---

[38] Kuchela oli Krishnan harras palvoja, jonka tarina on kerrottu Srimad Bhagavatamissa.

Pian heidän lähdettyään Amma kutsui isänsä luokseen ja varoitti: "Meistä on jätetty tutkimuspyyntö. Minä tulen olemaan ensimmäinen vastaaja ja sinä toinen. Sinun pitää mennä etukäteen selostamaan viranomaisille todellinen tilanne." Mutta isä intti vastaan: "Ei meitä vastaan nosteta juttua, ei poliisi tänne tule." Amman jatkuvasti vaatiessa Sugunanandan kuitenkin meni poliisiasemalle. Hän havaitsi Amman olleen aivan oikeassa. Niinpä hän sitten selosti tilanteen viranomaisille selkeästi ja vilpittömästi: "Me emme petkuta ketään. On totta, että tyttäreni ilmentää jumalallisia mielentiloja. Vain tulemalla itse paikalle pääsette perille siitä, mikä on totta tässä asiassa. Oppilaat tulevat ja laulavat antaumuksellisia lauluja. Siinä ei ole mitään väärää. Julkisesta vesihanasta otettu vesi ja Oachirasta ostettu tuhka ovat ainoat aineet, joita jaetaan *prasadina,* Jumalan siunaamana uhrilahjana. Emme materialisoi kukkia taivaasta. Uhraamme puista ja pensaista poimittuja kukkia. Jumalallisista mielentiloista ei ilmoiteta julkisesti. Ihmiset tulevat kuultuaan niiltä, jotka ovat aiemmin kokeneet *bhava darshanin.* Sitä paitsi tämä tapahtuu minun talossani. Se ei ole kenenkään toisen omaisuutta. Häiritsijät tulevat talooni tappelemaan ja haastamaan riitaa. Onko tämä oikein? Sen vuoksi pyydän teitä suojelemaan meitä heidän häiriköinniltään!"

Kuultuaan Sugunanandanin selostuksen ja nähtyään hänen ilmiselvän vilpittömyytensä viranomaisilla ei ollut enää mitään huomautettavaa. Aiheeton tutkimuspyyntö peruutettiin. Vastustajat olivat raivoissaan, kostoksi he kehittelivät katalan suunnitelman. Tuohon aikaan Ammalla oli tapana *bhava darshanin* yhteydessä tulla ulos temppelistä heti ilmaistuaan ykseytensä Devin kanssa ja tanssia autuaallisessa tilassa. Eräänä iltana vastustajat tulivat Idamanneliin mukanaan korillinen myrkyllisiä piikkejä. Piikit olivat teräviä ja niin myrkyllisiä että mikäli yksikin läpäisisi jalkapohjan ihminen kaatuisi tajuttomana maahan.

Piikit oli uskottu ryhmälle lapsia. Heitä oli neuvottu levittämään ne paikalle, missä Ammalla oli tapana tanssia. Tämä tuli tehdä *deeparadhanan* aikana, jolloin Amman edessä heilutetaan palavaa kamferia hänen istuessaan temppelissä Devinä. Tällöin kaikkien huomio olisi Ammassa ja piikkejä sirottelevat lapset jäisivät vaille huomiota, ja niin tapahtuikin.

Amman tullessa ulos temppelistä hän kertoi oppilaille, mitä oli tapahtunut ja varoitti heitä liikkumasta paikaltaan. Sen sanottuaan hän aloitti haltioituneen tanssinsa kohottaen käsissään miekkaa ja kolmikärkeä. Tuo näky herätti aina innostusta ja kunnioitusta, oppilaista tuntui kuin itse Äiti Kali, pahuuden tuhoaja, olisi tanssinut heidän edessään. Amma tanssi ensin temppelin edessä kuistilla. Silloin miekka katkaisi yhtäkkiä narun, jonka varaan seinällä olevat kuvat oli kiinnitetty. Ne romahtivat alas, ja särkyvä lasi levisi ympäri kuistia. Amma jatkoi tanssia polkien rikkoontunutta lasia kuin kukan terälehtiä.

Ammaa vahingoittamaan tulleet, olivat näkemästään ihmeissään, mutta odottivat kuitenkin toiveikkaina saavansa pian nähdä hänen jalkojensa vuotavan verta myrkyllisten piikkien pistoksista. He uskoivat Amman tuupertuvan heidän silmiensä edessä maahan sietämättömän tuskan raastamana.

Samassa Amma jo astuikin alas piikkien levitysalueelle. Hän veti miekkansa kärjellä viivan sen ympärille ja kielsi ketään astumasta viivan yli. Sen jälkeen hän astui itse viivan yli ja tanssi pitkään myrkyllisiä piikkejä polkien. Vastustajat eivät voineet uskoa silmiään. Tämä veret seisauttava näky pelästytti heidät perinpohjin, ja he lähtivät kiireesti paikalta.

Sugunanandanin tajuttua, mitä oli tapahtumassa, hän alkoi hädissään ryntäillä sinne tänne huolestuneena tyttärensä jaloista ja kiiruhti hakemaan lääkettä niihin tulleiden haavojen hoitamista varten. Mutta hänen suureksi hämmästyksekseen Amman jaloista ei löytynyt ainoatakaan naarmua tai pistoa.

Vaikka vastustajat joutuivat omin silmin todistamaan useita tällaisia ihmeitä, he eivät siltikään pystyneet luopumaan Ammaa kohtaan tuntemastaan kateudesta ja vihamielisyydestä. Monille kyläläisille ja oppilaille nämä ainutlaatuiset tapahtumat Amman ympärillä olivat jatkuva ihmetyksen aihe. Mutta pysyvästi korkeimmassa todellisuudessa elävälle Ammalle tämä oli lasten leikkiä.

Kun jotkut oppilaat tulivat hänen luokseen syvästi masentuneina johtuen siitä loputtomasta kiusanteosta, jota epäoikeudenmukaiset vastustajat kohdistivat heidän rakkaaseen Ammaansa, hän sanoi: "Lapset, ei ole olemassa maailmaa ilman vastakohtia. Meidän ei tulisi häiriintyä tällaisesta. Amman oppilaita on eri puolilla maailmaa. He eivät tule antamaan tällaisen toiminnan harhauttaa itseään."

Amma kehotti oppilaita ja oman perheensä jäseniä olemaan rauhallisia ja kärsivällisiä. He seurasivat Amman ohjeita ehdoitta ja sietivät vaieten vastustajien tyrmistyttävät edesottamukset.

Eräitä uskonnonvastaisen ryhmän nuoria jäseniä tuli jälleen kerran Idamanneliin ilkein aikein. He olivat päättäneet jäljitellä Amman tanssia pyhän tilaisuuden aikana tehdäkseen siten pilkkaa hänestä. Heidän saapuessaan *darshan* oli jo alkanut. Amma vastaanotti rakkaudella oppilaita kunkin vuorollaan. Nuorukaisten ilmaannuttua hän kutsui muutamia oppilaitaan luokseen ja kertoi näille nuorten miesten aikomuksesta matkia hänen tanssiaan. Hän kielsi vahingoittamasta noita ilveilemään tulleita ja annettuaan oppilaille toimintaohjeet hän lähetti heidät ulos. Oppilaat odottivat valppaina, jonkin ajan kuluttua yksi nuorukaisista aloitti esityksen. Hän yritti matkia tiettyjä eleitä, joita Amma ilmensi jumalallisen mielentilan aikana. Varuillaan olleet oppilaat ympäröivät temppuilijan ja alkoivat kuulustella häntä. Kykenemättä puolustautumaan nuorukainen pelästyi ymmärtäessään tekonsa vakavuuden. Hänen aateveljensä pakenivat kiireen vilkkaa jättäen pojan pinteeseen. Tämä juoksi hämmennyksissään sinne tänne ja hyppäsi lopulta takaveteen. Oppilaat auttoivat hänet sieltä ylös ja varoittivat vakavasti toistamasta typerää tekoaan ja lähettivät hänet matkoihinsa.

Sitten vastustajat kehittelivät epätoivoissaan uuden kylmäverisen ja karmean suunnitelman. He palkkasivat salamurhaajan, jonka tuli mennä temppeliin ja pistää Amma kuoliaaksi *bhava darshanin* aikana. Mies saapui temppeliin puukko vaatteittensa alla. Nähdessään hänet Amma hymyili hänelle säteilevästi ja jatkoi oppilaiden vastaanottamista. Tuolla hymyllä oli ihmeellinen vaikutus mieheen, hän järkiintyi täydellisesti ja tajusi olleensa syyllistymässä kohtalokkaaseen virheeseen. Amman jalkojen juureen langeten hän anoi tältä anteeksiantoa. Temppelistä lähtiessään hän oli täysin muuttunut. Miehessä tapahtuneen hätkähdyttävän muutoksen havaitessaan hänen konnamaiset palkkaajansa tivasivat, oliko Amma hypnotisoinut hänetkin. Mies vain hymyili, hänestä oli tullut Amman innokas oppilas.

Vastustajia oli kuitenkin noihin aikoihin vielä paljon, ja he olivat niin aktiivisia, että Amman oli miltei mahdotonta liikkua kylällä joutumatta karkean pilkan kohteeksi. Häiriköitä vetelehti tien vierillä ilkkumassa häntä. Eikä ahdistelu jäänyt pelkästään sanalliseksi, vaan ilkivallan harjoittajat saattoivat puihin ja pensaisiin piiloutuneina heitellä Ammaa kivillä. Jopa kylän lapsiakin yllytettiin mukaan tuollaisiin ilkitöihin. Kiusanteko ei myöskään rajoittunut vain Ammaan, vaan koko perhe joutui kieroutuneen huvittelun uhriksi. Kenet tahansa perheenjäsenistä irvailijat sitten näkivätkin, he huutelivat: "Katsokaa, Krishna on tulossa, Krishna on tulossa!"

Mikäli vastustajilla ei ollut muita suunnitelmia illaksi, he tulivat temppeliin esittämään perättömiä väitteitään toivoen voivansa paljastaa Amman huijariksi. Eräskin mies tuli hänen luokseen sanoen olevansa sokea. Amma sohaisi välittömästi etusormellaan aivan kuin aikoen kaivaa häneltä silmän ulos. Mies hypähti taaksepäin huudahtaen: "Ai!" Näin Amma paljasti huijariksi miehen, joka oli tullut osoittaakseen hänet huijariksi.

Kerran taas joku nuori mies tuli Amman luo valittaen kovaa kipua käsivarressaan. Amma pyysi lähellä seissyttä *brahmacharia* hieromaan miehen käsivartta. Heti tämän kosketettua kyseistä kohtaa siinä alkoi sietämätön kivistys. Kykenemättä kestämään tuota raastavaa kipua mies pyysi anteeksi lapsellista pelleilyään. Vilpillisin aikein Amman luo tulleet paljastuivat vääjäämättä.

"Tänään vihollinen, huomenna ystävä"

Sugunanandan kyllästyi kuuntelemaan vastustajien jatkuvaa hölynpölyä ja katselemaan heidän katalia tekojaan. Eräänä iltana *Devi bhavan* aikana hän lähestyi Ammaa turhautuneena ja sanoi: "Tällaistako Jumala tahtoo antaa minulle? Ihmiset väittävät minua oman poikani murhaajaksi! En voi kävellä kylän poikki kuulematta jatkuvaa syyttelyä. Tämä on kurjaa! Devin pitäisi rangaista pahantekijöitä!"

Amma vastasi: "Odota ja katso. Tämän päivän vihollinen on huomenna ystävä. Ketä minun pitäisi rangaista? Ne jotka vastustavat sinua tänään, menevät tyttäriesi kanssa naimisiin huomenna. Lohduta itseäsi ajattelemalla, että kaikki tapahtuu Jumalan tahdon mukaisesti. Vaikka oma poikasi on mennyt, sinulle tulee huomenna tuhansia poikia." Myös Damayanthi suri jatkuvasti poikansa kuolemaa. Amma sanoi hänelle: "Älä ole murheissasi. Tulevaisuudessa tänne tulee paljon lapsia eri puolilta maailmaa. Rakasta heitä omina lapsinasi."

Amma omisti päivänsä ja yönsä lohdutuksen ja avun antamiseen oppilaille, mutta häneltä löytyi silti myös aina aikaa vaikeaan elämänvaiheeseen joutuneille perheenjäsenilleen. Siitä huolimatta että hän kykeni auttamaan tuhansia oppilaitaan ja omia vanhempiaan poikkeamatta vähimmässäkään määrin totuuden ja oikeudenmukaisuuden polulta, hän oli ulkonaisesti kuin kuka tahansa kylänsä neidoista. Hänen asenteensa perhettään kohtaan ja se tapa, miten hän huolehti heistä oli innoituksen lähde perheellisille oppilaille. Amma olikin ihanteellinen esimerkki siitä, kuinka samaan aikaan on mahdollista olla henkinen, pysyä puhtaana ja vapaana ja täyttää silti velvollisuutensa perhettään kohtaan.

Vaikka Sugunanandan tekikin kalakauppoja, se ei ollut kovin tuottoisaa. Lopulta hänen oli lopetettava liiketoimensa, kun *Bhava darshan* alkoi tuoda yhä suurempia määriä ihmisiä eri puolilta maata hänen taloonsa. Hän ei kyennyt enää keskittymään liiketoimiinsa johtuen kyläläisten vastustuksesta ja muista ongelmista, jotka olivat nousseet esiin *Bhava darshanin* takia. Hän joutui viettämään kaiken aikansa Idamannelissa. Sen lisäksi hänellä oli kolme tytärtä, jotka oli saatava naimisiin. Näytti tosin siltä, ettei hän juurikaan kantanut huolta asiasta. Aika ajoin joku perheenjäsenistä sairastui ja tarvitsi lääkärinhoitoa. Ei ehkä ihme, että Sugunanandan itsekin kaiken paineen ja rasitusten keskellä sairastui ja joutui sairaalaan vuoden 1979 alussa ja myöhemmin leikkaukseen. Sairaala oli Kollamissa, 35 kilometriä Vallickavusta etelään. Ei ollut sukulaisia, jotka olisivat auttaneet kotitöissä tai huolehtineet Sugunanandanista sairaalassa. Koko suku oli kääntänyt selkänsä hänelle. Kasturin työpaikka oli kaukana. Damayanthi oli vuoteenomana reuman takia. Pojat olivat joko liian nuoria tai kävivät vielä koulua. Kotitöiden koko taakka jäi taas Amman kannettavaksi.

Darshan-päivinä oppilaita alkoi saapua jo iltapäivällä kello yhdestä lähtien. Neljän aikoihin Amma istuutui laulamaan antaumuksellisia lauluja, ja sitten seurasi *bhava darshan*. Se saattoi venyä kahdeksaan tai yhdeksään seuraavana aamuna, sillä Amma ei liikahtanut paikaltaan temppelissä, ennen kuin oli vastaanottanut jokaisen paikalle tulleen. Kaiken tämän keskellä hän antoi vielä ohjeita hänen neuvojaan pyytämään tulleille henkisille etsijöille. *Darshanin* jälkeen Amma piti huolen taloustöistä, aivan niin kuin oli tehnyt jo vuosia aiemminkin. Hän myös huolehti nuoremmat valmiiksi kouluun lähtöä varten. Kun kotityöt oli tehty, hän meni Kollamiin vieden ruokaa ja muita tarvikkeita Sugunanandanille sairaalaan. Hän piti isästään hyvää huolta ja palveli häntä tunnollisesti koko tämän sairauden ajan.

Vastustajat eivät lyöneet tilaisuutta laimin. Amman kulkiessa kylän poikki matkallaan Kollamiin he pilkkasivat ja heittelivät häntä kivillä ja huusivat: "Krishna, Krishna..." Amma sieti sanaakaan sanomatta heidän kieroutunutta käytöstään ajatellen: "Tällä tavoin he ainakin toistavat Jumalan nimeä." Kerran yksi ilkimyksistä yritti käydä käsiksi Ammaan, mutta hypätessään eteenpäin saadakseen Ammasta otteen hän liukastui ja putosi tien vierellä olevaan ojaan.

Sugunanandanin terveys palasi vähitellen, mutta kun hän pääsi sairaalasta, sinne joutui Damayanthin ja pian sen jälkeen Suresh. Koko tämän ajan Amma huolehti niin kotitöistä kuin sairaalaan joutuneista perheenjäsenistäänkin.

Perheessä vallitsi kaaos ja hämmennys, mutta tilanteesta riippumatta Amma toimi jatkuvasti tukipilarina. Hän oli aina tyyni ja myötätuntoinen. Subhaganin itsemurhan aiheuttama kuohunta, sukulaisten irtisanoutuminen kaikesta kanssakäymisestä, vastustajien hyökkäykset, tuhansien oppilaiden kerääntyminen *bhava darshaniin* ja talossa olleet kolme naimatonta tytärtä, ihmekös tuo, ettei juurikaan ilmennyt innostusta luoda aviosuhdetta tällaiseen perheeseen. Mikäli joku jostakin kauempaa saapui avioliittotarjouksineen, ennen kuin hän ehti Idamanneliin, oli joku kyläläisistä jo ehtinyt varoittaa tekemästä tarjousta. Moni sulhasehdokas olikin kääntynyt saman tien takaisin.

Ja niin Sugunanandan kääntyi jälleen Amman puoleen ja sanoi: "Olen menettänyt kunniani *bhava darshanin* takia, en voi edes näyttää kasvojani Idamannelin ulkopuolella. Kyläläiset ja sukulaiset vihaavat minua ja tyttäreni pysyvät naimattomina. Mitä minun pitäisi tehdä?"

Amma vastasi: "*Bhava darshan* ei aiheuta epäonneasi. Kaikki etenee jumalallisen tahdon mukaisesti. Kaikki tulee tapahtumaan oikeaan aikaan. Sinun ei tarvitse huolehtia." Tällä kertaa Sugunanandan ei ollut lohdutettavissa. Hän huusi vihaisesti: "Juon myrkkyä ja kuolen!" Tämän kuultuaan Amma kääntyi Devin kuvan puoleen ja kysyi kyynelsilmin: "Oi myötätuntoinen Äiti, tuotanko minä vain surua näille ihmisille?"

Ei ollut harvinaista, että Amma päätti lähteä Idamannelista ja alkoi jo jopa valmistella lähtöään. Mutta aina se estyi mystisellä tavalla.

Tilanne alkoi kuitenkin muuttua. Kun Sugunanandan jälleen kerran purki Ammalle huoliaan hän sai vastauksen: "Älä ole huolissasi. Tyttäriesi naimisiinmeno tulee tapahtumaan suuremmitta viivytyksittä."

Amman sanat toteutuivat kuukauden sisällä. Sugunamma sai avioliittotarjouksen täysin odottamattomalta taholta, perheeltä, joka vastusti Ammaa henkeen ja vereen. Sulhasehdokas oli vastustusliikkeen sisäpiirin johtajia. Kuvaavaa kyllä, avioliiton tultua sovituksi, Sugunanandan jättäytyi syrjään asioiden hoidosta. Vihkiäisten järjestäminen lankesi Ammalle. Mutta mikään ei pystynyt hämmentämään täydelliseen tyyneyden tilaan vakiintuneen Amman tasapainoa, aloitekykyä ja tehokkuutta. Avioliittoseremonia sujui hyvin, siitä huolimatta että Sugunanandan vain seisoskeli käytävillä seurailemassa asioitten kulkua.

Amman sanat: "Tämän päivän vihollinen on huomisen ystävä" olivat käyneet toteen. Samoin kävi toisenkin tyttären avioliiton kohdalla.

Malayalamin kielessä on sanonta, "Talon edustalla kasvavalla jasmiinilla ei ole tuoksua." Se tarkoittaa, että jos ihmisestä tulee suuri ja kuuluisa, hänen oma yhteisönsä ei anna sille arvoa. Monet suuret sielut ovat joutuneet toteamaan tämän sananparren todeksi. Amma on sanonut: "Jos joku esimerkiksi kuuntelee kaunista laulua radiosta, hän nauttii laulun suloisesta melodiasta. Mutta kun hänen hyvä ystävänsä tulee huoneeseen ja sanoo: 'Tiedätkö, kuka tuo laulaja on? Se on meidän naapurimme Shankar," laulua kuunnellut napsauttaa radion kiinni välittömästi ja sanoo: 'Minkälainen laulaja! Kauheaa!' Lapset, tällaista on ihmisten asennoituminen. Heidän on vaikea arvostaa henkilöä, jonka ovat tunteneet aina ja jonka kanssa ovat olleet läheisesti tekemisissä." Näin tapahtui Ammankin kohdalla.

Ammaa ympäröivä ilmapiiri oli kaukana ystävällisestä. Tätä nuorta kalastajakylän tyttöä ei tukenut juuri kukaan. Koska oppilaat olivat suurelta osin eri puolilta maata, heillä oli hyvin vähän mahdollisuuksia vaikuttaa Ammaa piinaaviin tietämättömiin ja sivistymättömiin kyläläisiin. Sitä paitsi suurin osa oppilaistakin uskoi hänen joutuvan Krishnan ja Devin valtaan vain *bhava darshanin* aikana. He eivät kyenneet ymmärtämään miten syvää ja täydellistä Amman Jumaltietoisuudessa eläminen oli. Eikä siinä kaikki, suurin osa oppilaista saapui noina päivinä ensisijaisesti maallisten tavoitteiden takia, eivät kehittyäkseen henkisesti. Mikäli heidän toiveensa täyttyi, he tulivat uudelleen halutessaan taas jotakin uutta. Ellei jonkun toive toteutunut, hän ei tullut koskaan uudelleen ja antaumus Ammaa kohtaan loppui siihen. Amma ei omistanut pienintääkään maatilkkua sen paremmin kuin rahaakaan. Hänen oma sukunsa ei tukenut häntä, vaan vastusti henkeen ja vereen. Myös perhe vastusti kaikin tavoin hänen pyrkimyksiään, sen sijaan että olisi auttanut tai rohkaissut häntä.

Kerran eräät oppilaat hämmästelivät Ammalle niitä valtavia koettelemuksia ja vaikeuksia, joita hän joutui kestämään niin *sadhana*päivinä kuin muulloinkin. He ihmettelivät, miten he itse koskaan kykenisivät saavuttamaan oivallusta, jos heidän pitäisi kohdata niin paljon kärsimystä. Amma tähdensi heille, että Jumalan oivaltaminen oli mahdollista kaikkein vaikeimmissakin olosuhteissa.

Lukijoita kiinnostanee, miten Amma pystyi synnyttämään ashramin, keskellä tätä raivoavaa myrskyä. Se selviää seuraavassa luvussa.

Kymmenes luku

Kuolemattoman Autuuden Äiti

Ymmärrä aina, että Amma on kaikkialla läsnäoleva. Säilytä aina tietoisuus, että Amman Itse ja sinun Itsesi ovat yhtä. Lapset, teidät synnyttänyt äiti saattaa pitää huolta tähän elämään liittyvistä asioistanne; nykyaikana jopa tämä on hyvin harvinaista. Mutta Amman päämääränä sen sijaan on johdattaa teitä siten, että voitte nauttia autuudesta kaikissa tulevissa elämissänne.

– Amma

Trailōkya sphuta vaktāro
devādyasura pannagāha
guruvaktra sthitā vidyā
gurubhaktyā tu labhyatye

Gurun viisautta ei voi oppia,
ei edes korkeampien maailmojen jumalilta;
Gurun tieto herää hänessä,
joka palvelee Gurua puhtaimmalla rakkaudella.

– Guru Gita, 22. jae

Joukko nuoria

Lapset, tuulen viileys, kuun säteet, koko avaruus, kaikki
tässä maailmassa on jumalallisen tietoisuuden läpäisemää.
Tästä totuudesta tietoiseksi tuleminen ja sen kokeminen on
ihmiselämän tarkoitus. Tänä pimeyden aikakautena joukko
nuoria, luopuen kaikesta, lähtee liikkeelle levittääkseen
henkistä valoa ympäri maailman.

– Amma

Kun Alappadin kylästä kotoisin oleva kaksikymmentävuotias nuorukainen Unni Krishnan saapui alkuvuodesta 1976 tapaamaan Ammaa, hän oli itse asiassa kiertelevä kerjäläismunkki. Vaikka hänellä oli koti, hän kävi vanhempiensa ja sisarustensa luona melko harvoin. Amman tapaaminen herätti hänessä voimakkaan halun jäädä Amman luo elämään henkistä elämää. Tämän ymmärtäen Amma uskoi vuotta myöhemmin hänen tehtäväkseen päivittäisen jumalanpalveluksen pitämisen temppelissä

171

ja salli hänen oleskella läheisyydessään. Unni Krishnan vietti päivänsä pienessä pyhäkössä suorittaen jumalanpalvelusta ja lausuen *Lalita Sahasranamaa*, tuhatta Jumalallisen Äidin ominaisuuksia kuvaavaa mantraa. Ohjeet hän sai Ammalta. Jäljelle jäävän ajan hän käytti muihin henkisiin harjoituksiin, pyhien tekstien lukemiseen tai antaumuksellisten runojen kirjoittamiseen. Öisin hän nukkui temppelin kuistilla ohut huopa patjanaan. Hän oli niin huomaamaton ja hiljainen, etteivät vierailijat edes huomanneet hänen asuvan siellä. Hänestä oli tullut tulevaisuudessa perustettavan ashramin ensimmäinen vakinainen asukas.

Vuoden 1978 loppuun mennessä ashramin ydinjoukko kasvoi, kun ryhmä hyvin koulutettuja nuoria miehiä luopui omaisuudestaan ja kodistaan etsiytyen Amman jalkojen juureen päämääränään Jumalan oivaltaminen ja ihmiskunnan palveleminen. Amman magneettisen persoonallisuuden ja kaikkia syleilevän rakkauden puoleensa vetämänä nämä nuoret miehet halusivat kaikista vaikeuksista huolimatta ryhtyä elämään Jumalalle omistettua elämää. Useimmat heistä olivat kotoisin Haripadin kaupungista, joka sijaitsee kaksikymmentä kilometriä Vallickavusta pohjoiseen. He olivat ylempään yhteiskuntaluokkaan kuuluvien perheiden kasvatteja. Amman tavattuaan heille syntyi luja luottamus siihen, että hänen viitoittamaansa tietä seuraten hekin voisivat saavuttaa ihmiselämän lopullisen päämäärän.

Kuukauden kuluessa Sreekumar, nykyisin Swami Purnamritananda Puri, Ramesh Rao nykyisin Swami Amritatmananda Puri, Venugopal, nykyisin Swami Pranavamritananda Puri ja Balagopalan eli Balu, nykyisin Swami Amritaswarupananda Puri, tulivat tapaamaan Ammaa ja pyysivät nöyrästi häntä opastamaan heitä heidän valitsemaansa päämäärään. Sugunanandan yritti kuitenkin estää heitä jäämästä pysyvästi Amman läheisyyteen. Tämä johtui lähinnä siitä, että tuolloin kukaan hänen tyttäristään ei ollut vielä avioitunut. Nämä nuoret miehet joko opiskelivat edelleen tai heillä oli jo työpaikka, Balun yliopisto-opinnot olivat juuri päättyneet.

He tulivat tapaamaan Ammaa melkein joka toisena päivänä, vaikka jatkoivatkin samalla velvollisuuksiensa täyttämistä maailmassa.

Useimpien kohdalla äkillinen muutos maailmallisista nuorukaisista Jumalan etsijöiksi sai aikaan hämmennystä heidän perheidensä ja ystäviensä keskuudessa. Heidän näkökulmastaan katsottuna Amma oli noita, joka oli hypnotisoinut nuorukaiset. Aina innokkaina keksimään arvosteltavaa Ammasta uskontoa vastustavat rationalistit tarttuivat tilaisuuteen, he alkoivat syöttää uutisvälineisiin kohujuttuja nostattaakseen yleisen mielipiteen Ammaa vastaan. Oppilaat ja nämä nuoret miehet huolestuivat lehdistössä olleista tekaistuista jutuista. Kun Amma kuuli heitä kalvavasta levottomuudesta, hän purskahti nauruun ja sanoi: "Me emme ole nuo paperille painetut kirjaimet ja sanat. Jatkakaa henkisiä harjoituksianne tuhlaamatta aikaanne tuollaiseen. Ne jotka vastustavat tänään, ryhtyvät oppilaiksi huomenna." Tulevaisuus osoitti Amman sanat todeksi.

Saman vuoden marraskuussa Ammaa tuli tapaamaan Allappeysta, 65 kilometriä Vallickavusta pohjoiseen sijaitsevasta rannikkokaupungista kotoisin oleva bramiininuorukainen Chandru. Tämä ensimmäinen tapaaminen sai aikaan suuren muutoksen hänessä. Siitä lähtien hän tuli tapaamaan Ammaa aina milloin suinkin oli mahdollista. Hänessä kehittyi voimakas halu luopua maallisesta elämästä. Noihin aikoihin Sugunanandanilla oli tapana hätää pois kaikki Amman läheisyyteen hakeutuvat oppilaat. Eräänä iltana Chandrukin sai osansa Sugunanandanin läksytyksestä, hänet komennettiin lähtemään Idamannelista. Kipein sydämin Chandru pyysi Ammaa suosittamaan harjoitusten jatkamiselle sopivaa paikkaa. Amma neuvoi häntä menemään Tamil Nadussa, noin viiden tunnin ajomatkan päässä Madrasista sijaitsevaan Tiruvannamalaihin, suuren pyhimyksen Ramana Maharshin ashramiin.[39] Äiti neuvoi Chandrua harjoittamaan puhepaastoa siellä neljäkymmentäyksi päivää.

<hr>

[39] Ramana Maharshi kuoli jo vuonna 1950, mutta hänen ashraminsa toimii edelleenkin.

Ennen lähtöään Chandru sanoi: "Ammachi, jos Sugunanandan jatkuvasti käyttäytyy näin oppilaita kohtaan, kuinka tästä paikasta voi koskaan kehittyä ashram? Hän on ilkeä niin sinua kuin kaikkia niitä kohtaan, jotka haluavat olla lähelläsi. Amma, miten paljon vääryyttä joudutkaan kokemaan näinä päivinä! En kestä nähdä kärsimyksiäsi! Eikö ole ketään, joka pitäisi sinusta huolta ja huolehtisi tarpeistasi?" Amma lohdutti häntä sanoen: "Älä huolehdi. Kaikki tulee kääntymään hyväksi, kunhan palaat Arunachalasta.[40] Siellä on ihmisiä, jotka tulevat huolehtimaan Ammasta ja tulevaisuuden ashramista. Lapseni, jotka ovat tulleet asumaan sinne muista maista odottavat kärsimättöminä saadakseen tavata minut. Tulee päivä, jolloin Sugunanandan tulee toivottamaan sinut tervetulleeksi kaikella rakkaudella ja kiintymyksellä."

Chandru pyysi Ammalta kelloa voidakseen noudattaa päivittäistä aikatauluaan ja *rudraksha*-helmistä valmistettua rukousnauhaa mantran toistamista varten. Tällainen tumman ruskeista siemenistä tehty rukousnauha on tunnettu hyvistä vaikutuksistaan sekä henkisellä että fyysisellä tasolla. Amma vastasi: "Älä pyydä Ammalta sellaisia asioita, äläkä edes ajattele niitä. Hyvä oppilas ei koskaan liikahdakaan istuimeltaan. Mitä hyvänsä hän tarvitseekin tulee hänelle pyytämättä. Katso hämähäkkiä ja pythonia, nekään eivät koskaan lähde saalistamaan. Hämähäkki istuu hiljaa verkossaan ja pienet hyönteiset tulevat ja jäävät siihen kiinni. Jumalan velvollisuus on huolehtia lapsistaan. Luovuta kaikki Hänen jalkojensa juureen, mene Arunachalaan ja kaikki tarvittava tulee sinulle."

Hellien sydämessään Amman kuvaa ja muistellen hänen rajatonta rakkauttaan Chandru lähti Tiruvannamalaihin ystävältään tarkoitusta varten saamansa rahan turvin. Saavuttuaan Arunachalaan, jota pidetään Shivan pyhänä asuinpaikkana, Chandru vietti ensin muutamia päiviä luolassa pyhällä vuorella. Ensimmäiset kaksi päivää hän eli pelkillä lehdillä ja vedellä. Kolmannen päivän iltana ruoan puutteen heikentämä Chandru pyörtyi ja huusi ääneen:

---

[40] Arunachala on Tiruvammalaissa sijaitseva pyhä vuori, jota palvotaan Sivan ensimmäisenä inkarnaationa maan päällä.

"Amma!" Kirjeessään Ammalle hän kertoi: "Kello oli viiden tienoilla iltapäivällä, kun pyörryin nälän heikentämänä. Makasin vuorella puoliksi tajuissani. Juuri silloin kuulin selvästi Amman sanovan: 'Poikani!' Tunsin kuinka joku hieroi hellästi otsaani. Avatessani silmäni näin Amman seisovan vieressäni valkoisissa vaatteissaan. Olin äärimmäisen innoissani näystä!"

Amman saatua kirjeen, oppilaat ymmärsivät, että juuri sillä hetkellä Amma oli Vallickavussa yhtäkkiä huudahtanut: "Oi, poikani!" ja kääntynyt lähellään istuvan oppilaan puoleen sanoen: "Chandru on nähnyt kolme päivää nälkää Tiruvannamalaissa ja nyt hän itkee nähdäkseen minut!" Tämän tapahtuman jälkeen Chandrulla ei ollut enää koskaan vaikeuksia saada ruokaa ajallaan.

Kunnollisen *sadhana*-paikan puuttuessa Chandru joutui viettämään päivänsä vuorella ja nukkumaan yönsä kukkulan juurella. Vuorelta laskeutuessaan ensimmäinen hänen tapaamansa ihminen oli australialainen nainen nimeltä Gayatri. Muutamia päiviä myöhemmin Chandru tapasi Yhdistyneistä saaritasavalloista kotoisin olevan Madhusudhanan, jonka esi-isät olivat peräisin Intiasta. Kaikki kolme tunsivat rakkauden virran sitovan heidät yhteen. Chandru muisti Amman sanat ja hänestä tuntui, että nämä kaksi olivat Amman lapsia, juuri niitä, joihin tämä oli Idamannelissa viitannut. Hän alkoi kertoa heille Ammasta, Äidistä ja näytti heille pientä valokuvaa hänestä. Gayatri lumoutui Pyhän Äidin autuaallisesta olemuksesta ja loistavista silmistä.

Vaikka Gayatri olikin yrittänyt meditoida säännöllisesti, hän ei ollut tyytyväinen henkiseen kehitykseensä. Mutta nähtyään nyt Amman valokuvan ja kuultuaan hänen epäitsekkäästä rakkaudestaan ja myötätuntoisuudestaan Gayatri sai ensimmäisen henkisen kokemuksensa. Näin hän itse kuvaa tapahtumaa: "Näin valon leimahtavan sisälläni, mutta saatoin kuitenkin erottaa Amman ilmielävänä tuossa kirkkaudessa. Yhtäkkiä sisimmästäni kohosi huuto: 'Amma! Amma! Amma!' Sitten kaikki ajatukset vaikenivat ja mieleni vaipui hiljaisuuteen. Avatessani silmät ja katsoessani kelloa tajusin, että oli kulunut kaksikymmentä minuuttia. Olin ollut täysin tietämätön kaikesta ulkopuolisesta."

Madhu halusi innoissaan jakaa onneaan, jonka oli kokenut Ammasta kuultuaan, ja esitteli Chandrun amerikkalaiselle Nealulle.[41] Nealu oli luontainen meditoija. Hänen henkinen opettajansa, Ramana Maharshin läheinen oppilas, oli kuollut neljä vuotta aiemmin. Sitä ennen Nealu oli elänyt Tiruvannamalaissa yksitoista vuotta opettajaansa palvellen. Chandrun tavatessaan Nealu oli enimmäkseen vuoteenomana, voimakkaiden vatsa- ja selkäkipujen takia. Hän kykeni hädin tuskin istumaan tai kävelemään. Lääkärit eivät löytäneet sairauden syytä, saati että olisivat kyenneet parantamaan hänet.

Saatuaan tietää Chandrun vaikeuksista löytää meditaatiopaikkaa Nealu tarjosi hänelle edesmenneen opettajansa majaa. Chandru kertoi tälle uudelle ystävälleen Ammasta, mutta Nealu ei ollut alkuun kovinkaan kiinnostunut. Hän oli jo nähnyt monia suuria pyhimyksiä ja ainoa tärkeä asia hänelle oli nyt sairauden voittaminen voidakseen jatkaa *sadhanaansa*. Tämä mielessään hän pyysi, että Chandru veisi hänet tapaamaan Ammaa, kunhan Chandru saisi puhepaastonsa päätökseen. Sitten Nealu antoi nuorelle *sadhakalle* kellon ja *rudraksamalan* ajatellen, että niistä voisi olla hyötyä hänen harjoituksilleen. Muistaen Amman sanat, että kaikki tulisi pyytämättä, Chandrun täytti ylitsevuotava liikutus ja hän aloitti innokkaana hiljaisuusharjoituksensa.

Oli Ramana Maharshin syntymäpäiväjuhlien aika. Eräänä päivänä ollessaan suorittamassa Arunacahala-vuoren pyhää ympärikävelyä, Chandru havaitsi vuorta kiertävässä ihmisjoukossa tamilinkielisiä säkeitä toistavan pitkän valkoisen miehen. Chandrun katsahtaessa miestä tämäkin silmäsi häneen, hieman ylpeänä tosin. Chandru ajatteli: "Huolimatta ylpeydestään, hän näyttää kuitenkin olevan Amman poika." Mies oli ranskalainen henkinen etsijä nimeltään Ganga, joka tuli myöhemmin Amman luo.

---

[41] Neal Rosner, nykyisin Swami Paramatmananda Puri.

Chandrun suoritettua neljänkymmenenyhden päivän puhepaastonsa hän ja Nealu matkustivat Vallickavuun. Nealun ensimmäinen tapaaminen Amman kanssa oli hyvin merkityksellinen. Yksityiskohtainen kuvaus siitä löytyy Nealun kirjasta *On the Road to Freedom*. Hän kertoo näin: "Ensimmäiset siellä viettämäni neljä päivää tuntuivat kuin olisin ollut taivaassa, sellaista autuutta tunsin Amman läheisyydessä! Eräänä yönä *Devi bhavan* loputtua Amma seisoi temppelin oviaukossa ja minä puolestani ulkopuolella. Katsoin häneen kädet yhteen liitettyinä. olin ylitsevuotavan ilon vallassa. Sillä hetkellä näin hänen fyysisen muotonsa katoavan laajenevaan kirkkauteen häivyttäen kaiken näkyvistä. Yhtäkkiä tuo kaikenkattava valo kutistui sokaisevaksi valopisteeksi, sitten tuntui kuin valo olisi tunkeutunut minuun. Kokemukseni oli henkisesti niin huumaava, etten saanut unta kolmeen päivään. Tämän jälkeen en voinut muuta kuin ajatella Ammaa päivät ja yöt. Päätin olla hänen lähellään elämäni loppuun asti, hänen ohjauksessaan, häntä palvellen."

Nealu matkasi Chandrun kanssa Tiruvannamalaihin järjestelemään asioitaan. Hän palasi Vallickavuun mukanaan Gayatri, joka tunsi voimakasta halua ryhtyä palvelemaan Ammaa. Kummallista kyllä, Sugunanandan otti heidät vastaan kuin omina lapsinaan. Nealu puolestaan tunsi ensimmäistä kertaa kolmeen vuoteen jonkinlaista helpotusta sairaudessaan. Hän kykeni liikkumaan ja tekemään pikku askareitakin.

Nealun palattua Tiruvannamalaista hän kertoi toiveensa Ammalle: "En tahdo lähteä täältä. Tahdon olla täällä ikuisesti nöyränä palvelijanasi." Äiti sanoi hänelle: "Poikani, minulla ei ole lainkaan omaa maata. Kysy isältä. Tarvitsemme joka tapauksessa oman paikan."

Kaikkien suureksi hämmästykseksi Sugunanandan oli valmis lahjoittamaan palan maata, jolle sitten punottiin vaatimaton maja kookospalmun lehdistä. Majan leveys oli vajaat kolme ja pituus viisi ja puoli metriä. Yhtä nurkkausta käytettiin keittiönä, jossa valmistettiin juomia Ammalle. Ateriat valmistettiin kuitenkin edelleen päätalossa. Maja toimi suojana Ammalle, Nealulle, Balulle ja Gayatrille. Tämä merkitsi ashramin epävirallista alkua.

Tavattuaan Amman ensimmäisen kerran Balu oli jättänyt kotinsa ja vietti sen jälkeen suurimman osan ajastaan Amman kanssa. Hänellä oli onni saada Sugunanandanilta lupa oleskella Idamannelissa pysyvästi. Kun Nealu tuli Tiruvannamalaista jäädäkseen Idamanneliin Balukin asettui sinne asumaan. Chandru puolestaan sai olla Amman luona vain kaksi kuukautta, sillä Amma lähetti hänet Sandheepany Sadhanalayaan Bombayhin opiskelemaan *vedantaa*, muinaista ei-dualistista elämänfilosofiaa.

Nealun ja Gayatrin jälkeen saapuivat Ganga ja Madhu asettuen hekin Amman jalkojen juureen. Niin täydellä antaumuksella kuin he tarjosivatkin omaisuutensa Ammalle hän kieltäytyi hyväksymästä tarjousta. "Vain saavuttamanne luonteen puhtaus ja henkinen täydellistyminen tulee olemaan minun omaisuuttani. Joka oivaltaa sisimmän olemuksensa, kykenee näkemään sen kaikessa. Koko maailma on silloin hänen omansa."

Eräänä iltana naapuritalon isäntä herätti Gangan lainatakseen tältä taskulamppua. Miehen tytär oli saanut äkillisen astmakohtauksen ja hänet oli vietävä yön pimeydessä kiireesti sairaalaan. Muutamien tuntien kuluttua mies palasi takaisin ja palautti lampun. Seuraavana aamuna Ganga kertoi Ammalle tapauksesta ja sanoi, että hänen olisi tehnyt mieli halkaista miehen kallo, koska tämä häiritsi hänen untaan.

Amma moitti häntä sanoen: "Minkälainen henkinen oppilas sinä olet? Mitä olet saavuttanut elämällä henkistä elämää niin monta vuotta ennen tänne tuloasi? Tässäkö on sen hedelmä? Olemalla tiedon tien, *jnana-margan*, seuraaja niin kuin ajattelet olevasi, sinun tulisi nähdä kaikki omana Itsenäsi. Jos näin on, miten voit olla vihainen miehelle? Jos saisit jalkaasi terävän piikin, etkö tuntisi voimakasta kipua ja yrittäisi saada sen kiireesti pois? Kuvittele tuon miehen ahdistusta, kun hän halusi lievittää tyttärensä kärsimystä. Sinun tulisi tuntea kaikkien elävien olentojen tuska ja kipu omaksesi. Vasta sitten mielesi laajenee ja siitä tulee kuin taivas, jonka alle kaikki sopivat. Siksi sinun tulisi olla viaton kuin lapsi, ja se on mahdollista vain, mikäli tunnet puhdasta, antaumuksellista rakkautta Jumalaa kohtaan." Ganga vastasi ivallisesti: "Antaumuksellinen rakkaus ei ole älyllisesti tyydyttävää. Antaumuksen tien seuraaminen osoittaa tietynlaista heikkoutta. Mihin tarvitaan sellaista tunteellisuutta, kuten itkemistä ja laulamista? Minusta ei ole sellaiseen. Sri Ramana ei suosittanut koskaan antaumuksen tietä. Hän suositti ainoastaan tiedon tietä oppilailleen. Minä pidän tiedon tietä parempana, sillä se on älyllisesti tyydyttävää. Se on vakuuttavampaa." Näin väärin Ganga käsitti antaumuksellisen rakkauden tullessaan Amman luokse.

Amma vastasi hymyillen: "Olen juuri nähnyt hedelmän tiedon tien seuraamisesta. Mikäli tämä on lopputulos, sinun ei tarvitse vaivautua elämään uhrausten ja luopumusten elämää. Voit yhtä hyvin nauttia kaikista aistien tarjoamista iloista. Luitko muuten kaikki Sri Ramanan itsensä laatimat ja kaikki häntä koskevat kirjoitukset? Mikäli et, tee niin, sillä on monia tekstejä, jotka ovat täynnä antaumusta. Itse asiassa, hän oli Arunachala-jumalaan kohdistuvan antaumuksellisen rakkauden henkilöitymä. Pelkkä tuon nimen mainitseminen toi jumalallisen rakkauden kyyneleet hänen silmiinsä. Antaumuksellinen rakkaus ei ole merkki henkisestä heikkoudesta, niin kuin näytät ajattelevan. Se on suurinta, mitä ihminen voi saavuttaa. Silloin näet Jumalan kaikissa olennoissa. Kyse on minättömän olemassaolon puhtaasta rakkaudesta. Poika, sinun tulisi kehittää itsessäsi rakkautta."

Amman sanat eivät vakuuttaneet Gangaa ja niin hän lähti Tiruvannamalaihin. Siellä hän sattui melkein heti suureksi hämmästyksekseen löytämään Ramana Maharshin antaumuksellista rakkautta käsittelevän kirjan. Amman sanat muistaen hänet täytti ylitsevuotava rakkaus ja hän alkoi itkeä. Hän rukoili Ammaa kutsumaan hänet takaisin pyhään seuraansa. Juuri tuolloin Amma, joka oli täysin selvillä hänen sisäisestä tilastaan, kirjoitti Gangalle kirjeen pyytäen häntä palaamaan. Amman suuruuden tajuten Ganga antautui nöyrästi hänen jalkojensa juureen.

Madhu oli tavannut useita pyhimyksiä ennen tuloaan Amman luo. Nähdessään Amman ensimmäistä kertaa hän tajusi löytäneensä etsimänsä. Täydellisesti Ammalle omistautuen hän alkoi kerätä olemassaolevia *Bhagavad-Gitan* selityksiä ryhtyen kääntämään niitä ranskaksi oman maansa oppilaiden iloksi. Amman innostamana hän koki henkiseksi tehtäväkseen levittää sanomaa kotimaahansa Yhdistyneisiin saaritasavaltoihin. Hän myös rakensi sinne kauniin, Ammalle omistetun ashramin. Pyhän Äidin siunaamana hän on vaikuttanut monien ihmisten päätymiseen henkiselle tielle.

Noihin aikoihin Amma vietti yönsä enimmäkseen ulkona. Sen takia muutkin nukkuivat mieluummin hiekalla kookospalmujen alla. Vaikka Amma olisikin ensin levännyt majassa, keskiyöllä hän meni kuitenkin aina ulos paneutuen pitkälleen avoimen taivaan alle.

Amma nukkui ja söi jatkuvasti hyvin vähän. Hän antoi kitsastelematta kaikkensa toisille. Vastaanotettuaan oppilaita kolme kertaa viikossa läpi yön hänellä oli silti aina päivisinkin aikaa oppilailleen sekä muille henkisille etsijöille, jotka kaipasivat hänen ohjeitaan.

Alkuvaiheessa Nealulla ja Gayatrilla oli kielivaikeuksia. He turvautuivat jatkuvasti Balun apuun keskusteluissa Amman kanssa, mutta ennen pitkää he alkoivat oppia Amman äidinkieltä, malajalamia. Tässä vaiheessa Balulla oli onni saada palvella Ammaa, sillä ei ollut ketään muutakaan huolehtimassa hänen tarpeistaan.

Eräänä päivänä Sugunanandan huomautti karkeaan tyyliinsä, ettei enää halunnut ruokkia 'saippuja', ulkomaalaisia. Siitä lähtien Gayatri alkoi valmistaa ruokaa Ammalle, Nealulle, Balulle ja itselleen. Amma ei syönyt juuri mitään. Toisinaan hän kuitenkin söi Nealun ja Balun vaatimuksesta jotakin, mutta vain nimellisesti.

Eräänä päivänä Nealu ryhtyi vaatimalla vaatimaan, että Amman pitäisi syödä edes hieman. Lopulta hän sanoi: "Hyvä on, minä syön. Tuokaa jotakin." Nealu toi kiireesti lautasellisen ruokaa ja ihme kyllä Amma söi kaiken silmää räpäyttämättä. Nealu toi lisää, sekin hävisi hetkessä. Paikaltaan hievahtamatta Amma katsoi odottavasti Nealua. Tuotiin taas lisää ruokaa, tämänkin hän söi. Amma söi ja söi, mutta miten paljon tahansa tuotiinkin ruokaa, mikään ei riittänyt. Nealu ja muut katsoivat toisiaan hämmentyneinä. Nyt noudettiin lisää jo läheisestä teepuodista. Myös sen Amma söi saman tien. Nealu oli uupunut ja aivan kalpea, sen koommin hän ei vaatinut Ammaa syömään.

Näihin aikoihin Idamannelin perheen sisäiset vaikeudet nousivat jälleen pintaan. Vain kaksi kuukautta oli kulunut Sugunamman häistä, kun Sugunanandan jo sopi kahden muunkin tyttärensä avioliitot. Kysymättä kenenkään suostumusta hän sopi myös vanhimman tyttären Kasturin avioliiton. Ammallekin ilmoitettiin asiasta vasta sen jälkeen, kun sulhasperheelle oli jo välitetty Sugunanandanin hyväksyminen.

Mutta miten järjestää häät ilman rahaa? Sugunanandanilla ei ollut tuloja eikä temppelissä ollut rahaa. Tässä vaiheessa Sugunanandan tapansa mukaan vain siirtyi syrjään. Amma ei kuitenkaan häiriintynyt. Mutta Balu tuli surulliseksi ja kysyi: "Amma, mitä tehdä? Miten järjestämme häät?" Nealu puolestaan sanoi: "Amma, annan kaiken mitä minulla on. Oppilaan asiana on pitää huolta Gurustaan ja vapauttaa hänet velvollisuuksista. Minulla ei ole mitään mitä voisin nimittää omakseni. Kaikki mitä minulla on, on Amman. Sen tähden, pyydän, järjestä Kasturin avioliitto minun säästöilläni."

Amma vastasi: "Häiden jälkeen tytöt tulevat elämään maallista elämää. Sinun omaisuutesi on tarkoitettu henkistä elämää varten. Raha tulee käyttää oikeaan tarkoitukseen. Jos se annetaan maailmallisille ihmisille, se saa aikaan syntiä. Se vaikuttaa myös meihin ja meidän tiehemme. Jos Jumala sai isän sopimaan avioliitot, huolehtikoon Jumala asiasta. Meidän ei tarvitse kantaa siitä huolta. Sugunanandan ei välitä asiasta paljoakaan. Miksi meidän pitäisi kantaa huolta? Lapset, meidän ei tarvitse olla hämmennyksissä asian suhteen."

Sanaakaan sanomatta Amma ryhtyi aivan rauhallisesti järjestelemään asioita. Nähdessään tämän Balun sydäntä kivisti. Hän sanoi: "Minä tuon perinnön kotoani." Amma ei suostunut siihen. Sitten Balu kirjoitti läheisille oppilaille ja pyysi taloudellista apua. Amman saatua tietää tästä hän nuhteli tätä: "Poikani, suhtautukaamme tilanteeseen rauhallisesti. Tässä ei ole mitään, mistä pitäisi hermostua."

Lopulta kaikki oli valmiina, lukuunottamatta yhtä seikkaa, viittätuhatta rupiaa. Tämä summa tarvittiin ehdottomasti häiden kustannuksiin. Muutaman päivän kuluttua tuli viidentuhannen rupian sekki Madrasista nimettömältä lahjoittajalta, joka oli vastikään kuullut Pyhästä Äidistä. Ja niin Kasturi vihittiin syyskuun puolivälissä 1980.

Ei ollut ehtinyt kulua kolmeakaan kuukautta, kun Sugunanandan järjesti vuorostaan Sajanin avioliiton. Sen tehtyään hän toisti taas katoamistemppunsa ja jätti ongelmalliset asiat jälleen Amman hoidattaviksi. Rahan kerääminen myötäjäisiä, hääseremonian maksamista ja morsiamen kultakorujen teettämistä varten lankesi, kuten ennenkin Amman hartioille.

Balu ei ollut enää surullinen vaan vihainen. Ammakin oli pahastunut Sugunanandanin häikäilettömään omavaltaisuuteen. Harmistumisesta huolimatta Amma oli silti tyyni ja huolehti tehtävistä tehokkaasti. Sitten sulhasen perhe vaati yllättäen lisää kultaa. Niinpä rahasta tuli jälleen suuri kysymysmerkki. Amma oli hyvin tarkkana siitä, ettei kolikkoakaan henkisiä tarkoituksia varten aiotusta rahasta käytetty häiden toteuttamiseen. Hän ei myöskään sallinut, että rahaa olisi lainattu. Mikä siis neuvoksi?

Tässä vaiheessa Kasturi palasi miehensä luota Idamanneliin joidenkin mielipide-erojen takia. Saatuaan tietää kullan tarpeesta hän sanoi: "Voitte ottaa minun koruni Sajanin häitten ajaksi ja palauttaa ne minulle myöhemmin."

Nyt kaikki tarpeellinen oli koossa, lukuun ottamatta kaulaketjua ja sormusta. Ne puuttuivat vielä kaksi päivää ennen häitä. Amma oli silti rauhallinen ja vapautunut kuten aina. Seuraavana aamuna *bhava darshanin* päätyttyä Gayatrin siivotessa temppeliä hän näki uhrilahjojen joukossa pienen paketin. Käärön avattuaan hän huomasi hämmästyksekseen sen sisältävän juuri sellaisen kaulakorun ja sormuksen kuin häitä varten tarvittiin. Jopa koristeiden tyyli oli samanlainen kuin kuukausi aiemmin valituissa koruissa. Mitä muuta tarvittiin todisteeksi, että jumalallinen tahto järjestää kaiken! Hääjärjestelyjä rasittaneet vaikeudet eivät kuitenkaan loppuneet tähän. Jotkut paikallisista oppilaista esittivät Sugunanandanille vastalauseen. Miksi hän oli tehnyt avioliittosopimuksen aiempien vihollisten kanssa? Eivätkö kannattajien ja oppilaiden pojat olleet riittävän hyviä hänelle? Jotkut Subhaganin läheisistä ystävistä olisivat halunneet naida Sugunanandanin tyttären. Nyt hekin kääntyivät häntä vastaan. Niin vihollisista tuli sukulaisia ja ystävistä vihollisia. He tulivat haastamaan riitaa Sugunanandanin kanssa ja vehkeilivät kaikilla tavoin estääkseen Sajanin avioliiton. Levitettiin herjaavia tarinoita, lähetettiinpä niitä sulhasellekin, jotta vihkiminen saataisiin peruuntumaan. Vielä päivää ennen häitä vallitsi täydellinen epävarmuus siitä vietettäisiinkö niitä lainkaan.

Mutta niin sitten häät vietettiin kuin vietettiinkin alkuperäisen suunnitelman mukaan. Hääpäivänä Amma vei *brahmacharit* naapuritaloon, kuten edellistenkin häiden aikana. Näin hän teki *brahmacharien* takia, koska heidän ei ollut hyvä osallistua tällaisiin tilaisuuksiin.

Amma selitti: "Henkisen etsijän ei tulisi osallistua avioliittoseremonioihin eikä hautajaisiin. Edellisessä kaikki ajattelevat naimisiinmenoa, joka on sidos. Jälkimmäisessä surraan kuolevaisen olennon katoamista. Molemmissa tapauksissa osallistujat viipyilevät ei-ikuisessa. Tuollaiset ajatusaallot ovat vahingollisia henkiselle etsijälle. Maalliset värähtelyt tunkeutuvat alitajuntaan. Etsijä alkaa levottomasti tavoitella epätodellisia asioita."

Näin oli poistunut *brahmacharien* elämää vaikeuttanut este. Nyt heidän oli mahdollista asettua asumaan Amman läheisyyteen. Sugunanandanin muut kolme tytärtä oli naitettu. Eikä siinä kaikki. Vastustajat alkoivat hyväksyä häviönsä ja vetäytyä yksi kerrallaan. Jotkut heistä ymmärsivät tekojensa mielettömyyden ja jättivät järjestönsä. Loput jäsenet alkoivat riidellä keskenään ja niin Amman toimintaa vastustava yhdistys hajosi lopullisesti. Ne, jotka olivat tulleet taistelemaan totuutta ja oikeudenmukaisuutta vastaan, aiheuttivat itse oman tuhonsa. Kaiken tämän pohjalta kehkeytyi uusi jakso Amman henkisessä palvelutyössä hänen pyrkiessään kaikin tavoin helpottamaan ja kohottamaan kärsivän ihmiskunnan elämää.

Amman suhtautuminen niihin koettelemuksiin ja vaikeuksiin, joita hän oli joutunut vuosien mittaan kohtaamaan sukulaistensa ja uskonnon vastustajien taholta, on ainutlaatuista. Kosketellessaan sitä kaikkea eräänä päivänä Amma totesi: "Heidän harhaiset käsityksensä saivat heidät puhumaan ja käyttäytymään sillä tavoin. He eivät myöskään kyenneet oivaltamaan henkisen elämän merkitystä ja tarkoitusta. Koska tilanne oli tämä, miksi meidän pitäisi olla vihaisia heille tai olla pitämättä heistä? Se olisi vain osoitus omasta tietämättömyydestämme ja tuloksena olisi oman mielemme saastuminen. Katsokaa raikkaita ruusuja. Kuinka kauniita ne ovatkaan! Kuinka hienoa tuoksua ne levittävätkään! Mutta mitä annamme niille saadaksemme ne kasvamaan? Vain hieman käytettyjä teenlehtiä ja lehmän lantaa. Mikä valtava ero onkaan näiden kauniiden kukkien ja niille annetun lannoitteen välillä! Onko epämiellyttävältä tuntuva lanta mitenkään yhdistettävissä kukkien kauneuteen ja ihanaan tuoksuun? Meidän elämässämme puolestaan niin hankalilta tuntuvat vastukset ovat se lanta, joka kasvattaa meistä henkisesti vahvempia. Vaikeudet auttavat sydäntämme puhkeamaan täyteen kukkaan. Luonto saa sirkat sirkuttamaan öisin eikä tuo ääni häiritse kenenkään unta. Tietämättömille puolestaan on luontaista synnyttää vaikeuksia. Meidän tulee rukoilla Jumalaa antamaan heille anteeksi ja ohjaamaan heidät oikealle tielle. Luovuta kaikki Jumalan huomaan, ja Hän pitää huolen sinusta."

Kuolemattoman Autuuden Äiti

Ensimmäisten *brahmacharien* oli nyt mahdollista asettua Amman jalkojen juureen, sillä Sugunanandan oli ainakin toistaiseksi rauhoittunut saatuaan muut tyttärensä avioon. Munkkikokelaiden halu olla Amman seurassa oli niin voimakas, etteivät he välittäneet olosuhteiden puutteellisuudesta. Ruokaa, vaatetusta ja suojaa oli varsin niukalti. Pääosin heidän oli elettävä ulkosalla ja nukuttava paljaalla maalla ilman minkäänlaista alustaa. Mitä saatiin, tuli pyytämättä ja jaettiin kaikkien kesken. Jos jonkun täytyi mennä jonnekin, oli mentävä kävellen, rahaa ei ollut. Vaikka kullakin oli vain yksi vaatekerta, opittiin tulemaan toimeen sillä.

Kerran erään *brahmacharin* valittaessa masentuneena vaatekertansa likaisuutta ja kuluneisuutta Amma vastasi: "Poikani, älä pyydä sellaisia pikkuasioita Jumalalta. Antaudu Hänen jalkojensa juureen, ja Hän antaa sinulle kaiken, mitä todella tarvitset." Amma oli itse elänyt sillä tavoin ja puhui omasta kokemuksestaan. Seuraavana päivänä eräs oppilas tilanteesta tietämättä toi jokaiselle *brahmacharille* uuden vaatekerran.

Nämä nuoret miehet saivat ashramin alkuaikojen ankarissa olosuhteissa perusteellisen luopumiskoulutuksen. Valaakseen heihin rohkeutta Amma sanoi heille: "Jos kestätte tämän, voitte olla kotonanne missä tahansa. Mikäli kykenette ylittämään nykytilanteen vaikeudet, selviätte mistä tahansa elämän myöhemmin eteenne tuomasta kriisistä tai haasteesta."

Oppilaiden ja paikalla pysyvästi asuvien *brahmacharien* määrän koko ajan kasvaessa, mutta ulkoisten olosuhteiden pysyessä jatkuvasti yhtä alkeellisina, syntyi ajatus ashramin virallisesta perustamisesta. Mahdollisuudet eivät kuitenkaan näyttäneet suurilta. Ammalla ei ollut sen enempää maata kuin muutakaan omaisuutta. Sekin maapala, jolle Nealu oli rakentanut majan, kuului Sugunanandanille. Hän oli tosin antanut Nealulle, Balulle ja Gayatrille luvan asua pysyvästi Idamannelissa, mutta ei hän ollut koskaan ajatellut kotiaan tulevana ashramina. Sugunanandan ei pystynyt edes kuvittelemaan, että hänen täytyisi majoittaa Idamanneliin yhä enemmän ja enemmän ihmisiä. Amman otettua kerran esiin ajatuksen ashramin perustamisesta Sugunanandan suuttui: "Mitä tämä tällainen on? Onko meillä täällä omaisuutta tai rikkauksia? Kuinka pyörittää ashramia? Minne me (perhe) menemme, jos tästä tulee ashram? Ei! En suostu, että tänne rekisteröidään ashram!"

Alunperin Amma itsekään ei kannattanut ajatusta virallisen ashramin perustamisesta. Joidenkin oppilaiden ehdottaessa sitä hän sanoi: "Amma on kuullut paljon 'ashramista'. Amma ei tarvitse ashramia. Eikö se ole kahle? Olettehan nähneet kädestäennustajan vaeltavan ympäri kahlitun papukaijan kanssa, toisin sanoen se merkitsisi joutumista sidotuksi toiseen ihmiseen hänen tarkoituksiaan toteuttamaan. Myös Amma joutuisi sellaiseen tilanteeseen. En voi tehdä sitä. Ammalla on oma vapautensa, sen tiellä ei saa olla esteitä."

Seuraajien ja oppilaiden määrän jatkuvasti kasvaessa ei kuitenkaan kestänyt kauan, ennen kuin järjestäytynyt ashram osoittautui välttämättömäksi. Painetta lisäsi sekin, että Ammalle oli alkanut tulla ulkomailta oppilaita, eivätkä he lain mukaan saaneet majoittua yksityiskotiin pidemmiksi ajoiksi. Lopulta Amma itsekin vakuuttui valtion hyväksymän henkisen keskuksen tarpeellisuudesta. Yhdessä hänen kanssaan asiaa mietittäessä hän totesi ilkikurisesti: "Perheenjäsenet eivät missään tapauksessa perusta ashramia. Heidän *samskaransa*[42] ovat aivan erilaisia, heiltä ei kannata odottaa lupaa. He eivät tule suostumaan yhteistyöhön ashramin perustamisessa. Me joudumme kenties kuuntelemaan hieman heidän läksytystään!"

Siten maaliskuun 6. päivänä vuonna 1981 perustettiin ja rekisteröitiin vuoden 1955 Travancore-Cochin osavaltion kirjallisuutta ja hyväntekeväisyyttä käsittelevän lain nojalla, Kollamissa, Keralan osavaltiossa Etelä-Intiassa 'Mata Amritanandamayi Säätiö ja Lähetystyö'.[43] Sen tehtäväksi määriteltiin ylläpitää ja tehdä tunnetuksi Amman ihanteita ja opetuksia. Tästä hetkestä alkaen Amma omaksui viralliseksi nimekseen 'Mata Amritanandamayi', nimen antoi hänelle yksi hänen *brahmachareistaan*. Uusi nimi oli mitä osuvin, sillä onhan hän todellakin Kuolemattoman Autuuden Äiti.

Noihin aikoihin eräs *brahmachareista* olisi tarvinnut käyttöönsä tiettyjä pyhiä kirjoituksia. Hän pyysi Ammaa valitsemaan numeron arpajaisissa, jossa voittona oli juuri näitä kirjoja, mutta Amma sanoi:

---

[42] *Samskara* tarkoittaa mielen taipumusta tai tapaa, samskara voi olla joko hyvä tai huono ominaisuus.

[43] Englanniksi Mata Amritanandamayi Math and Mission.

"Miksi haluta sellaista? Tulet pian saamaan paljon kirjoja." Eikä aikaakaan kun Nealu muutti pysyvästi Tiruvannamalaista Amman luo; hän toi mukanaan kirjastonsa, joka käsitti kaksituhatta niin englanninkielistä kuin Intian eri kielillä kirjoitettua kirjaa, jotka hän lahjoitti Amritapurin ashramille. Näin ashramin kirjasto sai alkunsa.

Elokuun 27. päivänä 1982 aloitettiin *Vedanta Vidyalaya-* koulu opettamaan perinteistä *vedantafilosofiaa* ja sanskritin kieltä ashramin asukkaille. Mutta Amma muistuttaa kuitenkin aina *brahmachareja* aina siitä, että meditaatio on tärkeämpää kuin pelkkä pyhien tekstien tutkiminen. Ashramin pysyvien asukkaiden päiväohjelma käsittääkin kuudesta kahdeksaan tuntia meditaatiota, ja heitä jotka haluavat omistaa kaiken aikansa meditaatiolle rohkaistaan siihen kaikin tavoin. Ashramissa onkin muutamia tällaisia oppilaita. Amma toteaa: "Pyhät tekstit ovat kuin tienviittoja. Ne ovat vain keino, eivät päämäärä sinällään. Päämäärä on niiden tuolla puolen. Maanviljelyksen opiskelija saa tiedon, miten kylvää siemeniä, milloin ja miten lannoittaa, miten päästä eroon rikkaruohoista ja miten estää niiden uusiutuminen, ja niin edelleen. Pyhien tekstien opiskeleminen puolestaan antaa meille ohjeet siitä, miten suorittaa henkisiä harjoituksia."

Vielä muutama sana Amman perheessä ja kyläläisissä tapahtuneesta suuresta muutoksesta. Oivallettuaan lopulta hänen jumalallisuutensa sukulaiset ovat nykyisin ylpeitä sukulaisuudestaan ja kyläläiset siitä, että asuvat samassa kylässä. Sugunanandan[44] ja Damayanthi ihmettelevät usein, mitä ansiokasta he ovatkaan edellisissä elämissään tehneet, että saivat tulla itsensä Amman vanhemmiksi. He ovat nykyisin esimerkillisiä perheellisiä ja toimivat ashramissa asuvien *brahmacharien* rakastavina isänä ja äitinä, joille oppilaat ovat kuin omia lapsia.

Tänä päivänä 'Mata Amritanandamayin Lähetystyö' on Amman itsensä johtama, kasvava henkinen keskus. Hän valvoo

---

44 Amman isä Sugunandan Idamannel kuoli 22. maaliskuuta 2010.

erityisesti sitä, että keskus toimii Intian, pyhän maan, ikivanhoja perinteitä noudattaen. Ashramin ylläpidosta huolehtivat asukkaat itse. Jokainen työskentelee päivittäin ashramin hyväksi vähintään kaksi tuntia valmistaen ruokaa, siivoten, hoitaen lehmiä ja niin edelleen.

Monille Amman oppilaille ashram on henkinen koti ja hedelmällinen maaperä, joka suo yltäkylläiset mahdollisuudet kehittää jaloja henkisiä ominaisuuksia sekä saavuttaa Jumaloivallus.[45]

Muualla maailmassa asuvien lastensa toistuviin pyyntöihin vastaten Amma aloitti maaliskuussa 1987 ensimmäisen maailmankiertueensa. Neljän kuukauden ajan hän matkusti laajalti Yhdysvalloissa ja Euroopassa. Vaikutus oli häkellyttävä. Hän herätti tavatonta innostusta ja sai aikaan muutoksen monien elämässä, ihmiset kokivat hänen ainutlaatuisen henkisen lumovoimansa ja kaikenkattavan rakkautensa.

Joulukuussa 1987 Amma vieraili Reunionilla ja Mauritiuksella Mata Amritanandamayi Missionin paikallisen keskuksen pyynnöstä. Keskus on toiminut siellä vuodesta 1985 erään hänen oppilaansa johdolla. Myös Yhdysvaltoihin, lähelle San Fransiscoa on syntynyt kaunis henkinen keskus, jossa asuu Amman oppilaita.[46] Amma on sittemmin matkustanut maailmalla vuosittain.

Myös Ranskassa, Saksassa ja Espanjassa toimii vastaavanlainen Amma-keskus.

Kesästä 1998 lähtien Amma on vieraillut myös Suomessa. Ensimmäisellä Suomen- vierailullaan Ammaa tuli tapaamaan viitisentuhatta suomalaista. Vuoden 2000 vierailun yhteydessä Eduskunnan puhemies Riitta Uosukainen, joka oli maininnut Amman presidentin vaalikamppailunsa aikana, tuli tapaamaan Ammaa henkilökohtaisesti. Tapaaminen oli hyvin lämminhenkinen.

---

[45] Jumaloivallus tarkoittaa sitä, että mieli puhdistuu, itsekeskeinen ego katoaa, ja henkinen oppilas vakiintuu kokemukseen kaikkialla läsnäolevasta Jumalallisesta tietoisuudesta.

[46] Amman Yhdysvaltain ashram on nimeltään San Ramon ja se sijaitsee hieman San Fransiscon ulkopuolella.

Päätämme Amman tarinan hänen omilla sanoillaan. Niitä siunattuja sieluja, jotka löytävät tiensä Amman pyhään seuraan, hän ohjaa rakkaudella. Hän toteaa: "Nähdessään kivenjärkäleen mestarillinen kivenveistäjä näkee siinä piilevänä olevan kauniin muodon, eikä välitä sen karkeasta ulkokuoresta. Samalla tavoin Jumalan oivaltanut sielu näkee erotuksetta kaikissa ainaisesti loistavan Atmanin, Itsen, ja jättää ulkoiset eroavuudet huomiotta. Alkoholistilla ei ole edellytyksiä edistää alkoholin käytön kieltämistä. Hänen on ensin itse lopetettava juominen ja vasta sitten hän voi vaatia muita tekemään samoin. Samoin, lapseni, vasta sitten kun teistä itsestänne on tullut moraalisesti ja henkisesti täydellisiä ja näette Jumalallisen kaikissa, voitte opastaa muita tulemaan sellaisiksi."

Päättäkäämme Amman tarina hänen rakkaudelliseen kutsuunsa ihmiskunnalle:

"Tulkaa pian, rakkaat lapseni,
te jotka olette om-mantran jumalallinen ydin.
Poistaen kaiken surun,
kasvakaa kunnioituksen ansaitseviksi
ja sulautukaa pyhään
om-mantraan!"

Yhdestoista luku

Jumalalliset mielentilat

A mman *bhavat* eli jumalalliset mielentilat, sekä Krishnana että Devinä kaipaavat syvää analyyttistä tutkimista, siitä huolimatta että ne itse asiassa ovat ihmisälyn tavoittamattomissa. Tällainen tutkimus saattaa kuitenkin antaa lukijalle väläyksen Amman äärettömästä henkisestä voimasta. Vastauksena henkisen oppilaan vilpittömään pyyntöön Jumala tai täydellinen mestari paljastaa äärettömät ominaisuutensa asteittain palvojan sydänlootuksessa. Sisäisen puhdistumistapahtuman voimistuessa voimistumistaan mestarin armon vaikutuksesta paljastuu gurun suuruus, joka itse asiassa on oppilaan oma sisin olemus. Tarvitsemme ensi sijassa juuri armoa voidaksemme ymmärtää Amman jumalallisten mielentilojen merkityksen.

Intian suuret mestarit ovat luokitelleet jumalalliset *inkarnaatiot* kolmeen pääluokkaan: 1) *purna-avataara*, täydellinen ilmentymä, 2) *amsa-avataara*, osittainen ilmentymä ja 3) *avesa-avataara*, väliaikainen jumalallisen voiman valtaan joutuminen. Sana 'avataara' tarkoittaa alastuloa tai laskeutumista.

Purna-avataara on inhimillinen olento, johon nimetön, muotoa vailla oleva ja muuttumaton, korkein energia on laskeutunut. Tällainen olento omaa äärettömän voiman, vailla rajoituksia, ja hänen tehtävänään on säilyttää ja suojella oikeudenmukaisuutta (*dharmaa*) ja kohottaa ihmiskuntaa auttamalla sitä tulemaan tietoiseksi Korkeimmasta Itsestä.

191

Amsa-avataara sen sijaan on sellainen Jumalan laskeutuminen, jolla on käytössään joitakin Hänen voimistaan, jonkin tietyn tarkoituksen tai päämärän täyttämistä varten. Vishnun inkarnaatiot *Vamanana* (kääpiönä) ja *Narasimhana* (ihmisleijonana) ovat tyypillisiä esimerkkejä *amsa-avataaroista*.

Avesa-avataara poikkeaa täysin kahdesta yllä mainitusta inkarnaatiosta. Kyseessä on jumalallisen olennon suorittama väliaikainen vierailu tai haltuunotto, jolloin hän käyttää jonkun ihmisen ruumista tietyn tehtävän toteuttamiseen. *Srimad Bhagavatam* -eepoksessa kuvataan Vishnun inkarnoitumista Parasuramaksi, jolloin on kyse juuri tällaisesta tapahtumasta. Tällöin Herra asettui suuren soturin Parasuraman ruumiseen tuhotakseen ylimieliset, itsekkäät ja julmat *kshatriya*-kuninkaat. Kun hän oli täyttänyt tehtävän, voima jätti Parasuraman. On sanottu, että Rama, yksi Vishnun inkarnaatioista, otti jumalallisen voiman pois Parasuramalta, kun hän palasi Ayodhaan avioiduttuaan Sitan kanssa.

Demonien ja haamujen uskotaan ottavan käyttöönsä henkisesti heikkojen ihmisten ruumiin. Luonteeltaan hyveelliset ja hyvät (*sattviset*) ihmiset toimivat *deevojen* (pienempien jumalien) vaikutuksen alaisina. Luovat ja tarmokkaat (*rajasiset*) puolestaan ovat taivaallisten olentojen (pienempien jumalien alapuolella olevien olentojen) vallassa, kun taas tietämättömiä ja hämmentyneitä (*tamasisia*) hallitsevat pahat henget. Jumalallisen voiman uskotaan myös voivan ilmetä lyhyitä aikoja kerrallaan joidenkin hyvin harvinaisten, äärettömän puhtaitten sielujen ruumiissa. Parasuramaa pidetäänkin siksi *avesa-avataarana*.

Seuraava kertomus auttaa lukijaa ymmärtämään Amman jumalallisia mielentiloja. Kun Krishna eli Dwarakassa, hänen mielessä heräsi voimakas toive nähdä rakas oppilaansa Hanuman. Niinpä Hänen lähettinsä *garuda*-kotka, lintujen kuningas, sai tehtäväkseen välittää toiveen Hanumanille tämän asuinpaikkaan Kadali Vanamiin. Hanuman kieltäytyi lähtemästä, sanoen: "En lähde tapaamaan ketään muuta kuin Herraani Ramaa." Krishnan saatua Hanumanin vastauksen hän lähetti uudelleen viestilintunsa Hanumanin luo sanoen: "Kerro hänelle, että Rama on pyhän puolisonsa Sitan kanssa tullut Dwarakaan ja että he haluaavat nähdä Hanumanin!" Rama oli eräs Vishnun aiemmista inkarnaatioista. Hän asui Ayodhyassa tuhansia vuosia ennen Krishnan elinaikaa. Silti Hanuman, avataara Raman innokas palvoja, ei ihmetellyt miten Rama ja Sita saattoivat olla Dwarakassa. Kaikkitietävänä Hanuman oli täysin selvillä siitä, että Krishna oli Dwarakan Herra. Hanuman tiesi myös, ettei kukaan muu kuin Krishna voinut ilmentää *Rama bhavaa*. Itse asiassa Hanuman päätti käyttää tilaisuutta hyväkseen saada nähdä Herransa ja Sitan jälleen kerran inhimillisessä muodossa. Krishna, opetuslastensa palvelija, täytti mielihyvin tämän suuren oppilaan toiveen ja siunasi hänet näin.

Garudan ollessa noutamassa Hanumania Krishna omaksui tahtonsa voimalla aikakausia sitten eläneen Raman muodon. Krishnan puolisosta Rukminista tuli Sita. Hanumanin saavuttua Dwarakaan hän tapasi siellä rakkaan Raman ja Sitan ja palvoi heitä. Sitten hän taas palasi asuinpaikkaansa.

Ainoastaan *purna-avataara* voi ilmentää mitä tahansa jumalaa tai jumalarta. Koska Krishna oli tällainen avataara, hän kykeni helposti ilmentämään *Rama bhavan*. Krishnan pyydettyä kerran puolisoitaan, myös *Satyabamaa,* erästä lempivaimoistaan, omaksumaan *Sita bhavan*, kukaan heistä ei kyennyt siihen. Lopulta Rukmini, Lakshmi-jumalattaren inkarnaatio, omaksui vaivatta *Sita bhavan*, Sitan olemuksen.

Avesa-avataarassa jumalalliset voimat ilmentyvät ja tarkoitetun tehtävän suoritettuaan vetäytyvät pois. Näin ei kuitenkaan ollut Krishnan ja Rukminin kohdalla. Krishna ilmensi Rama bhavan eli Hänessä piilevänä olleet Raman ominaisuudet, vastaavaa kerrotaan Sri Chaitanyasta.

Eräänä päivänä pandiitti Srivasa, joka oli Narasimhan innokas palvoja, istui perheen pyhäkössä suorittamassa tavanomaista resitaatioharjoitustaan (*japaa*), kun ovelle yhtäkkiä koputettiin. "Kuka siellä?" pandiitti kysyi. "Katso! Rakastettu Jumala, jota palvot", kuului vastaus. Srivasa avasi oven ja näki talonsa kynnyksellä jumalallisen mielentilan vallassa olevan Chaitanyan, joka asteli pyhäkköön ja istuutui istuimelle, joka oli tehty erityisesti palvonnan kohdetta varten. Pandiitti näki *avataara* Narasimhan loistavan Chaitanyan hahmon sisällä ja ryhtyi palvomaan Häntä suurella antaumuksella. Chaitanya siunasi pandiitin perheen sallimalla kaikkien osallistua palvontamenoihin. Kaikkien saatua Hänen siunauksensa Chaitanya kaatui maahan tajuttomana. Palattuaan tajuihinsa jonkin ajan kuluttua, hän kysyi pandiitilta: "Mitä tapahtui? En muista mitään. Sanoinko jotain väärää?" Srivasa paneutui nöyrästi maahan Herransa edessä ja sanoi: "Oi Bhagavan, pyydän, älä johdata nöyrää palvelijaasi enää harhaan! Armosi vaikutuksesta nöyrä palvelijasi näki, kuka Sinä olet!" Tämän kuullessaan Chaitanya hymyili sydämellisesti ja nyökkäsi myöntävästi. Hänen elämäntarinansa sisältää kuvauksia useista vastaavista tapauksista, joiden aikana Hän antoi seuraajilleen darshanin erilaisissa jumalallisissa mielentiloissa.

Edellä esitetystä selviää helposti mistä *bhava darshanissa*, jumalallisessa mielentilassa on kyse. *Darshanissa* Jumalan inkarnaatio ilmentää erilaisia *Ishvara bhavoja*, Jumalan ilmentymien ominaisuuksia tai mielentiloja oppilaiden toiveitten mukaisesti. Bengalissa elänyt Anandamayi Ma ilmensi *Krishna* ja *Kali bhavoja* laulaessaan *bhajaneita*, antaumuksellisia lauluja. Nämä inkarnaatioiden ilmentämät *bhavat* tapahtuivat ainoastaan tietyissä tilanteissa, tietyssä tarkoituksessa, erityisesti vastauksena oppilaiden palavaan toiveeseen ja ne kestivät vain lyhyen aikaa. Amma, Mata Amritanandamayi ilmentää jumalallisia mielentiloja kahtena iltana viikossa kymmenestä kahteentoista tuntia oppilaiden määrästä riippuen. Tämä on eräs Amman tavoista palvella syvälle aineellisuuden suohon vajonnutta ihmiskuntaa.

Chaitanyalla on sanottu olleen kaksi bhavaa, ensinnäkin oppilaan *bhava*, jossa hänet useimmiten nähtiin. Toinen oli *Bhagavat bhava*, Jumalan mielentila, jonka aikana hän paljasti todellisen Itsensä. Ramakrishna Paramahamsalla ilmenivät nämä samat jumalallisen mielentilat. Kerrotaan hänen jopa kasvattaneen itselleen ikään kuin pienen hännän alun *Hanuman bhavaan* liittyviä henkisiä harjoituksia suorittaessaan.

Amma tuo Krishna ja Devi bhavojen aikana esiin sisimmästään Sen, joka on hänen sisimmässään ja ilmentää sitten nämä jumalliset olennot siunaten siten oppilaitaan. Amma sanoi kerran: "*Bhavan* aikana Amma ilmentää äärettömän pienen osan henkisistä voimistaan. Mikäli hän toisi esiin voimansa sellaisen kuin se on, kukaan ei voisi tulla lähellekään!" Amma jatkaa: "Kaikki Korkeimman lukemattomia olemuspuolia edustavat hindupantheonin jumaluudet ovat meidän sisimmässämme. Jumalallinen inkarnaatio kykenee, niin tahtoessaan, ilmentämään minkä tahansa niistä maailman hyväksi. Krishna bhava merkitsee *purushan* tai puhtaan olemisen ilmentämistä ja *Devi bhava* puolestaan tuo esiin ikuisen naisellisuuden, Luojattaren, persoonattoman Absoluutin toimivan puolen. Tässä on siis hullu tyttö, joka pukee ylleen Krishnan asun ja jonkin ajan kuluttua Devin, mutta nämä molemmat ovat olemassa tämän hullun tytön sisimmässä. Oli miten oli, on kuitenkin muistettava, että kaikki kohteet, joilla on nimi tai muoto, ovat vain mielen heijasteita. Miksi koristelemme norsun? Miksi asianajajien pitää käyttää tummaa pukua, tai miksi poliiseilla pitää olla univormu ja lakki? Nämä kaikkihan ovat vain pelkkiä ulkoisia tunnuksia, joiden tarkoituksena on luoda tietty vaikutelma. Samalla tavoin Amma pukee ylleen Krishnan ja Devin asun voimistaakseen *darshaniin* tulevien ihmisten antaumusta. Atman eli Itse, joka on minussa, on myös sinun sisimmässäsi. Jos voit sulautua tuohon sinussa ikuisesti loistavaan tekijään, sinusta tulee Se."

Vielä tänäkin päivänä on olemassa ihmisiä, jotka uskovat Krishnan ja Devin vierailevan Amman ruumissa kahtena iltana viikossa ja sen jälkeen lähtevän hänen ruumiistaan. Tämä kuvitelma johtuu siitä, että heillä on väärä käsitys noista jumalallisista mielentiloista. Jumalalliset *bhavat* ovat vain ulkoinen ilmaus siitä, että hän on jatkuvasti sisäisesti yhtä Korkeimman kanssa. Tässä ei ole kyse mistään jonkun 'valtaan joutumisesta', niin kuin usein virheellisesti ajatellaan.

Oppilaittensa kysymyksiin vastatessaan Amma on selittänyt useita *bhavoihin* liittyviä tekijöitä:

Kysymys: Monet oppilaat ovat sanoneet Amman olevan samanlainen niin jumalallisten bhavojen aikana kuin muulloinkin. Mikäli asia on näin, mikä sitten on *bhavojen* merkitys?

Amma: Bhava darshanin aikana Äiti poistaa kaksi tai kolme kerrostumaa, niin kutsuttua huntua, jotta seuraajat voivat saada väläyksen Korkeimmasta. Eri ihmisillä on erilaisia uskomuksia. Amman tarkoituksena on auttaa ihmisiä lähestymään Jumalaa. Joissakin kiinnostus herää vain heidän nähdessään Amman Devin tai Krishnan hahmossa. Eikä siinä kaikki... hyvin harvat ihmiset tietävät mitään henkisyydestä. Joidenkin on vaikea uskoa Amman sanoihin tavallisina aikoina. He uskovat vain kun Amma sanoo saman asian *Devi bhavassa.*

Kysymys: Amma, onko *bhavan* ilmentämiselle olemassa jokin tietty ajankohta?

Amma: Ei, ei ole. Se voi ilmentyä milloin tahansa, pelkkä tahtominen riittää.

Kysymys: Amma, miksi sinä pukeudut Krishnaksi ja Deviksi?

Amma: Se auttaa ihmisiä muistamaan, mitä *bhava* on. Lapseni, jokainen hahmo, asu on tärkeä omalla tavallaan. Me synnymme alastomina. Myöhemmässä vaiheessa kunkin maan sosiaalisista tavoista riippuen, ihmiset alkavat käyttää erilaisia asuja. Oli vaatetus minkälainen hyvänsä, ihminen on kuitenkin aina sama. Nykyisin ihmiset antavat suuren merkityksen ulkoasulle. Amma haluaa selventää tätä kertomalla tarinan. Mies oli kaatamassa tienvierellä kasvavaa puuta. Toinen mies, joka sattui näkemään tapauksen, sanoi: "Älä kaada sitä puuta! On väärin tehdä niin, se on lainvastaista!" Mutta puuta kaatava mies ei ainoastaan kieltäytynyt lopettamasta, vaan vieläpä sätti pahanpäiväisesti häntä kieltänyttä miestä. Mies, joka yritti estää puun kaatamisen, oli poliisi, hän poistui paikalta, mutta palasi virka-asussaan. Jo kaukaa erottuva poliisin virkalakki sai pahantekijän pakenemaan paikalta taakseen katsomatta. Näethän kuinka erilaisen vaikutuksen mies teki tavallisissa vaatteissaan ja virka-asussaan. Siksi tarvitaan erityisasuja opastamaan tietämättömiä. Sama pätee Krishna ja Devi bhavojen asuihin. On ihmisiä, joita ei riitä tyynnyttämään tuntikausienkaan keskustelu Amman kanssa, mutta he tulevat heti tyytyväisiksi saatuaan puhua hänen kanssaan vain joitakin sekunteja *bhava darshanin* aikana. He rauhoittuvat, koska kokevat saaneensa purkaa huolensa suoraan Jumalalle."

Kaikki inkarnaatiot ovat ainutlaatuisia. Ei voi sanoa, että Krishna oli suurempi kuin Rama tai että Rama oli suurempi kuin Buddha. Jokaisella Heistä oli oma tehtävänsä täytettävänään ja he omaksuivat sen edellyttämän tavan kohottaa ihmiskunnan tilaa. Se ei kuitenkaan tarkoita, että heillä olisi ollut erilainen näkemys elämästä. Heidän tekojaan ei voi arvioida tai mitata rajoittuneella älyllä tai logiikalla. Heidän suuruudestaan voi saada aavistuksen henkisten harjoitusten synnyttämän puhtaan intuition avulla.

Kahdestoista luku

Henkisten etsijöiden kokemuksia

Unnikrishnan
(Swami Turiyamritananda Puri)

Unnikrishnan oli tulevista ashramilaisista ensimmäinen, jolla oli onni tavata Amma ja saada viettää hänen luonaan pidemmän aikaa. Hän jätti koulun kuudennen luokan jälkeen. Hänessä näemme loistavan esimerkin Amman hyvyydestä ja armosta. Gurun armon vaiktuksesta jopa oppimattomasta kulkurista voi tulla kuolematon runoilija. Unnikrishnanin elämä on tästä paras todiste.

Koulunkäyntinsä lopetettuaan nuori Unni vaelteli milloin missäkin, toimitellen milloin mitäkin. Vuonna 1976, ollessaan 20-vuotias, hän kuuli Ammasta Äidistä ja tuli tapaamaan tätä. Heti ensi tapaamisesta alkaen hän tunsi Ammaa kohtaan suurta luottamusta ja antaumuksellista rakkautta. Siitä lähtien hän vieraili jatkuvasti Amman luona kysellen neuvoja.

Näin kului vuosi. Sitten Amma pyysi häntä jäämään Idamanneliin ja toimittamaan temppelissä päivittäisen jumalanpalveluksen. Amma opetti häntä resitoimaan päivittäin Lalita Sahasranamaa, Jumalallisen Äidin tuhatta nimeä.

Pari kuukautta sen jälkeen kun hän oli asettunut ashramiin, Unni, jolla omasi vaeltavan kerjäläismunkin luonteen, päätti lähteä. Kenenkään tietämättä hän valmistautui toteuttamaan aikeensa. Oli darshan-ilta, ja hän oli juuri lähtemässä, kun Amman lähettämä mies tuli hänen luokseen ja sanoi, "Amma sanoo, että vaikka oletkin aikeissa lähteä, sinun ei tulisi tehdä sitä nyt." Koska hän ei voinut olla tottelematta Ammaa Äitiä, Unni luopui aikeestaan. Hän yritti lähteä vielä toisenkin kerran, mutta sama toistui jälleen. Lopulta hän kuitenkin lähti, mutta joutui palaamaan takaisin muutaman päivän kuluttua. Näin hän tuli vakuuttuneeksi siitä, ettei hän Amman tietämättä ja ilman hänen siunaustaan voinut tehdä mitään. Tämä sai aikaan hänen elämässään täydellisen vallankumouksen. Amman pelkkä läsnäolo sai aikaan sen, että hänessä syntyi voimakas totuuden oivaltamisen tarve. Hänen päivänsä täyttyivät ankarista itsekuriharjoituksista, jumalanpalveluksesta, keskusteluista Amman kanssa, pyhien tekstien lukemisesta ja muista henkisistä harjoituksista. Tämän kurinalaisen elämäntavan lopputuloksena hän oivalsi, että *bhava darshanin* loistava Amma ja jokapäiväinen Amma olivat itse asiassa yksi ja sama asia, kaksi eri olemuspuolta tai ilmausta samasta äärettömästä, maailman parhaaksi ilmenevästä jumalallisesta voimasta. Tämä oivallus lisäsi suuresti hänen haluaan harjoittaa *sadhanaa*, henkisiä harjoituksia. Hän antautui Amman jalkojen juureen ja alkoi pitää häntä elämänsä ainoana tukena ja turvana. Aikaa myöten hänen henkisistä itsekuriharjoituksistaan tuli yhä tinkimättömämpiä; hän söi, nukkui ja puhui vähemmän. Toisinaan hän paastosi useita viikkoja yhteen menoon. Hän nukkui paljaalla maalla ilman peitettä myös talvisin ja sadekausina. Hänen lähtiessään toisinaan pyhiinvaellusmatkalle hän kulki koko matkan pelkästään jalan.

Eräänä päivänä hän kysyi Ammalta kyynelsilmin miltei epätoivoisena: "Kuka on minun todellinen äitini?" Kohdellen häntä suurella hellyydellä Amma painoi hänen päänsä syliinsä ja vastasi: "Lapseni, sinä olet minun poikani, ja minä olen sinun äitisi." Unnikrishnanin täytti sisimmästä kumpuava, sanoinkuvaamaton autuus.

Sanaakaan sanomatta hän vain katsoi Amman loistavia kasvoja ja itki ilosta.

Amman ääretön armo on saanut aikaan sen, että Unnikrishnanista on tullut tuottelias runoilija, jonka runoista henkii syvä filosofinen sanoma ja antaumuksellinen suloisuus. Vanhempien kerran lähetettyä sukulaisen hakemaan hänet takaisin kotiin hän vastasi sydämeenkäyvällä runolla:

Jätinhän kotini kauan sitten,
jos palaisin maallisuuteen nyt,
saavuttaisinko mielenrauhan?
Mitä hyötyä on ollut sellaisesta
olemassaolosta muinaisista ajoista alkaen?

Kun taistelen vapautuakseni
maailman täydellisestä mielettömyydestä,
miksi tasoitat hullulle tien suoraan kerjäläisen pakkotyöhän?
Voisinko koskaan suostua sellaiseen kohtaloon?

Unni kuvaa ensimmäistä tapaamistaan Amman kanssa kiehtovasti:

Akalatta kovilil

Kaukaisessa temppelissä paloi loistava tuli,
ehtymättä.
Äärettömän myötätunnon Äiti
istui siellä loistaen majakkana
tietämättömyyden pimeydessä vaeltaville.
Päätyessäni sinne eräänä päivänä
armon henkilöitymä pyysi minut sivuun.
Avaten sisäisen pyhäkön
hän laittoi santelipuupastaa otsalleni.

Laulaen haltiotilassa soinnukkaasti
Herran ylistystä
hän varasi minulle paikan pehmeälle,

pyhälle käsivarrelleen,
tullessani hänen lähelleen
ihmeellinen jumalallinen uni
kuiskasi korvaani tämän totuuden:

Miksi kyynelehtiä?
Etkö tiedä tulleesi
maailmankaikkeuden Äidin luo?
Huoahtaen heräsin,
hänen lootuskasvonsa
painautuivat lähtemättömästi tajuntaani.

Unnikrishnan paastosi kerran useita viikkoja jonkin sisäisen ristiriidan ahdistamana. Amman saatua tietää siitä, hänkin lopetti syömisen ja juomisen. Unni, tietämättä Amman paastosta, jatkoi omaa paastoaan. Muutamaa päivää myöhemmin hänen suorittaessaan päivittäistä jumalanpalvelusta Amman isä kovisteli häntä perin pohjin paastoamisen takia, koska Ammakin näki sen tähden nälkää. Kun jumalanpalvelus oli ohi, Unni ilmaantui Amman majan ovelle raskain sydämin ja silmät kyynelissä. Amma pyysi hänet vierelleen ja katsellen hänen vapisevaa ruumstaan helli häntä lempeästi ja sanoi: "Unni, poikani, jos sisälläsi kuohuu, sinun pitää tulla kertomaan siitä Ammalle. Älä kiusaa ruumistasi tuolla tavoin. Tarvitsemme ruumista, jotta voisimme harjottaa *tapasia*, itsekuriharjoituksia. Sinun tulee syödä, jotta ruumiisi voisi hyvin." Näin sanottuaan hän pyysi lautasellisen riisiä ja syötti Unnia omin käsin ja söi itsekin samalta lautaselta.

Amma sanoi kerran, "Unnin laulut kumpuavat suoraan hänen meditaatiostaan." Voiko olla tätä suurempaa tunnustusta? Seuraavat kaksi hänen lauluaan on käännetty malayalamin kielestä:

Olen vaeltanut kaukaisissa maissa
kantaen suruni raskasta taakkaa.
Sinun lähellesi saavuttuani
antauduin antautunut lootusjalkojesi juureen.

Oi Amma, ole hyvä ja pese pois
rakkautesi vedellä loputtomat
suruni ja kyyneleeni.

Älä pidä tätä poloista syntisenä,
sillä minulla ei ole tukena ja turvana
ketään muuta tässä maailmassa;
kauniiden silmiesi kuunvalolla.
Oi myötätunon ilmentymä, hyväile minua

Oi Äiti, salli minun istua lähelläsi,
ja heittää ajatusten raskas taakka syrjään
ja vaipua meditaatioon.

Oi, kaikkien jumalien ja jumalatarien Äiti!
Etkö täyttäisi sielustani nousevan toiveeni,
saavuttaa korkeimman Itsen tilan?

Oi Amma, milloin koittaa hetki,
jolloin voin luopua nautinnonhalusta
ja saan sulautua yhdeksi
pyhien lootusjalkojesi kanssa?

Balu
(Swami Amritaswarupananda Puri)

Balu kertoo kokemuksiaan Amman armosta näin:
"Olin juuri suorittanut humanististen tieteiden kandidaatin loppututkinnon, kun kuulin tytöstä, jolla oli yliluonnollisia voimia ja joka esiintyi Devinä ja Krishnana. Vaikka usko Jumalan olemassoloon olikin juurtunut minussa syvälle, en ollut kovinkaan kiinnostunut tapaamaan häntä. Jotku hänen luonaan vierailleet sukulaiseni ja

ystäväni ylistivät häntä ja painostivat minua vierailemaan hänen ashramissaan.

Lopulta kuitenkin taivuin ja lähdin sinne setäni mukana melkoisen epäuskoisena. Oli jo pimeää. Lähestyessäni ashramia korviini kantautui sydämeenkäyvää, antaumuksellista laulua. Se vangitsi huomioni. Saavuin ashramin alueelle. Siellä oli pieni pyhäkkö, jossa valkoisiin pukeutunut tyttö lauloi rakkautta ja antaumusta huokuvia lauluja. Laulun synnyttämät värähtelyt läpäisivät sydämeni ja vetosivat herkkyyteeni. En voinut olla tuntematta, miten hänen sydämensä tulvi jumalallista armoa ja rakkautta.

Vuoroni tultua astuin sisään pyhäkköön, missä hän istui tuolilla. Kumarruin maahan hänen edessään. Ylös noustessani hän otti minua kädestä ja katsoi syvälle silmiini, hänen silmänsä loistivat kuin täysikuu. Tuo kaiken läpäisevä katse ja hymy sitoivat minut liikkumattomaksi. Hänen kasvoillaan säteili kaikki rajat ylittävä myötätunto. Hän veti hitaasti pääni olkapäälleen ja sanoi hellästi: "Lapsi, minä olen sinun Äitisi, ja sinä olet minun lapseni." Tuo suloinen ääni tunkeutui syvälle sydämeeni. Minut valtasi selittämätön ilo. Juuri tätä olin etsinyt. Purskahdin itkuun. Rakkaus kaikessa puhtaudessaan, kaikkiallinen äitiys, oli omaksunut muodon. Tämän ensimmäisen kokemukseni lumoamana istuin koko yön Amman vierellä.

Palattuani seuraavana päivänä kotiin tajusin miten suuri muutos minussa oli tapahtunut. Entiset toimeni ja asiani eivät kiinnostaneet minua enää lainkaan. Halusin vain nähdä Amman uudelleen. Kaikki ajatukseni keskittyivät häneen. Tuona yönä en pystynyt nukkumaan. Kun suljin silmäni, Amma ilmaantui aina eteeni.

Heti seuraavana päivänä palasin ashramiin. Tavattuani Amman toistamiseen halu murtaa maallisuuden kahleet ympäriltäni voimistui voimistumistaan. Ajatellessani Ammaa olin tulla hulluksi. Unohdin syödä, nukkua ja kylpeä. Luovuin koristeellisesta pukeutumis- ja kampaustyylistäni. Vanhempieni ja muiden perheenjäsenten huomatessa minussa tapahtuneen muutoksen he huolestuivat ja kielsivät minua menemästä Vallickavuun.

Osallistuessani jälleen seuraavana päivänä *bhajanien* laulamiseen menin pyhäkköön mielessäni vakaa päätös: "Amma, jos olen lapsesi, hyväksy minut." Amma painoi pääni olkapäätään vasten ja sanoi hellästi: "Poikani, kun Amma kuuli sinun laulavan, hän ymmärsi, että tuon äänen on tarkoitus sulautua Jumalaan. Silloin Amma lähestyi sinua ja yhdisti sinut itseensä. Sinä olet minun omani."

Eräänä yönä ollessani puoliunessa tunsin epätavallisen tuoksun täyttävän huoneen. Avasin silmäni. Tajusin, että tuoksu oli todellinen, ettei kyse siis ollut unesta tai mielikuvituksesta. Yhtäkkiä tunsin jonkun silittävän otsaani. Katsoin ylös ja hämmästyksekseni näin Amman seisovan sänkyni pääpuolessa! En voinut uskoa silmiäni! Hän hymyili minulle ja sanoi: "Poikani, Amma on aina kanssasi. Älä ole huolissasi." Tämän sanottuaan hän katosi.

Seuraavana päivänä kiirehdin Vallickavuun, mutta Amma ei ollut paikalla. Hän palasi vasta neljän maissa iltapäivällä. Sanaakaan sanomatta hän kiiruhti taloon ja tuli takaisin riisilautanen kädessään. Hän ruokki minua niin kuin äiti ruokkii poikaansa, syöttäessään minua hän sanoi: "Amma tuli luoksesi viime yönä." Jouduin ylitsevuotavan onnen valtaan ja itkin kuin pieni lapsi. Itse asiassa en ollut syönyt mitään koko päivänä.

Amman vihittyä minut mantran käyttöön en kyennyt enää pysyttelemään kotona. Kaipuuni elää hänen läheisyydessään ja saada kuulla hänen neuvojaan kävi päivä päivältä yhä kiihkeämmäksi. Piittaamatta sukulaisten yrityksistä estää aikeeni lähdin kotoa ja liityin ashramiin.

Istuessamme kaksi vuotta myöhemmin erään oppilaan kotona Amma sanoi minulle: "Poikani Balu, sinun täytyy suorittaa filosofian maisterin tutkinto." Olin aiemmin sanonut hänelle, etten aikonut jatkaa opintojani, vaan että halusin menettää järkeni vain häntä ajattelemalla. Mutta nyt, kaksi vuotta myöhemmin hän kuitenkin pyysi minua jatkamaan opintojani! Kokemusteni perusteella tiesin, että hänen ehdotuksiinsa ja tekoihinsa sisältyi aina jokin erityinen tarkoitus, joten ilmoittauduin jälleen kurssille. Silloin ilmeni todellinen ongelma: kuka opettaisi minua? Minun tuli opiskella kahdeksaa eri ainetta, neljää Intian ja neljää länsimaiden filosofiassa. Edellisistä olin perillä jotenkuten. Mutta jälkimmäiset olivat minulle täysin uusi alue. Tarvitsin välttämättä opettajan. Kysyin Ammalta neuvoa. "Älä ole huolissasi. Joku tulee tänne ja opastaa sinua, odota kärsivällisesti", hän sanoi. Mutta olin levoton ja häiritsin häntä kysymällä asiaa jatkuvasti. Viikkoa myöhemmin eräs oppilas ohjasi minut erään filosofian professorin luokse. Selitin hänelle tilanteen. Hän olikin valmis opettamaan minua, mutta kieltäytyi tulemasta ashramiin. Yritin saada hänet ymmärtämään, miten vaikea minun olisi jättää ashram opiskelun takia. Lopulta hän suostui vierailemaan ashramissa, mutta hän sanoi: "En voi jäädä sinne antaakseni siellä oppitunteja. Jos haluat opiskella, sinun täytyy tulla tänne. Muussa tapauksessa sinun on parasta luopua koko jutusta." Koska minulla ei ollut muuta vaihtoehtoa, niin ajattelin, että tulkoon hän ashramiin tapaamaan Ammaa.

Seuraavana torstaina meninkin noutamaan professorin hänen kotoaan. Saavuttuamme ashramiin pyysin, että hän tulisi tapaamaan Ammaa, mutta hän kieltäytyi. Amman istuuduttua laulamaan ennen *bhava darshanin* alkua, mies seurasi tilannetta etäältä. *Darshanin* alettua hän tarkkaili edelleenkin tapahtumia välimatkan päästä. Menin hänen luokseen ja sanoin, että mikäli hän haluaisi, hän voisi mennä temppeliin ja saada *darshanin*. "Ei, en ole koskaan kumartunut maahan kenenkään edessä. En tahdo nytkään tehdä niin", hän vastasi. Jätin hänet rauhaan ja istuuduin laulamaan. Muutamien minuuttien kuluttua näin hänen ryntäävän temppeliin, ja sitten kuulin äänekästä itkua. Professori oli heittäytynyt maahan Amman eteen itkien kuin pieni lapsi. Kului tunti, ehkä parikin. Hänen tullessaan viimein ulos temppelistä hän pyysi minut sivuun ja sanoi: "Hän on suuri sielu *par excellence*. Tulen tänne joka viikko opettamaan sinua." Näin Amma oli järjestänyt minulle opettajan.

Professori saneli minulle paljon muistiin merkittävää eri kirjoihin viitaten, mutta ei selittänyt mitään. Muista syistä johtuen emme valitettavasti voineet jatkaa opiskelua säännöllisesti. Länsimainen filosofia pysyi minulle edelleenkin tuntemattomana alueena. Loppukokeisiin oli jäljellä vain kolme kuukautta. Professori saneli minulle lisää muistiin merkittävää ja antoi tiivistelmän aiheesta. Mutta osallistuessani tiiviisti ashramin toimintoihin ja matkustaessani jatkuvasti Amman kanssa en ehtinyt opiskella paljoakaan. Sitten kokeisiin oli jäljellä vain kuukausi. Amma kehotti minua suorittamaan kaikki kahdeksan ainetta samalla kertaa. Olin todella huolissani: miten kykenisin suorittamaan ensimmäisen ja viimeisen vuoden oppijaksot yhdellä kertaa. Sitten luovutin mielessäni kaiken Amman jalkojen juureen ja aloin lukea.

Lopulta tuli päivä, joka edelsi lähtöäni Tirupatiin, runsaan tuhannen kilometrin päähän, Andra Pradeshissa sijaitsevaan kaupunkiin, missä minut oli kirjattu filosofian opiskelijaksi paikalliseen yliopistoon.

Keskipäivän maissa olin juuri aikeissa ryhtyä pakkaamaan tavaroitani, kun kuulin Amman kutsuvan minua huoneeseensa. Riensin hänen luokseen ja näin hänen olevan pakkaamassa joitakin tavaroita laukkuun ja sulkevan sen. Pöydällä oli toinenkin hieman suurempi laukku. Hän tuli luokseni liikuttuneena sanoen: "Olen pakannut kaiken matkaasi varten." Hän osoitti pöydällä olevaa laukkua ja sanoi: "Tuo laukku sisältää dhotit, paidat, pyyhkeet, kaksi huopaa ja muita vaatteita, ja tässä laukussa on kookosöljy, peili, kampa, tarvikkeet kuuman juoman valmistamiseksi ja muita tarpeellisia tavaroita. Olen pakannut nämä säästääkseni aikaa opiskeluasi varten." En kyennyt sanomaan sanaakaan. Katsoin hänen rakkautta huokuvia kasvojaan, sydämeni oli ylitsevuotavan ilon vallassa. Silmäni täyttyivät kyynelistä ja vaivuin itkien polvilleni.

Nyt lähdin täältä ensimmäistä kertaa sen jälkeen kun olin tullut hänen luokseen. Sydämeni oli pakahtua. Istuin junassa vaunun nurkassa salatakseni kyyneleeni. Muut matkustajat juttelivat onnellisina, mutta minä olin täynnä surua, koska olin joutunut erilleen Ammasta. Koko matkan ajattelin vain häntä.

Päiväni Tirupatissa olivat täynnä sietämätöntä eron tuskaa. Olin kuin kala kuivalla maalla. Yritin keskittyä opintoihin, mutta en kyennyt. Minuutit matelivat etanan vauhtia. En voinut katsoa Amman kuvaa. Ashramista tuodut tavarat muistuttivat minua Ammasta ja hänen armollisesta olemuksestaan. Unohdin syödä ja nukkua. Jokainen päivä oli minulle kuin vuosi. Silloin tällöin luhistuin. Kykenemättä kestämään eron tuskaa purskahdin itkuun. Kun opiskelukauden päättävä koesarja vihdoinkin alkoi, sain jotenkuten kirjoitetuksi vastaukset ensimmäisen koepäivän tehtäviini. Ei ollut ketään, kenen kanssa olisin voinut jakaa suruni. Silloin sain kirjeen Ammalta. Luin sen uudelleen ja uudelleen. Kyyneleet kostuttivat kirjeen läpimäräksi. Tällainen se kirje oli:

"Rakas poikani, Amma on aina kanssasi. Poikani, Amma ei tunne, että sinä olisit poissa hänen luotaan. Lapseni, Amma näkee sydämesi kaipuun. Amma kuulee itkusi. Poikani, tämä maailma on niin kaunis. Kukat, avara valtameri, lintujen laulu, taivaan avaruus, puut, pensaat, metsät, vuoret ja kukkulat, ne kaikki. Jumala teki tästä maasta kauniin. Näe Hänet kaikessa. Rakasta Häntä kaikissa olennoissa. Poista keinotekoiset rakennelmat, jotka erottavat sinut Jumalasta. Anna mielesi alati lipua Häntä kohti. Poikani, mikään tässä maailmassa ei ole pahaa. Kaikki on hyvää. Näe kaikki hyvä ja oikeamielinen. Anna mielesi kukan kukkia ja levittää tuoksuaan kaikkialle ympärillesi..."

– Amma

Tuona iltana istuin huoneeni edustalla ulkona. Puiden lehvistö ja kasvit tanssivat leppeässä tuulessa. Taivaalla tuikkivat lukemattomat tähdet, ja kuun hopeiset säteet saivat maan hohtamaan kaikessa loistossaan. Ajattelin: "Kulkekoon tämä tuuli Amman luokse. Olkoon se onnekas ja pääsköön hellimään Ammaa. Kyllä, tuuli tuntuu kuljettavan rakkaan Amman jumalaista tuoksua. Jos minulla olisi siivet, lentäisin Amman luo." Sinä iltana kirjoitin runon:

Tarapathangale

Tähdet, ettekö voisi laskeutua luokseni?
Amma on täällä, hän laulaa kehtolaulun teille.
Hän on loputon rakkauden virta,
hän on etsiville varjoa-antava puu.

Oi viileän lempeä tuuli,
joka tulet hyräillen yön hiljaisia lauluja;
mitä kuiskasit niin suloisesti korvaani?
Äitini suloisia tarinoitako?

Aurinko ja kuu nousevat ja laskevat hitaasti
sinisellä taivaalla päivästä päivään.
Ettekö halua nähdä Äitiäni,
joka on antanut teille tämän jumalallisen loiston?

Puut ja köynnökset kasvavat rehevinä
hiljaisissa, yksinäisissä laaksoissa
ja kukkuloiden rinteillä.
Ikään kuin lohduttaakseen minua
niiden hennot oksat tanssivat tuulessa.

Myöhemmin illalla jouduin täysin toisenlaiseen mielentilaan. Kuljin huoneessani edestakaisin kuin mieletön. Sain itseni kuitenkin jonkinlaiseen hallintaan ja päätin lähteä heti seuraavana päivänä. Viimeisen vuoden kurssista oli jäljellä vielä yksi aine. Päätin, etten osallistuisi kuulusteluihin, joiden oli määrä alkaa neljän päivän kuluttua. Ajattelin: "Amma on pyytänyt minua osallistumaan tentteihin, mutta nyt aion toimia hänen neuvonsa vastaisesti."

Lopulta päätin kuitenkin kysyä Ammalta lupaa erikoisella tavalla. Otin kolme samankokoista paperinpalaa. Kirjoitin ensimmäiselle; "Poikani, tule takaisin." Seuraavalle kirjoitin; "Suorita kokeet ja tule vasta sitten." Kolmannelle paperinpalalle kirjoitin: "Teen niin kuin poikani haluaa." Kiersin paperit samanlaisiksi rulliksi, sekoitin ne, sitten otin Amman kuvan laukusta ja asetin sen nurkkaan nojaamaan. Nöyrästi rukoillen uhrasin paperirullat kuvalle sanoen: "Oi Äiti, otan yhden näistä. Anna minun tietää tahtosi, oli se sitten mikä hyvänsä." Suljin silmäni ja otin vapisevin käsin yhden papereista. Avasin sen. Voi! Se oli se, johon olin kirjoittanut 'Suorita kokeet ja tule vasta sitten'. En ollut tyytyväinen tulokseen, joten yritin vielä kerran kaikilla kolmella paperilla. Poimin jälleen saman viestin. Mieleni täytti kuitenkin niin kiihkeä halu nähdä Amma, että päätin kaikesta huolimatta lähteä heti seuraavana päivänä.

Osallistuin seuraavana aamuna viimeisen aineen tenttiin, sitten kiiruhdin huoneeseeni. Pakkasin kiireesti tavarani ja olin juuri aikeissa lähteä huoneesta, kun huomasin, että nurkassa oli jotakin: tarpeettomia sanomalehtiä, joita olin käyttänyt kääriessäni tavaroita ashramissa, ja rikkoontunut saippuakotelo. Ajattelin: "Kuinka voimakasta tuskaa tunnenkaan, kun joudun olemaan erossa Ammasta. Nämä esineet saattavat kokea samanlaista tuskaa kuin minä. Olisi synti jättää ne tänne." Niinpä pakkasin nuokin tavarat huolella laukkuuni.

Seuraavana päivänä saavuin ashramiin. Matkalla Amman luo tapasin veljeni Venun. Hämmästyneenä hän sanoi: "Amma sanoi minulle eilen illalla, että olet tullut hyvin rauhattomaksi ja että saavut tänne tänään!" Menin Amman huoneeseen ja vaivuin itkien hänen jalkojensa juureen. Amma nosti minut ylös lohduttaen: "Poikani, tunnen sydämesi. On hienoa, että rakastat, mutta yritä kerätä enemmän henkistä voimaa. *Sadhakan* tulisi olla pehmeä kuin kukka, mutta myös kova kuin timantti. Sinun täytyy palata ja suorittaa loputkin tentit. Onnistuit tai et, Amma ei välitä siitä. Huomenna menet takaisin ja palaat sitten, kun kaikki on ohi."

Seuraavana aamuna matkustin takaisin Tirupatiin. Kun viimeinen kuulustelu oli viikon kuluttua ohi, palasin ashramiin. En ollut tyytyväinen vastauksiini ja pelkäsin, etten ollut päässyt läpi. Amma kuitenkin totesi rauhallisesti. "Unohda tentit. Älä epäile, sinä onnistuit." Tulosten selvittyä hämmästyin. Olin saanut toiseksi korkeimman arvosanan.

Amman seurassa oleminen on sinänsä *tapasin*, itsekurin har-
joittamista. Siihen sisältyy aina jotakin uutta ja tuoretta.
Jokainen hetki tuo mukanaan uudenlaisen kokemuksen, joka avaa uuden
alueen henkisyydestä, ja auttaa kehittymään tasolta tasolle. Henki-
sen elämäni alkuvaiheissa luulin jo ymmärtäneeni Ammaa täysin.
Myöhemmin tajusin, etten ollut ymmärtänyt mitään.

Venu
(Swami Pranavamritananda Puri)

Venu on Balun veli. Heidän äitinsä kuoli poikien ollessa vielä lapsia.
Äidin kuoleman jälkeen Balu varttui isänsä hoivissa, Venu puoles-
taan kasvoi tätinsä, äidin vanhemman sisaren Saraswathy Amman
luona. Saraswathy Amman kodin ilmapiiri oli uskonnollinen ja
henkinen. Venu oli perheen lemmikki, eikä hän joutunut koskaan
kokemaan äidinrakkauden tai myötätunnon puutetta. Päätettyään
15-vuotiaana koulun Venu muutti isänsä luokse jatkamaan opintoja
yliopistossa. Jo nuorella iällä hänessä oli ilmennyt henkisiä ominai-
suuksia, mutta yliopistovuosina henkisyys häipyi taka-alalle ja hän
alkoi elää maallista elämää. Mutta nähdessään uskonnollisen elo-
kuvan tai munkin oranssissa kaavussaan hänessä uinuva henkisyys
osoitti heti heräämisen merkkejä.

Tässä vaiheessa Balu oli jo tavannut Amman ja omistautunut
henkisyydelle. Mutta vaikka Balu kertoikin veljelleen usein Am-
masta, Venu ei kiinnittänyt asiaan paljoakaan huomiota. Hän jopa
pilkkasi Ammaa ja tokaisi: "Sen kalastajatytön luokse minä en tule."
Mutta jo ennen kuin Amma oli tavannut Venua, hän totesi Balulle:
"Myös sinun veljesi on minun poikani, hän tulee tänne." Tämän
kuultuaan Balu huolestui, sillä perheessä oli kapinoitu jo sitä vas-
taan, että hän oli päättänyt jättää kotinsa ja maallisen elämän. Mitä
tapahtuisikaan, jos Venukin seuraisi hänen jalanjäljissään? Mutta
oli miten oli, jumalallinen tahto on korkein voima, inhimillisten

näkemysten ja suunnitelmien tuolla puolen. Kohtalo tulisi väistämättä toteutumaan.

Venun opiskellessa viimeistä vuotta luonnontieteiden kandidaatin tutkintoa Amma vieraili hänen tätinsä luona. Venun palatessa yliopistolta Amma seisoi talon kuistilla. Venu käveli Amman ohi vilkaisemattakaan häneen ja meni omaan huoneeseensa, jonne oli kerääntynyt Sreekumar, Pai ja muutamia muita ashramin vakituisia asukkaita. Aivan yllättäen Amma tuli Venun luo. Hän piti käsiään kuin rakastava äiti ja sanoi: "Etkö sinä olekin poikani Balun veli? Amma on toivonut kovasti tapaavansa sinut." Venun sydän suli ja hän oivalsi samassa silmänräpäyksessä, ettei Amma ollut mikään tavallinen ihminen vaan äidillisen rakkauden ja hellyyden alkulähde. Amma veti häntä puoleensa aivan kuin magneetti raudanpalaa.

Iltapäivällä Amman jakaessa ruokaa jokaiselle Venukin sai riisipallon. Se oli hänelle unohtumaton kokemus. Hän lumoutui nähdessään Amman äärettömän rakkauden, tasapuolisuuden ja lapsenomaisen viattomuuden. Amman kasvot sädehtivät ylivertaista henkistä loistokkuutta. Hänen selkeä tapansa valaista henkisiä mysteereitä, haltioituneet ja lumoavat laulunsa ja ennen kaikkea hänen täydellinen nöyryytensä tekivät Venuun syvän vaikutuksen. Venu koki Amman kiehtovan häntä yhä voimakkaammin ja voimakkaammin. Vaikka Amma osoitti sanansa toisille, Venu tunsi tämän vastaavan hänen mieleensä nousseisiin epäilyksiin.

Tämä Venun ensimmäinen tapaaminen Amman kanssa teki häneen niin syvän vaikutelman, että kaikki hänen aiemmat Ammaa ja henkisyyttä kohtaan tuntemansa ennakkoluulot katosivat. Päivä päivältä hänen toiveensa tavata Amma kasvoi kasvamistaan. Lopulta vuoden 1980 helmikuussa hän tuli Vallickavuun. Nähdessään Amman Venu purskahti itkuun. Amma otti häntä kädestä ja veti hänet viereensä istumaan. Sinä iltana ollessaan temppelissä *Krishna bhavan* aikana hän tunsi todella seisovansa Krishnan edessä. Hänen mielensä oli ylitsevuotavan ilon vallassa, eikä hän kyennyt sen enempää itkemään kuin nauramaankaan. Hän rukoili Ammaa siunaamaan häntä antamalla puhtaan antaumuksellisen rakkauden ja tiedon tulla häneen. Amma sanoi: "Poikani, tulet saamaan mitä etsit." Äiti antoi hänelle paperinpalaselle kirjoitetun mantran ja basilikan lehdistä solmitun seppeleen.

Jo tavattuaan Amman ensimmäisen kerran Venu oli menettänyt kaiken kiinnostuksensa opiskelun jatkamiseen. Hän ei halunnut enää muuta kuin elää henkistä elämää. Amman vaatimuksesta Venu kuitenkin valmistautui vain kuukauden päästä olevia lopputenttejä varten. Professorit ja opiskelijat olivat hämmästyneitä nähdessään Venun tulevan yliopistolle pää kaljuksi ajeltuna ja pyhää tuhkaa otsassaan. He ajattelivat hänen menettäneen järkensä, mutta hän oli uppoutunut täysin Amman ajattelemiseen. Erään kerran hän oli epähuomiossa valmistautunut sen päivän kokeiden sijasta seuraavan päivän kokeisiin. Tavalla tai toisella hän kuitenkin läpäisi tentit asettuen sitten syyskuussa 1980 Amman luo asumaan.

Kerran erään festivaalin aikana ashramissa valmistettiin makeaa vanukasta. Tapana oli uhrata sitä ensin hieman Jumalalle ennen sitä jaettiin oppilaille. Venu otti vanukasta täyden lasillisen asettaakseen sen pikku pyhäkköön temppelin eteen. Löytämättä mitään lasin peitoksi, hän katseli ympärilleen varmistuakseen, ettei Amma ollut lähettyvillä ja poimi sitten pyhäkön lähellä kasvavasta pienestä kasvista tuoreen lehden vanukkaan peitoksi. Mutta Amma näki sen ja huusi etäältä: "Hei Venu!" Kuultuaan Amman äänen Venu yritti piilottaa lehden, mutta hämmennyksissään hän kallisti lasia niin paljon, että sen sisältö putosi hiekkaan. Venu tunsi olevansa mennyttä miestä ja toivoi vain voivansa välttää lisämoitteet. Hän kaapi vanukkaan hiekasta lasiin ja asetti sen pyhäkköön vaikka tiesikin tekevänsä väärin. Tarkkailtuaan tilannetta etäältä Amma tuli nyt Venun luo ja sanoi vakavalla äänellä: "Poikani, koirakaan ei söisi tuota. Puhumattakaan ihmisistä? Kuinka voit sitten uhrata sen Jumalalle? Söisitkö sinä sitä poikani? Et! Tämä on todellinen synti! Jumala ottaa vastaan mitä tahansa hänelle uhrataan rakkaudella ja antaumuksella katsomatta siihen, mitä se on. Hän näkee ainoastaan sen asenteen, jolla uhraus suoritetaan. En välittäisi, jos olisit tehnyt tämän tietämättömyyttäsi, mutta jatkoit siitä huolimatta vaikka tiesit tekeväsi väärin. Eikä siinä kaikki. Olet tehnyt toisenkin virheen poimiessasi lehtiparan tuosta pienestä kasvista. Kuinka armoton oletkaan! Näen tuon pienen kasvin itkevän kivusta. Jos joku pistää sinua, kuinka se sattuukaan! Poikani, vaikka sinä et tunnekaan kasvin tuskaa, niin Amma tuntee."

Venu oivalsi virheensä ja katui. Hän rukoili anteeksiantoa. Amma sanoi: "Poikani, mitä tahansa virheitä teetkin, katson sen johtuvan jostakin omasta virheestäni. Amma ei ole lainkaan vihainen sinulle, mutta johtaakseen sinua täydellistymisen tiellä hänen täytyy tekeytyä vihaiseksi.

Venu sanoi, että Ammalta ei voi salata mitään. Hän tietää kaiken. Viisi vuotta sitten tapahtui jotakin, joka on tästä hyvänä esimerkkinä. Eräänä iltana illallisen aikaan kaikkien juodessa kanjia, riisilientä, minulle tuli yhtäkkiä voimakas halu saada mangopikkelsiä. Olin nähnyt sellaista aiemmin päivällä ashramin keittiössä, mutta koska se oli tarkoitettu vain työntekijöille ja vieraileville oppilaille, me vakituiset asukkaat emme saaneet ottaa sitä. Amma oli sen lisäksi selittänyt, että me henkiset oppilaat emme saaneet syödä ruokaa, joka oli voimakkaasti maustettua, makeata, hapanta tai suolaista. Hän teki usein keittiöön yllätyskäyntejä nähdäkseen noudatettiinko hänen ohjeitaan. Vaikka olinkin tästä täysin tietoinen, pikkelsin houkutus voimistui voimistumistaan. Huomiota herättämättä pujahdin keittiöön ja nappasin pari isoa viipaletta mangopikkelsiä. Olin juuri aikeissa lähteä, kun kuulin yhtäkkiä Amman äänen: "Venu, mitä sinulla on kädessäsi?" Olin järkyttynyt ja välttääkseni joutumasta kiinni itse teossa heitin mangoviipaleet pois. Amma etsi viipaleet, sitten hän tuli luokseni ja tarttui käsiini ja sitoi ne yhteen. Häpesin ja olin hyvin peloissani.

Nähdessään Venun aidon lapsenomaisen pelon Amma purskahti nauruun. Itse asiassa hän nautti katsoessaan Venua. Tämä näytti aivan lapsi-Krishnalta, jonka Yasodha-äiti oli sitonut huhmareeseen tämän näpisteltyä gopien taloista voita ja maitoa. Muutaman hetken kuluttua Amma irrotti narun ja vapautti Venun ja laittoi hänen

214

suuhunsa hieman mangopikkelsiä. Hän sanoi: "Poikani, vain hallitsemalla kielen maut saat nauttia sydämen mausta." Ammalla on omat tapansa karsia henkisten lastensa kielteisiä ominaisuuksia. Hän sanoo toisinaan: "Olen hullu tyttö, joka ei tiedä mitään." Hän tekeytyy tietämättömäksi, yksinkertaiseksi kyläläistytöksi, mutta hänen silmänsä läpäisevät kaiken ja löytävät aina totuuden. Virheitä havaitessaan hänessä nousee esiin suuri opettaja opastamaan oppilasta kulloisenkin tapauksen edellyttämällä tavalla, tällöin äidillisyys piiloutuu hetkeksi.

Srikumar
(Swami Purnamritananda Puri)

Sreekumar oli sähköinsinööri ennen Amman luo tuloaan. Opiskellessaan maisterin tutkintoa varten vuonna 1979 hän kuuli naisesta, joka kykeni omaksumaan jumalallisia mielentiloja ja siunaamaan oppilaitaan eri tavoin, heidän ongelmiensa vaatimalla tavalla. Vaikka Sreekumar uskoikin Jumalaan, hän kuitenkin oletti, ettei Jumalallinen voisi ilmetä ihmisen kautta. Tarkkaillessaan tätä maailmaa, missä muutamat ovat onnellisia ja enemmistö kärsii hänen uskonsa hyvään Jumalaan oli alkanut horjua. Tällaisessa elämänvaiheessa hän sai kuulla Ammasta. Silloin hän päätti lähteä itse katsomaan, olisiko tällä jumalallisia voimia vai ei.

Epäilevin mielin hän saapui ashramiin maaliskuussa 1979. Astuttuaan pyhäkköön hän hakeutui Amman läheisyyteen. Äidin rakastava ja myötätuntoinen katse tunkeutui syvälle Sreekumarin sydämeen. Hänen pelkkä läsnäolonsa siirsi Sreekumarin toiseen maailmaan, missä oli vain Jumala, Hänen pyhä nimensä ja hän itse, ulkopuolinen todellisuus unohtui. Tämä kokemus sitoi hänet Ammaan ja Ammaa koskevat ajatukset täyttivät hänen mielensä.

Toisesta tapaamisestaan Amman kanssa Sreekumar kertoo: "Kuulin toisten nimittävän häntä lapseksi, *kunjuksi*, kun taas toiset kutsuivat häntä Äidiksi, Ammaksi. *Bhava darshanin* jälkeen hän keskusteli oppilaiden kanssa. He kertoivat, että yhtäkkiä Amma saattoi käyttäytyä aivan kuin pikkulapsi. Hän leikki oppilaiden kanssa ja kun he näkivät hänen lapsenomaiset leikkinsä, heidän sydämensä iloitsivat ja kaikki muu unohtui. Toisinaan hän lauloi ja tanssi, ja seuraavassa hetkessä jokin laulu sai hänet vuodattamaan kyyneleitä, ja sitten hän saattoi istua jälleen liikahtamatta, maailman unohtaneena. Jotkut paneutuivat maahan hänen eteensä ja toiset suutelivat hänen kättään ja kolmannet lauloivat hänelle antaumuksellisia lauluja. Sitten hän saattoi taas kieriskellä maassa ja nauraa hullun lailla."

Aluksi Sreekumar ajatteli Amman joutuvan hetkellisesti jumalaisen Äiti Kalin ja Krishnan valtaan, mutta saatuaan elää pysyvämmin Amman lähellä hän tajusi Amman näissä tilanteissa vain tuovan ilmi sitä korkeampaa todellisuutta, jossa hän itse asiassa eli joka hetki.

Sreekumarin suhde Ammaan vahvistui päivä päivältä. Hänestä alkoi tuntua vaikealta pysytellä poissa Amman luota. Milloin tahansa hänellä oli aikaa, hän vietti sen Amman läheisyydessä. Toisinaan Amma syötti häntä omin käsin ja antoi hänelle henkisiä ohjeita. Eräänä päivänä Amma kysyi häneltä: "Onko Amma antanut sinulle mantran toistettavaksi?" Hän vastasi: "Kyllä, sain pienelle paperilappuselle kirjoitetun, opiskeluani edistämään tarkoitetun mantran. Amma sanoi: "Poikani, Amma vihkii sinut *Devi bhavan* aikana." Sinä iltana Sreekumar varsinaisesti vihittiin mantran käyttöön. Silloin hän myös päätti omistaa elämänsä henkisyydelle Amman ohjauksessa.

Vaikka Sreekumarin vanhemmat olivat Amman seuraajia, he eivät silti halunneet poikansa ryhtyvän munkiksi. Vastutus johtui ensi sijassa siitä, että hänen isänsä oli jo eläkkeellä ja hänen sisarensa oli naimaton. Sen takia he järjestivät Sreekumarille työpaikan kuudensadan kilometrin päähän, Bangaloreen.

Niinä päivinä, kun Sreekumar murtunein sydämin kaipasi Ammaa, hän sai nähdä Amman näyssä. Lohdutukseksi Amma myös

lähetti hänelle silloin tällöin kirjeen. Noihin aikoihin Sreekumar
kirjoitti laulun:

Arikil undenkilum

Oi Amma, vaikka oletkin lähelläni,
vaellan koska en tunne läsnäoloasi.
Vaikka minulla on silmät,
etsin sinua alati kykenemättä näkemään sinua.

Oletko sinä kaunis kuu,
joka loistaa talviyön sinessä?
Olen vain aalto, joka ei yllä taivaaseen,
vaan lyö päätään rantaa vasten.

Kun tulin ymmärtämään totuuden,
että maalliset nautinnot ovat arvottomia,
aloin kaivata, että saisin oppia tuntemaan sinut,
ja vuodatin kyyneleitä päivin ja öin.

Etkö tulisi lohduttamaan minua,
suruni taakan alla nääntyvää?
Kaivaten sinun tuloasi
odotan sinua alati.

Sreekumarin kiihkeä halu nähdä Amma jälleen ja saada olla hänen
lähettyvillään sai hänet palaamaan Bangaloresta kotiin ennen kuin
kuukausi oli kulunut umpeen. Vallickavuun tullessaan hän oli
kuumeessa ja joutui sairaalaan. Hänen kaipauksensa saada nähdä
Amma kasvoi kasvamistaan kunnes eräänä aamuna hän koki jotakin
ihmeellistä: "Isäni oli lähtenyt hakemaan minulle kahvia. Olin yksin
huoneessa, kun yhtäkkiä käteni ja jalkani aivan kuin halvaantuivat.
Viileä ja miellyttävä tuuli hyväili minua ja suureksi hämmästyksek-
seni näin Amman saapuvan huoneeseen. Lempeästi hymyillen hän
käveli luokseni. Aloin itkeä kuin pieni lapsi. Hän istuutui viereeni ja
painoi pääni syliinsä. Hän ei puhunut mitään. Olin tunnekuohun

vallassa. Sanat takertuivat kurkkuuni. Ammaa ympäröi häikäisevä jumalallinen valo, jonka loiste täytti koko huoneen. Sitten ovi aukesi ja isäni käveli sisään, ja samalla hetkellä Amma katosi." Muutamia päiviä myöhemmin Amma vieraili Sreekumarin kotona. Oli aamu ja hän istui talon edessä leikkien lasten kanssa. Yhtäkkiä Amma nousi ja lähti kävelemään peltojen poikki itään päin kädet *mudrassa*. Vielä vähän matkaa edettyään hän tuli metsikköön, missä eräällä perheellä oli tapana palvoa käärmeitä. Puolittain tajuissaan, silmät puoliummessa hän hymyili lumoavasti ja istuutui pienelle, käärmeiden palvontaa varten metsän laitaan rakennetulle alttarille. Paikalle kerääntyi useita ihmisiä ihmettelemään tätä outoa näkyä. Kukaan ei kuitenkaan mennyt aivan lähelle, sillä paikka oli täynnä myrkyllisiä käärmeitä. Myös tuon metsän omistajat olivat saaneet kuulla Ammasta ja tulivat paikalle seisoen nyt hänen edessään yhteenliitetyin käsin.

He sanoivat: "Amma, me suoritamme palvontamenoja jatkuvasti. Tuleeko meidän tehdä jotain muuta?" Amma vastasi, "Tuokaa tänne joka päivä lasi raikasta vettä. Se riittää." Amman palattua Sreekumarin kotiin häneltä kysyttiin: "Amma mikä sai sinut menemään sinne?" Hän vastasi: "Tuossa paikassa on hyvin pitkään harjoitettu käärmeiden palvontaa. Amma meni sinne koska sinne määrätyt jumaluudet toivoivat sitä. Heti tänne saavuttuani tunsin heidän ottavan yhteyttä minuun."

Pian tämän jälkeen vanhemmat löysivät Sreekumarille töitä Bombaysta. He olivat niin taipumattomia vaatimuksessaan, että lopulta hänellä ei ollut muuta mahdollisuutta kuin lähteä sinne. Hän lähti hyvin vastahakoisesti, koska se merkitsi jälleen eroa Ammasta. Koko junamatkan ajan hän tunsi Amman läsnäolon erittäin voimakkaasti. Puolittain valveilla, puolittain unessa hän näki näkyjä Ammasta ja nautti hänen jumalallisen läsnäolonsa suomaa autuutta.

Bombayssa Sreekumar kirjoitti sydämensä kaipuun runon muotoon:

Azhikulil

Aurinko on laskenut läntiseen valtamereen
ja päivä on aloittanut valituslaulunsa...
Tämä on vain maailmankaikkeuden arkkitehdin leikkiä.
Miksi siis, oi sulkeutuvat lootuskukat, masentuisitte?

Tämä maailma, joka on täynnä murhetta ja surua,
on Jumalan näytelmä ja minä, sen sivustakatsoja,
olen Hänen käsissään vain puinen nukke,
jolla ei ole edes kyyneleitä, joita vuodattaa.

Kuin tulenliekki, mieleni leimuaa
eron tuskaa sinusta,
tässä surun valtameressä.
minä heittelehdin sinne tänne
kykenemättä löytämään rantaa.

Jo ennen kuin Sreekumar oli löytänyt Amman ja valinnut henkisen tien, hänellä oli kokemuksia astraalitason tapahtumista. Maatessaan hän saattoi tuntea astraaliruumiin irtaantuvan fyysisestä ruumiistaan ja alkavan vaellella vapaana. Tällaisina hetkinä hän näki silmät suljettuinakin tämän näkyväisen maailman.

Bombayssa ollessaan hän koki jotakin todella erikoista. Oli päiväsaika ja hän makasi silmät kiinni rentotuen näin meditaation jälkeen. Yhtäkkiä hänen ruumiinsa jäykistyi. Hän tunsi astraalikehon erkanevan fyysisestä ruumiistaan. Välittömästi tämän jälkeen hän kuuli ukkosenjylinää muistuttavan äänen. Sitten esiin vyöryi kuin aaltoina pilviä, joiden keskellä Amma seisoi värikkäässä *Devi bhava* asussaan. Pyhän Äidin valtava koko synnytti pelonsekaista ihmetystä ja kunnioitusta. Hän sai katsella tätä huikeata näkyä muutamia minuutteja. Tuona aikana hän ei kyennyt liikuttamaan itseään eikä avaamaan silmiä.

Oltuaan kahdeksan kuukautta erossa Ammasta hän ei enää kestänyt, vaan jätti eronpyynnön työnantajalleen ja palasi Amman ashramiin.

Tammikuun 28. päivänä 1980 Sreekumar oli juuri lähdössä ashramista käydäkseen vanhempiensa luona, kun Amma pysäytti hänet sanoen: "Pysy täällä. Älä mene tänään minnekään!" Sreekumar itse kertoi tapauksesta: "Ilahduin kuullessani Amman sanat ja peruin lähtöaikeeni. Kuuden aikaan illalla seisoin ulkona juttelemassa joidenkin ihmisten kanssa, kun yhtäkkiä jokin puri minua jalkaan. Huusin tuskasta ja samassa Amma tuli juosten paikalle. Hän löysi heti haavan ja imi veren ja myrkyn ja sylkäisi sen pois. Tästä huolimatta kipu kasvoi sietämättömäksi. Nähdessään minun kieriskelevän kiduttavan tuskan kourissa Amma yritti lohduttaa minua. Toisten vaatiessa hän salli lopulta, että minut vietiin käärmeenpuremiin erikoistuneen lääkärin luokse. Tämä sanoi: "Sinua purrut käärme oli äärimmäisen myrkyllinen! Ihme ja kumma ettei myrkky kuitenkaan näytä vaikuttaneen ruumiiseesi tai vereesi!"

Amman hoivatessa minua hellästi ja rakkaudella nukahdin lopulta aamuyöllä kolmen maissa. Vasta sen jälkeen Amma itse kävi levolle. Seuraavana päivänä hän sanoi minulle: "Poikani, missä tahansa olisitkaan ollut, kohtaloosi kuului, että käärme olisi purrut sinua. Koska se tapahtui Amman läheisyydessä, ei päässyt sattumaan mitään vakavaa. Sen takia Amma esti sinua eilen lähtemästä täältä".

Mentyäni myöhemmin kotiin kävin läpi horoskooppini ja yllätyin havaitessani, että siinä kerrottiin kohtalokkaasta onnettomuudesta: "22-vuotiaana on odotettavissa melko varma myrkytys. Terveyden säilyttämiseksi olisi temppelissä suoritettava uhraus ja erityinen jumalanpalvelus."

Amman armosta Sreekumar sai useita henkisiä kokemuksia, jotka innostivat häntä jatkamaan sadhanaa yhä suuremmalla antaumuksella. Järjestettyään raha-asiat vanhempiensa ja sisarensa kanssa hän asettui pysyvästi ashramiin.

Ramakrishnan
(Swami Ramakrishnananda Puri)

Ramakrishnan on brahmiiniperheen poika Palghatista Keralasta.
Ollessaan vuonna 1978 töissä valtion Travancore -pankissa hän kuuli
Ammasta eräältä ystävältään ja tuli tämän kanssa eräänä iltana tapaamaan Äitiä. Vaikka Ramakrishnan olikin saanut kasvatuksensa
ortodoksiperheessä, hän oli nyt ajautumassa kohti vaikeuksia. Syynä
olivat niin yliopisto-opinnot kuin huono seura. Heti ensimmäisen
kerran Amman tavatessaan hän purskahti itkuun. Sisäinen karkeus
suli ja pehmeni, kunnes puhdistavat kyyneleet pesivät kaiken pois.
Tämän jälkeen hän tuli lähes jokaiseen *darshaniin* nähdäkseen
Amman jumalallisessa mielentilassa. Hän itki kuin pikkulapsi ja
rukoili, että Amma antaisi hänelle näyn hänen suosikki jumaluudestaan Madurai Miinakshista. Surressaan sitä ettei ollut saanut
niin syvästi kaipaamaansa näkyä hän jopa paastosi joinakin päivinä.
Tällaisina päivinä Amma syötti hänelle makeaa vanukasta viittaamatta sanallakaan Ramakrishnanin paastoon. Levätessään Amman
sylissä *Devi bhavan* aikana hän itki kiihkeän kaipuun vallassa ja
aneli: "Amma, tulethan luokseni huomenna? Anna minun kuulla
edes nilkkakorujesi helinä." Vastauksena vilpittömiin rukouksiin
Ramakrishnan sai lopulta monta näkyä rakastamastaan jumaluudesta. Joinakin päivinä hän kuuli Amman nilkkakellojen helinän
ja toisinaan hän sai kokea näyn Jumalallisesta Äidistä ja sai tuntea
ympärillään jumalallisen tuoksun.

Kaksi merkittävää tapausta innosti Ramakrishnania hylkäämään maallisen elämän ja ryhtyä elämään henkistä elämää.
Ensimmäinen oli kokemus, jonka hän sai Amman vihkiessä hänet
henkisiin harjoituksiin. Tuossa hyväenteisessä tilaisuudessa hän
tunsi sanoinkuvaamattoman voiman siirtyvän Ammasta häneen ja
muuttavan täydellisesti hänen käsityksensä elämän tarkoituksesta
ja päämäärästä. Toinen tapahtuma oli seuraavanlainen: Amma
näytti eräänä päivänä Sri Ramakrishna Paramahansan kuvaa

221

Ramakrishnanille ja sanoi: "Teillä on sama nimi, silti sinusta ei ole tullut hänen kaltaistaan." Nämä Amman sanat iskeytyivät Ramakrishnanin sydämen sisimpiin sopukoihin asti kuin salama ja voimistivat entisestään hänen haluaan tulla todelliseksi henkiseksi oppilaaksi.

Eräänä kesäiltana Ramakrishnan tuli jälleen kerran saadakseen ottaa vastaan Amman *darshanin Devi bhavan* aikana. Temppelissä oli tuskallisen kuuma, helpotusta saadakseen Amma pyysi häntä leyhyttämään viuhkaa. Ramakrishnan epäröi, koska temppelin ulkopuolella seisoi ryhmä nuoria naisia. Hän ajatteli: "Jos kaltaiseni nuori mies leyhyttää naista viuhkalla, he nauravat minulle." Niinpä hän ei vilvoittanut Ammaa. Mutta kuinka ollakaan, hänen poistuessaan temppelistä *darshanin* jälkeen hän kumautti päänsä oven puiseen kamanaan. Sen nähdessään nuoret naiset purskahtivat nauruun. Ramakrishnan kalpeni ja hämmentyi.

Ramakrishnanin tultua taas seuraavana päivänä *darshaniin* Amma kutsui hänet luokseen ja sanoi: "Eilen et leyhyttänyt minua viuhkalla vaikka pyysin. Siksi ajattelin, että olisi hyvä saattaa sinut naurun kohteeksi noiden nuorten naisten edessä, joiden pilkkaa pelkäsit." Seuraavasta *darshanista* alkaen Ramakrishnan vilvoitti Ammaa viuhkalla pyytämättä.

Eräässä vaiheessa Ramakrishnan siirrettiin sadan kilometrin päässä ashramista sijaitsevaan sivukonttoriin. Hänen tehtäväänsä kuului kassakaapin avaimen hallussapito. Siksi hänen oli saavuttava joka aamu pankkiin tarkalleen kello kymmeneltä. Sunnuntain darshanin jälkeisenä aamuna Ramakrishnan nousi bussiin, jolla hän pääsi kolmentoista kilometrin päähän työpaikastaan. Siellä selvisi, ettei ollut mitään jatkoyhteyttä hänen määränpäähänsä ennen kymmentä. Hän yritti saada taksin, mutta sitäkään ei ollut saatavilla. Huolestuneena ja masentuneena hän huudahti ääneen, "Amma!" Muutaman hetken kuluttua paikalle saapui aivan tuntematon mies moottoripyörällä, pysähtyi hänen eteensä ja sanoi Ramakrishnanille: "Olen menossa Pampakudaan (kylään missä Ramakrishnan työskenteli). Sinne ei mene yhtään bussia ennen kello kymmentä, joten jos haluat, voin heittää sinut sinne." Ramakrishnan otti tarjouksen ilomielin vastaan ja asettui moottoripyörän takaistuimelle. Ja niin hän saapui pankkiin tarkalleen kymmeneltä.

Kun Ramakrishnan sittemmin tiedusteli tapahtumasta Ammalta, tämä vastasi, "Yksi kutsu riittää. Jos se tehdään keskittyneesti, niin Jumala on ilmestyvä paikalle."

Eräs vuoden 1981 tapahtuma opetti Ramakrishnanille, miten tärkeää on totella henkistä mestaria. Hänen vanhempansa olivat alkaneet pelätä, että tiivis yhteys ashramiin houkuttelisi pojan antautumaan munkiksi ja he yrittivät siksi järjestää hänelle siirron oman kaupunkinsa sivukonttoriin. Vanhempien jatkuva painostus sai hänet lopulta jättämään siirtoanomuksen kysymättä Ammalta neuvoa tai lupaa. Joidenkin päivien kuluttua hän kuitenkin muutti mielensä ja lähetti pankin viranomaisille kirjeen, jossa hän pyysi heitä jättämään anomuksen huomiotta.

Amma sanoi hänelle eräänä päivänä: "Paras tiedustella pankista sitä toista kirjettä. Näyttää siltä, että se ei ole saapunut perille." Ramakrishnan vastasi: "Ei se ole tarpeen, Amma. Heidän on täytynyt saada ja hyväksyä se." Amma vaati useita kertoja häntä tiedustelemaan toista kirjettä, mutta Ramakrishnan ei ottanut todesta hänen sanojaan.

Ennen pitkää Ramakrishnan sitten sai kuin saikin siirtomääräyksen Trivandrumin pääkonttorista. Hän ryntäsi paikalle, tapasi siirrosta vastaavat virkailijat, mutta nyt se oli liian myöhäistä. Aivan niin kuin Amma oli sanonut, he eivät olleet saaneet kirjettä, jossa hän oli pyytänyt jättämään siirtoanomuksen huomiotta. Kirje oli jotenkin hävinnyt matkalla. Näin Ramakrishnan sai kipeän opetuksen, että Gurun aivan tavanomaisiakin asioita koskevat sanat tulee huomioida.

Kerran kesken keskustelun Amma kääntyi Ramakrishnanin puoleen ja sanoi otsaansa rypistäen: "Jotkut katselevat tyttöjä vielä maailmasta luopumisen jälkeenkin." Ramakrishnan kysyi: "Kuka se on, Amma?" "Sinä!" Amma vastasi. Ramakrishnan kauhistui:

"Mitä, minäkö? Minä en koskaan katsele naisia. Nyt Amma syyttää minua virheestä, jota en ole tehnyt", hän puolustautui.

Amma mainitsi heti erään Ramakrishnanille hyvinkin tutun naisen nimen ja jatkoi kertomalla hänen aviomiehensä nimen, lasten ja perheenjäsenten nimet ja niin edelleen. Ramakrishnan seisoi paikoilleen jähmettyneenä suu ammollaan. Kuullessaan tarkan kuvauksen tilanteesta ja Ammalle täysin tuntemattomasta naisesta hän mykistyi hämmästyksestä. Amma penäsi: "No, Ramakrishnan, kerro totuus. Etkö katsokin häntä joka päivä?"

Ramakrishnan oli vaiti. Oli totta, että hän katsoi naista joka päivä, mutta miksi? Koska naisen ulkoinen olemus muistutti Ammaa. Nähdessään naisen hänestä tuntui kuin hän olisi katsonut itseään Pyhää Äitiä. Amman nähdessä miespoloisen seisovan siinä puhumattomana, pää riipuksissa hän purskahti nauruun. On sanomattakin selvää, ettei Ramakrishnan enää koskaan katsahtanutkaan tähän naiseen.

Tämä tapahtuma osoittaa selvästi, miten Amma seuraa henkisten lastensa ulkoisia ja sisäisiä toimia ja ohjaa heitä kulloisenkin tilanteen edellyttämällä tavalla.

Ennen kuin ashram virallisesti rekisteröitiin hyväntekeväisyysjärjestöksi, vain muutamien oli mahdollista asua siellä. Niukkojen taloudellisten voimavarojen takia oli tuolloin mahdotonta huolehtia kovinkaan monen ihmisen tarpeista. Jätettyään työnsä *brahmachareista* kääntyivät Ramakrishnanin puoleen saadakseen ruokaa ja vaatetusta. Hän huolehti heidän tarpeistaan ilomielin ja pyytämättäkin.

Ashramin alkupäivinä Ramakrishnanista tuntui, että Amma oli kaksi erilaista olentoa, toisaalta tavanomainen itsensä ja toisaalta *bhava darshanin* jumalallinen olento. Tällainen näkemys hämmensi tavattomasti hänen mieltään ja sai hänet tuntemaan itsensä usein onnettomaksi. Lopulta Ramakrishnan pyysi Ammaa siunaamaan hänet ja oikaisemaan häntä hämmentävän näkemyksen. Eräänä yönä Amma ilmestyi hänelle tavanomaisessa mielentilassaan yllään valkoinen asu. Tämä tapahtui ennen kuin Amma ryhtyi pukeutumaan valkoisiin. Tämän näyn jälkeen Ramakrishnan uskoi, että Amma oli ytimeltään sama riippumatta kulloinkin omaksumastaan mielentilasta.

Ramakrishnanin usko Ammaan syveni ja hänen mielensä kiinnittyi pysyvästi hänen jumalalliseen olemukseensa ja nimeensä. Tällainen mielentila synnytti töissä monia ongelmallisia tilanteita. Joskus hän teki virheen rahoja laskiessaan tai pankin tilejä kirjatessaan. Vuonna 1982 hän asettui asumaan ashramiin, vaikka jatkoikin edelleen työskentelyä pankissa. Myöhemmin, vuonna 1984, hän jätti työnsä ja omistautui yksinomaisesti ashram-elämälle.

Rao
(Swami Amritatmananda Puri)

Ramesh Rao syntyi Keralan Haripadissa varakkaaseen bramiiniperheeseen. Hänestä kasvoi moderni nuori, joka mielellään nautiskeli maallisista iloista ja eli oikkujen ja maallisten halujen harhauttamaa elämää. Vaikka hän olikin maailman pauloissa, hänellä oli tapana käydä läheisessä Devin temppelissä rukoilemassa ja anomassa anteeksi kehnoja elämäntapojaan. Ennen ryhtymistään mihinkään tekoihin, oli sitten kyse hyvistä tai pahoista, hän meni aina temppeliin rukoilemaan Jumalallisen Äidin siunausta.

Kerran erään hänen ystävänsä kutsuessa hänet Amman ashramiin hän kieltäytyi lähtemästä. Ollessaan myöhemmin aikeissa lähteä ulkomaille töihin hän päätti käydä ashramissa saadakseen tietoa tulevaisuudestaan, sillä hän oli kuullut Ammalla olevan jumalallisia voimia ja kykenevän näkemään ihmisen tulevaisuuden. Niinpä hän saapui kesäkuussa 1979 temppeliin ja lähestyi *Krishna bhavassa* olevaa Ammaa. Ennen kuin hän ehti sanoa mitään, Amma puhutteli häntä sanoen: "Poikani, yrität päästä valtameren toiselle puolelle. Amma tekee sen mahdolliseksi, mikäli haluat. Älä ole huolissasi."

Heti ensimmäisen tapaamisen perusteella Ramesh oli vakuuttunut Amman jumalallisuudesta ja tunsi kiinnittyneensä häneen suuren jumalallisen rakkauden sitomana. Palattuaan kotiin hän yritti paneutua isältään perimänsä tekstiilialan liikkeen pyörittämiseen, mutta turhaan, sillä hänen mielensä oli tyystin keskittynyt Ammaan. Joinakin päivinä kaipaus nähdä Amma tuli niin ylivoimaiseksi, että hän sulki liikkeensä ja ryntäsi ashramiin.

Kunnes erään kerran, kun hän oli hyvästelemässä Ammaa lähteäkseen kotiin tämä sanoi hänelle: "Poikani, minne menet? Sinut on tarkoitettu olemaan täällä."

Eräänä yönä Ramesh näki unen. Maailmankaikkeuden lopullinen hajoaminen oli käsillä ja tulipalloja satoi kaikkialle. Valtameren aallot nousivat taivaisiin ja uhkasivat peittää maan. Kaikki voimansa keräten Ramesh huusi: "Amma!" Myrskyävästä merestä nousi välittömästi säteilevä kirkkaus, joka alkoi levitä kaikkiin ilmansuuntiin. Tästä häikäisevästä kirkkaudesta hahmottui Durga-jumalattaren hurmaava olemus. Jumalatar istui hurjan leijonan selässä yllään punainen silkkisari ja kahdeksassa kädessään jumalallisia aseita. Rameshin täytti ihmetys havaitessaan, että jumalattaren myötätuntoiset kasvot olivatkin Amman kasvot. Amma sanoi rauhoittavasti: "Miksi pelätä, kun minä olen sinun kanssasi? Sinä olet minun poikani. Älä ole huolissasi." Tämän jälkeen Ramesh näki Amman unissaan useinkin.

Läheinen yhteys Ammaan lisäsi voimallisesti Rameshin halua elää jatkuvasti Amman läheisyydessä ja oivaltaa Jumala. Eräänä päivänä Rameshilla oli kokemus, joka lisäsi entisestään hänen henkisiä pyrkimyksiään. Ramesh tuli Amman luo neljän maissa iltapäivällä. Hän astui sisään temppeliin ja kumartui siellä istuvan Amman eteen. Sen tehtyään hän istuutui Amman läheille. Siinä istuessaan ja katsellessaan Amman loistavia kasvoja hän koki yhtäkkiä temppelin ilmapiirin muuttuvan. Moninaisuuden maailma katosi ja hän näki enää vain Amman. Ramesh tajusi Amman olevan hänen todellinen äitinsä ja koki itsensä kaksivuotiaaksi lapseksi. Jumalallisesta rakkaudesta huumaantuneena Ramesh unohti maailman.

Amma asetti hellästi hänen päänsä syliinsä. Todetessaan Rameshin vaipuneen sisäiseen autuuteen Amma kehotti muutamia oppilaita nostamaan hänet ja sijoittamaan temppelin lattialle makaamaan. Illalla yhdeksän tienoilla Amma palasi temppeliin ja löysi Rameshin makaamassa samassa tilassa. Vasta hänen kuullessaan Amman sanovan: "Poikani", hän palasi tavanomaiseen tajunnantilaan. Tämä kokemus muutti Rameshin elämän ratkaisevalla tavalla. Hänen kaipuustaan olla Amman lähellä tuli kaikenkattava. Hän vähät välitti enää maallisista asioista, eikä hänestä enää ollut liikemieheksi. Nyt hän vieraili Amman luona säännöllisesti ja vietti päiviä, jopa viikkoja Amman seurassa. Rameshissa tapahtunut äkillinen muutos synnytti hämminkiä hänen perheessään. Hänet yritettiin kaikin keinoin saada takaisin maalliseen elämään. Häntä patistettiin avioitumaan, mutta kaikki perheen yritykset epäonnistuivat. Eräänä päivänä Amma sanoi Rameshille: "Poikani, vanhempasi haluavat tavata sinut. Mene heidän luokseen ja pyydä heiltä lupa siihen, että saat olla täällä." Ramesh huolestui: "Äiti, hylkäätkö sinä minut? He pyrkivät aiheuttamaan minulle vaikeuksia." Äiti vastasi: "Rohkealle ihmiselle ne ovat vain ylitettäviä haasteita", ja niin hän lähetti Rameshin kotiin seuranaan eräs ashramin vakituisista asukkaista.

Perillä häntä odotti ikävä yllätys. Perhe oli valmistautunut pitämään hänet hoivissaan vaikka väkivalloin, sillä omaiset epäilivät Amman noituneen hänet. Saadakseen Rameshin palaamaan maalliseen elämään vanhemmat suorittivat erityisiä vastarituaaleja. He olivat muun muassa tilanneet eräältä papilta tämän valmistamaa, puhvelin maidosta tehtyä, tietyillä mantroilla manaten kirnuttua voita. Sitä oli tarkoitus syöttää Rameshille ja saada hänet sen avulla jättämään ashram ja palaamaan liike-elämään.

Amman viesti oli: "Poikani, syö sitä vain. Jos siinä on jotakin pahaa, anna olla. Olet tullut tänne henkisten taipumustesi ohjaamana. Sellaiselle henkilölle ei tapahdu mitään, vaikka hän tuota loitsittua voita söisikin. Ramesh noudatti Amman ohjetta ja söi voita, eikä mitään tapahtunut. Hänen nälkänsä henkiseen elämään pysyi ennallaan. Nyt perhe otti käyttöön karkeamman ja epäinhimillisemmän taktiikan.

He olettivat poikansa äkillisen muuttumisen johtuvan mielenhäiriöstä, jonka olisi aiheuttanut pettymys siitä, että hän ei ollut saanut töitä ulkomailta. Siksi perhe vei hänet väkisin psykiatrille apunaan eräät hänen ystävänsä, jotka eivät myöskään pitäneet hänen uudesta elintavastaan. Ramesh sanoi lääkärille. "En ole hullu, aion noudattaa tiukasti guruni opetuksia. Tämä maailma on sumentanut järkenne. Sen tähden yritätte pakottaa muutkin samaan järjettömyyteen." Sukulaisten määräyksestä lääkäri käsitteli Rameshia kymmenen päivää. Tavoitteena oli saada hänessä heräämään kiinnostus maallista elämää kohtaan. Koska perhe oletti myös ympäristön vaihdoksen tukevan tätä tavoitetta, hänet lähetettiin psykiatrisen käsittelyn päätyttyä sukulaisten luo Bhilahiin. Samalla hänelle yritettiin löytää sopiva morsian. Tukalassa tilanteessaan Ramesh kirjoitti Ammalle: "Amma, tähän hetkeen mennessä en ole langennut heidän petollisiin houkutuksiinsa. Jos Amma ei pelasta minua, sulaudun taivaalliseen Äitiin tekemällä itsemurhan."

Kuukauden Bhilaissa oleskelun jälkeen Raon annettiin palata kotiin. Perhe oli vakuuttunut, että tässä vaiheessa hän olisi jo luopunut henkisistä ajatuksistaan ja elämäntavastaan. Häntä painostettiin jatkamaan työtään vaatekauppiaana. Eräänä päivänä hän meni salaa tapaamaan Ammaa ja sanoi: "Äiti, jos sinä hylkäät minut, minä kuolen."

Hänen vastaustaan odottamatta Ramesh jäi asumaan ashramiin. Kolmen päivän siellä olon aikana Amma varoitti häntä moneen kertaan sukulaisten aikovan kasata jatkuvasti vaikeuksia hänen tielleen. Amma kehotti häntä palaamaan kotiin ja odottamaan kunnes hän saisi luvan ryhtyä elämään henkistä elämää, mutta Ramesh ei totellut vaan sanoi: "Jos palaan kotiin, he eivät anna minun jatkaa henkistä elämää."

Rameshin isä kovensi otteitaan ja nosti syytteen Ammaa Äitiä vastaan. Hän pyysi poliisia suorittamaan tutkimuksen saadakseen takaisin poikansa, jota hänen mukaansa pidettiin väkisin Amman luona. Kolmantena päivänä Raon isä tuli sukulaisten kanssa ashramiin autolla, joka oli täynnä poliiseja. Ramesh Rao sanoi pelottomana poliisille: "Olen riittävän kypsä valitsemaan elämäntapani ja olen vapaa päättämään asuinpaikastani." Mutta hänen sanoistaan ei välitetty, vaan hänet kuljetettiin poliisien avustamana Trivandrumin mielisairaalaan. Matkalla pysähdyttiin lounaalle Kollamissa (nykyinen Kollam). Rao kieltäytyi syömästä ja jäi autoon. Yhtäkkiä hän kuuli äänen sanovan sisällään: "Jos karkaat nyt, pelastut. Muussa tapauksessa sinut tuhotaan."

Seuraavassa hetkessä tuli autoriksha ja pysähtyi aivan hänen eteensä. Hetkeäkään epäröimättä hän hyppäsi siihen. Hän ilmoitti kuljettajalle osoitteen ja kehotti ajamaan lujaa. Rahaa hänellä ei ollut lainkaan. Hänen antamansa osoite kuului eräälle ashramin vakituisista asukkaista, joka asui tuolloin Kollamissa valmistuakseen filosofian maisteriksi. Rao selosti hänelle, mitä oli tapahtunut. Vielä sinä yönä hän lähti Keralasta Amman eräiden muiden oppilaiden avustamana matkustaakseen Chinmaya-keskukseen Bombayhin. Sukulaisten saatua tietää hänen olevan Bombayssa he yrittivät jälleen saada hänet käsiinsä. Pelastautuakseen Ramesh Rao lähti Himalajalle, vaikka hänellä oli hädin tuskin rahaa junamatkaa ja ruokaa varten, eikä hänellä ollut edes tarpeeksi lämpimiä vaatteitakaan.

Himalajalle päästyään hän vaelteli päämäärättä. Vaatteet kuluivat riekaleiksi. Hauskannäköisestä nuorukaisesta tuli kerjäläismunkki, joka kerjäsi ruokansa ja meditoi puiden alla ja luolissa. Päivät ja kuukaudet kuluivat. Lopulta hän sai kirjeen Ammalta osoitteeseen, jonka oli toimittanut hänelle. Sen viesti oli: "Poikani, palaa takaisin. Ongelmia ei ole enää."

Rao palasi Amman ashramiin. Amma lähetti hänet nyt tapaamaan kunnon opetuksen saaneita vanhempiaan. Heidän timantinkovassa itsepintaisuudessaan oli tapahtunut ilmeinen muutos. He olivat onnellisia saadessaan jälleen tavata poikansa. Silti he yrittivät yhä edelleenkin taivutella häntä. Tajuttuaan viimeinkin vastustuksen hedelmättömäksi he yrittivät käännyttää hänet rakkaudella.

Mutta pojan ehdoton itsenäisyyden tuli poltti poroksi heidän yrityksensä. Elokuun 27. päivänä 1982 Ramesh Rao liittyi ashramiin sen vakituisena asukkaana ja jatkoi henkisiä harjoituksiaan sukulaisten enää häiritsemättä.

Nealu
(Swami Paramatmananda Puri)

Neal Rosner syntyi Chicagossa Yhdysvalloissa vuonna 1949. Jo nuorena hän oivalsi maallisen elämän hyvät ja huonot puolet – aiemmista ja nykyisestä elämästään peräisin olevien ominaisuuksiensa (*samskaroiden*) ja oman erottelukykynsä ansiosta. Hän matkusti Intiaan vuonna 1968 vapaana ja riippumattomana asettuen asumaan Tiruvannamalaihin. Siellä hän teki henkisiä harjoituksia aina vuoteen 1979, jolloin hän muutti vakavasti sairaana Vallickavuun. Häntä vaivasi väsymys, heikkous ja ruokahaluttomuus, lisäksi hän kärsi vaikeista kivuista sekä selässä että vatsassa. Koko junamatkan ajan hän oli vuoteenomana, ettei kyennyt kävelemään eikä istumaan.

Nealun saavuttua ashramiin ja tavattua Amman ensimmäisen kerran hän ei kokenut mitään erityistä. Mutta seuraavana iltana *Krishna bhavan* aikana tapahtui jotakin merkillistä. Hän koki, että vanhasta temppelistä virtasi häneen jotakin hyvin henkistä ja vaivutti hänet autuuden tilaan. Häntä alkoi itkettää, tuolla hetkellä häntä kauan vaivanneet kivut alkoivat hellittää otettaan. Hän astui temppeliin ja Ammaa silmiin katsoessaan hän näki rauhan ja sisäisen autuuden valoa. Amman tasapuolisuus, hänen olemuksestaan niin vuolaana tulviva rauha ja hänen antamansa jumalallinen kokemus saivat Nealun vakuuttuneeksi siitä, että Amma oli *jivanmukta*, valaistunut sielu. Hänen jumalallinen armonsa auttoi Nealua ymmärtämään Amman ilmentävän jumalallisuuttaan bhavojen aikana ja pitävän sen muina aikoina piilossa. Nealu koki, että hänet oli kohotettu jumalallisen autuuden tasolle. Hän pyysi hartaasti, että Amma näyttäisi hänelle polun ikuiseen autuuteen, ja Amma suostui siihen.

Nealu kysyi Ammalta kerran, voisiko tämä siunata hänet sellaisella lahjalla, että hän pystyisi antautumaan Ammalle täydellisesti, Amma herahti nauramaan kuin pieni lapsi ja sanoi: "Mitä minä voin tehdä, minähän olen vain hupsu tyttö?" Mutta sinä päivänä *Devi bhavan* ollessa lopuillaan hän lähetti noutamaan Nealua, joka seisoi ovella. Yhtäkkiä Nealu näki Amman kasvojen kirkastuvan. Kirkkaus voimistui voimistumistaan kunnes hän ei enää nähnyt muuta kuin säihkyvää valoa kaikkialla. Kaikki muu oli hävinnyt, ei ollut Ammaa, ei temppeliä, ei ympäristöä, ei koko maailmaa. Amman kohdalla olevasta kirkkaudesta valo levittäytyi kaikkiin suuntiin häivyttäen siihen koko avaruuden. Sitten tuo valo kutistui kutistumistaan, kunnes jäljellä oli enää pieni valohiukkanen ja lopulta sekin hävisi.

Nealu oli ymmällään, hän oli mykistynyt. Hän koki Amman olemuksen sisimmässään ja oli nyt tilassa, jossa pelkkä ajatus Amman näyttämästä huikeasta kirkkaudesta nosti kyyneleet hänen silmiinsä. Näkyä seurasi neljä unetonta yötä hänen ollessaan uppoutuneena jumalalliseen kokemukseensa. Hän tunsi ympärillään myös ihanan jumalallisen tuoksun.

Nealu päätti asettua Vallickavuun suorittaakseen siellä *sadhanaansa*. Amma hyväksyi hänen ajatuksensa ja lahjoitti hänelle *rudraksha*-siemenistä punotun rukousnauhan, josta vuosien ajan erittyi erilaista tuoksua eri tilanteissa.

Nealun terveys koheni nyt ilman lääkitystä, Amman jumalallisen siunauksen (*sankalpan*) ansiosta. Hän pystyi istumaan, seisomaan, kävelemään, syömään ja niin edelleen. Tuntien Amman jatkuvan läsnäolon sisimmässään hän sai kokea jatkuvaa rauhan ja autuuden virtaa.

Kerran Nealu joutui vaikean yskänkohtauksen valtaan, se oli täysin hallitsematon ja sietämätön. Amma asetti *Krishna bhavan* aikana kätensä hänen rinnalleen ja hänen päänsä päälle, jolloin Nealu näki jälleen jumalallisen valon. Hän oivalsi, että tuo valo oli sama kuin hänen sisimmässään oleva valo, samalla hän oivalsi, ettei ollut tämä ruumis. Tämä huumaava jumalallinen kokemus oli hänessä hyvin elävänä pitkään, sen myötä sairaus menetti lisää otettaan.

Eräänä iltana Nealulle tuli kuitenkin niin kova päänsärky, ettei hän kyennyt osallistumaan *bhajaneihin*. Maatessaan huoneessaan silmät suljettuina hän näki edessään valon, mutta se katosi pian. Sitten se ilmaantui uudestaan, ja samalla hän tunnisti Amman jumalallisen läsnäolon. Samassa hänen särkynsä hävisi, hän nousi ja lähti bhajaneihin.

Amman armo paransi Nealun fyysiset vaivat, mutta kaikkein merkittävintä oli, että Nealu koki nyt Amman jumalallisen läsnäolon kaikkialla, missä tahansa hän olikin ja sen myötä jatkuvaa rauhaa ja autuutta. Tämän kaiken hän saavutti ollessaan läheisessä yhteydessä Ammaan.

Tiruvannamalaissa Nealu oli arvostanut eniten tiedon tietä, *jnanamargaa*. Mutta nyt hän koki korkeimmaksi antaumuksen tien, *bhaktimargan*. Hän sanoo: "Tämä on Ammalta saamani siunaus." Mutta hän totesi kuitenkin, että ellei hän olisi käynyt läpi noita monien vuosien henkisiä harjoituksia, hän ei olisi kyennyt ymmärtämään ja sisäistämään Amman henkistä ohjausta. Hän uskoi vakaasti pystyvänsä saavuttamaan päämääränsä Amman siunauksen avulla.

Ashram kärsi alkuvuosina taloudellisista ongelmista. Jotkut meistä olivat hyvin huolissaan tästä, me sanoimme: "Miten me lainkaan pystymme ylläpitämään ashramia?" Mutta Amma oli rauhallinen, hän sanoi: "Älkää olko huolissanne. Tänne tulee pian ihminen, joka tulee huolehtimaan ashramin toiminnasta." Eikä kestänyt kauaakaan, kun ashramiin liittyi Nealu, joka otti täyden vastuun ashramin taloudenhoidosta. Hän antautui täydellisesti Amman palvelemiseen ja huolehti äärimmäisen kärsivällisesti ja tunnollisesti pienimmistäkin yksityiskohdista.

Saumya
(Swamini Krishnamrita Prana)

Saumya saapui ensi kerran Amman ashramiin vuonna 1982. Jo Australiassa hän oli ollut kiinnostunut henkisestä elämästä ja elänyt siellä ashramissa useita kuukausia. Sieltä hän matkusti Intiaan asettuakseen australialaisen ashraminsa päämajaan, joka sijaitsi lähellä Mumbaita (Bombay). Siellä hän tutustui erääseen Chinmayan Missionissa opiskelleeseen Amman oppilaaseen, joka kertoi hänelle paljon Ammasta ja häneen liittyvistä kokemuksistaan. Hän sanoi kokevansa myös Saumyan olevan Amman lapsi. Tämä nuori mies ennusti, että jos Saumya menisi käymään Amman ashramissa, hän jäisi sinne. Ja hänen sanansa kävivät toteen.

Ashrameissa, joihin Saumya oli tutustunut eli tuhansia ihmisiä, useat heistä länsimaalaisia. Siksi hänelle oli tavaton mutta iloinen järkytys tulla Amman vaatimattomaan, pieneen ashramiin, jossa tuolloin oli vain neljätoista vakituista asukasta, jotka oleskelivat muutamassa palmunlehdillä katetussa pienessä majassa.

Amma oli saanut oppilailtaan kirjeitse tiedon Saumyan tulosta ja hän riensikin heti halaamaan vastatullutta tämän ilmaantuessa *darshan*-majaan. Amman osoittama hellyys ja rakkaus tuntuivat Saumyasta uskomattimalta. Hänen edellisessä ashramissaan oli ollut mahdollista vain kumartua maahan gurun edessä ja korkeintaan koskettaa hänen sandaalejaan gurun istuessa etäisenä turvallisen välimatkan päässä. Täällä sen sijaan Amma hyväili oppilaitaan hellästi osoittaen sellaista rakkautta ja myötätuntoa, jollaista Saumya ei ollut edes aavistanut olevan olemassa.

Noihin aikoihin Amman käyttäytyminen saattoi olla mieletöntä. Hän heittäytyi kieriskelemään hiekkaiseen maahan ja poimi sieltä suuhunsa mitä sattui. Hän saattoi myös vaipua *samadhiin* laualessaan *bhajaneita* tai antaessaan ihmisille *darshania*. Amma eli niin, hän yksinkertaisesti antoi kaiken aikansa Jumalalle ja ihmisille. Hetkeäkään hän ei varannut itselleen. Hän saattoi istua

233

hiekassa syventyneenä täysin rakastamaansa Jumalaan, laulaen ja itkien Jumalaa. Hänelle Jumala oli kaiken keskipiste, ja milloin hän ei ollut keskittyneenä Jumalaan, hän rakasti oppilaitaan, kaikkia. Ei hän voinut kätkeä rakkauttaan, sillä sitä suorastaan pulppusi hänen ruumiinsa jokaisesta huokosesta.

Ennen Amman ashramiin tuloaan Saumya oli ajatellut perustavansa jonakin päivänä perheen. Matkustamistakin hän oli rakastanut, mutta tavattuaan Amman tuollaiset halut jäivät. Kuultuaan Ammalta sen henkisen totuuden, että tämä elämä on tarkoitettu Jumalan oivaltamista varten, hän koki mahdottomaksi lähteä enää elämään maallisista elämää ja teeskennellä samalla elävänsä todellista elämää. Hän halusi nyt elää pitäen Ammaa gurunaan ja opastajanaan.

Kun Saumya oli asunut ashramissa jonkin aikaa, Amma pyysi häntä avustajakseen *bhava darshaneihin*. Tämä oli suuri kunnia ja enimmäkseen myös ilo. Mutta siinä oli myös melkoinen vaikeutensakin, siksi että hän ei ymmärtänyt malayalamia. Eräs tehtävistä oli pyyhkiä Amman kasvoja *Devi bhavan* aikana. Vaikka Amma itse ei koskaan hikoillut, hänen kasvonsa kostuivat usein *darshanissa* halattujen ihmisten hiestä, sillä temppelissä oli useimmiten kovin kuuma. Amma halusi kasvonsa pyyhittävän jokaisen tai ainakin joka toisen vastaanottamansa ihmisen jälkeen, ajatellen näin *darshaniin* tulevien ihmisten hyvinvointia.

Saumyaa arastutti usein pyyhkiä kasvopyyhkeellä maailmankaikkeuden Äidin kasvoja. Mutta hänen oli tehtävä se eikä Amma tehnyt sitä noihin aikoihin koskaan itse.

Amma alkoi jossakin vaiheessa ilmaantua Saumyan yöuniin Devinä. Hän seisoi vuoteen vierellä tiukan näköisenä ja vaati tyttöä täyttämään velvollisuutensa ja tulemaan pyyhkimään hänen kasvojaan. Unet olivat niin todentuntuisia, että Saumya, nukkumisestaan syyllisyyttä tuntien, hyppäsi ylös vuoteesta ryhtyen saman tien etsimään kasvopyyhkeitä. Lopulta hän heräsi tarpeeksi tajutakseen kaiken olleen unta ja *Devi bhavan* päättyneen jo aikoja sitten. Käydessään uudelleen vuoteeseen hän pyysi Ammalta anteeksi, että paneutui jälleen nukkumaan. Mitä muutakaan hän olisi voinut tehdä? Joskus jonkun toisen tytön nukkuessa samassa huoneessa tämä ihmetteli aamulla Saumyan yöllisiä puuhia. Tällaisia unia hän näki usean vuoden ajan ainakin kerran viikossa, toisinaan jopa kolmasti. Mutta vähitellen unet loppuivat.

Amman luo tultuaan hän tajusi maallisen elämän ilojen pysymättömyyden ja niin hän halusi oppia elämään henkistä elämää. Jo ashramin varhaisvaiheessa Amma puhui paljon palvelemisesta, mutta Saumya koki, ettei se mitenkään koskenut häntä. Vuosien kuluessa Amman puhuessa palvelemisesta aina vain enemmän hän kylvi näin Saumyan sisimpään siemenen, joka iti vähitellen. Pienestä idusta kehittyi aikaa myöten Amman rakkauden ravitsemana taimi, joka on puhjennut täyteen kukoistukseen. Nyt Saumyan palavimpana toiveena on kyetä toimimaan maailman parhaaksi. Hänen rukouksensa kuuluu: "Amma, anna minulle voimaa ja puhtautta, että olen kykenevä palvelemaan maailmaa."

Madhu
(Swami Premananda Puri)

Reunionilla, Ranskan siirtomaassa, syntynyt Madhu oli taustaltaan intialainen. Aivan lapsesta alkaen hän tunsi voimakasta halua luopua maailmasta ja ryhtyä munkiksi, *sanjaasiksi*.

Hän saapui Intiaan vuonna 1976 ja tutustui Ramakrishna ashramiin, Belur Mathiin. Hän tiedusteli sen gurulta Swami Vireshwarandalta neuvoa, tulisiko hänen mennä Himalajalle tekemään sadhanaa.

Mutta Swamiji kehotti Madhua lähtemään Etelä-Intiaan, koska katsoi sen sopivan hänelle paremmin. Saamaansa neuvoa noudattaen nuorukainen suuntasi kohti etelää päätyen Arunachalaan tekemään henkisiä harjoituksia. Eräs hänen siellä tapaamansa henkinen etsijä totesi hänelle: "Minusta tuntuu, että sinä olet Kalin palvoja. Kali on Vallickavussa. Mene sinne tapaamaan häntä. Madhu noudatti saamaansa vihjettä. Hän saapui Vallickavuun 1.6.1980. *Bhava* oli meneillään. Sisällä temppelissä Amma kertoi Gayatrille: "Poikani Madhu odottaa ulkona. Mene ja tuo hänet sisään." Astuessaan temppeliin ja nähdessään Amman Madhu purskahti itkuun. Amma sanoi hänelle: "Poikani, olen jo hyvin kauan odottanut sinua."

Seuraavana päivänä Amma piteli kädessään kuvaa ja kyseli kaikilta tiesikö joku, kuka siinä kuvassa oli. Kuvan nähdessään Madhu totesi heti: "Se on Vireshwarandaji." Amma sanoi: "Hän on hyvä ihminen," ja kertoi nähneensä hänet meditoidessaan. – Miten kaukonäköinen tämä olikaan ollut lähettäessään Madhun Etelä-Intiaan! – *Devi bhavan* yhteydessä hän sai Ammalta mantravihkimyksen.

Vuonna 1982 Madhu juhli Amman syntymäpäivää Reunionilla. Hän perusti sinne Mata Amritanandamayi Mathin sivukeskuksen ja omistautui *sanatana dharman* (ikuisen uskonnon) levittämiseen.

Hän oli hyvä henkinen oppilas, hänessä yhdistyivät nöyryys, oppineisuus ja myötätuntoisuus kykyyn tehdä työtä.

Madhusta tuli *brahmachari* 24.2.1985. Hän ilmaisi syvän kiitollisuutensa ja omistautuneisuutensa Ammalle sanoessaan: "Amma on tehnyt minusta sen mitä olen. Ellen olisi tavannut häntä, olisin ajautunut viettämään tavallista maallista elämää. Vain Amman armon ansiosta olen kyennyt pysymään antaumuksen tiellä. Gurun armolla on henkisen edistymisen kannalta paljon tärkeämpi osuus kuin yksilön kyvyillä."

Kolmastoista luku

Amma henkisenä mestarina

Kuka on täydellinen ihminen? Jos tämä kysymys esitettäisiin nykynuorelle, hän sanoisi varmaankin, että ihanneihminen on hauskannäköinen, vaikutusvaltainen monimiljonääri tai kenties korkea-arvoinen poliittinen johtaja tai sitten hän vastaisi kysymykseen mainitsemalla joittenkin romanttisen näköisten elokuvatähtien tai urheilijoiden nimiä. On sääli, että tänä päivänä nuoriso ei voi ajatellakaan yhteiskuntaa ilman elokuvia, politiikkaa ja romantiikkaa. Ne ovat heille elintärkeitä asioita. Mutta onko niillä mitään tekemistä elämämme ja luonteemme kehittämisen kanssa? Mikä tekee ihmisestä kauniin ja täydellisen? Mikä tuo suloutta ja viehätysvoimaa ihmisen toimiin? Mikä on se tekijä, joka tekee ihmisestä kuolemattoman ja samalla kunnioitettavan? Onko kyse edellä mainituista tekijöistä? Kypsä, arvostelukykyinen ihminen sanoo epäilemättä: "Ehdottomasti ei." Mistä sitten täydellisyydessä on kyse? Lyhyesti sanottuna täydellisyyttä on se, että ihmisen koko olemuksesta säteilevät ikuiset hyveet. Tämän voit kokea Amman läheisyydessä. Hänestä huokuu ehtoja asettamaton, täydellinen jumalallinen rakkaus ja autuus.

Taustoiltaan aivan erilaiset ihmiset puhuvat kukin Ammasta oman ymmärryksensä ja sisäisen kypsyytensä mukaisesti. Jos esimerkiksi kysyt pelkästään aineellisiin asioihin keskittyneeltä ihmiseltä, kuka Mata Amritanandamayi on, hän saattaa sanoa: "Amma on epätavallinen nainen, joka kykenee parantamaan kauhistuttavia, parantumattomia sairauksia pelkällä kosketuksella tai katseella." Hän saattaa niin ikään sanoa: "Amma kykenee ratkaisemaan maalliset ongelmasi ja täyttämään kaikki toiveesi."

Mikäli sama kysymys esitettäisiin hieman syvällisemmin ajattelevalle ihmiselle, tämä saattaisi sanoa: "Amma on todella hämmästyttävä. Hän voi lahjoittaa sinulle erilaisia henkisiä kykyjä. Hän on telepatian ja selvänäköisyyden mestari. Hän kykenee muuttamaan veden *panchamritamiksi* tai maidoksi. Hänellä on hallussaan kaikki kahdeksan mystistä voimaa."

Todellisen henkisen etsijän vastaus kysymykseen kuuluisi: "Amma on lopullinen päämäärä, joka oppilaan tulee ymmärtää. Hän on todellisen etsijän tuki ja turva. Amma auttaa ylittämään jatkuvasti muuttuvan jälleensyntymisen valtameren. Hänen sisin olemuksensa on rakkaus ja myötätunto. Hän on elävä todistus niistä totuuksista, jotka on ilmaistu Vedoissa ja maailman muissa pyhissä kirjoituksissa. Mikäli etsit turvaa hänen jalkojensa juuresta, päämäärä on varmasti käsillä. Hän on täydellinen mestari ja suuri Äiti."

Antaumuksen tietä seuraava *bhaktijoogi* näkee Amman ennen kaikkea todellisena palvojana. Korkeimman antaumuksen eri olemuspuolet ilmenevät hänessä täysin sponttaanisti. Kun tiedon tietä seuraava *jnanajoogi* tarkkailee Ammaa, hän tunnistaa täydellisen Itsen tuntijan hänen sanoissaan ja teoissaan. Vilpittömästi toiminnan tietä *karmajoogaa* seuraavalle Amma paljastuu *karmajoogeista* suurimmaksi.

Kaikki edellä esitetyt näkemykset ovat kuitenkin osittaisia. Ne ovat syntyneet erilaisten ihmisten rajoittuneista kokemuksista ja ymmärryksestä. Läheinen kanssakäyminen hänen kanssaan ja ennakkoluuloton ja ennakko-oletuksista vapaa tarkkailu paljastaa Amman olevan tätä kaikkea.

Malayalamin kielessä on sanonta 'Kärsivällinen kuin maa'. Äiti maa kestää kaiken. Ihmiset potkivat häntä, sylkevät hänen päälleen, viiltävät häntä auroilla, kaivautuvat häneen ja kuokkivat hänen rintansa puhki voidakseen viljellä ja hyödyntää häntä eri tavoin. Ihmiset myös rakentavat jopa satakerroksisia rakennuksia hänen päälleen. Mutta äiti maa kestää kaiken kärsivällisesti. Hän ei valita. Hän ei torju ketään vaan palvelee ja ravitsee kaikkia parhaalla mahdollisella tavalla. Äiti maan tavoin Ammakin on suunnattoman kärsivällinen lastensa luonnetta muokatessaan. Hänellä on malttia odottaa kärsivällisesti, että oppilaasta tulee riittävän kypsä voidakseen aloittaa tämän kouluttamisen. Siihen saakka hän kylvettää heitä epäitsekkäällä rakkaudellaan antaen anteeksi heidän tekemänsä virheet.

Jos tutkimme Intian ikivanhaa pyhimysperinnettä, pyhimysten tapaa opettaa ja valistaa oppilaitaan, meille paljastuu gurun ja oppilaan suhteen ainutlaatuisuus; selviää että kyse on suhteesta ja opetusjärjestelmästä, jonka kaltaista ei tapaa missään muualla maailmassa. Amma sanoo: "Alussa *satguru*, täydellinen mestari ei anna tiukkoja ohjeita oppilaalleen. Hän vain rakastaa tätä. Hän sitoo oppilaan ehtoja asettamattomalla rakkaudellaan. Gurun rakkaus kypsyttää oppilaan niin että lopulta mestari voi työstää tämän *vasanoita*, psyykkisiä taipumuksia. Vähitellen guru tiukentaa oppilaan kurinalaista, utta kuitenkin rakkaudellista ohjausta ja muokkaa näin hänen persoonallisuuttaan päämäärän edellyttämään suuntaan. Todellisessa Guru-oppilas suhteessa on vaikea erottaa kumpi on guru ja kumpi oppilas, sillä guru on nöyrempi kuin oppilas ja oppilas on nöyrempi kuin guru."

Aluksi guru osoittaa suurta rakkautta oppilastaan kohtaan ja saattaa jopa jossain määrin mukautua tämän oikkuihin ja toiveisiin. Mutta mestarin havaitessa oppilaan riittävän kypsäksi aloittamaan vakavissaan henkiset harjoitukset Guru alkaa hiljalleen kouluttaa häntä. Kouluttamisen aloitettuaan guru ei enää osoita entiseen tapaan rakkautta vaikka rakastaakin oppilastaan yhtä paljon. Tämä on hänelle kuin oma poika tai tytär. Gurun ainoa päämäärä on tehdä oppilas tietoiseksi omasta puhtaasta Itsestään. Niinpä kouluttaminen on vain uusi tapa ilmaista rakkautta. Se on todellista rakkautta, oppilaan muuttamista puhtaaksi timantiksi.

Lastensa virheitä osoittaessaan ja korjatessaan Amma toteaa: "Olen kuin puutarhuri. Puisto on täynnä värikkäitä kukkia. Minua ei ole pyydetty pitämään huolta kauniista ja kaikin puolin virheettömistä kukista, sen sijaan minua pyydetään poistamaan tautien vaivaamista kukista ja kasveista hyönteiset ja madot. Niinpä poistaessani hyönteisen saatan joutua nipistämään lehtiä. Se tekee epäilemättä kipeää, mutta tarkoituksena on estää kasveja ja kukkia tuhoutumasta. Samalla tavoin Amma tulee aina menettelemään lastensa heikkouksien suhteen. Poistaminen on tuskallista, mutta se tapahtuu teidän parhaaksenne. Myönteiset puolenne eivät kaipaa huomiota, mutta mikäli heikkouksianne ei poisteta, ne tuhoavat myös sen mikä teissä on hyvää. Lapseni, te saatatte ajatella, että Amma on teille vihainen. Mutta niin ei ole asianlaita. Amma rakastaa teitä enemmän kuin kukaan muu ja juuri siksi hän toimii niin kuin hän toimii. Amma ei odota teiltä mitään muuta kuin henkistä kehittymistä."

Ammaa ei voi koskaan nähdä istumassa kuninkaallisella istuimella käskemässä henkisiä lapsiaan ja seuraajiaan tekemään sitä tai tätä. Hän opastaa ja samanaikaisesti toimii itse esimerkkinä. Nöyryys ja yksinkertaisuus ovat suuruuden tunnusmerkkejä. Tästä Amma on elävä esimerkki. Hän on tavoiltaan yksinkertainen ja nöyrääkin nöyrempi. Hän sanoo itsestään: "Olen palvelijoiden palvelija. Tämä elämä on muita varten. Amman omaisuus ja hyvinvointi on hänen lastensa onnessa."

Ammalla on verraton menetelmä lastensa egon, heidän kielteisten ominaisuuksiensa poistamiseksi. Taistelijana hän on voittamaton. Hän valmistaa itse koekentän ja synnyttämällään tilanteella hän sitten testaa lastensa henkistä kypsyyttä ja kehitysastetta. Pienintäkään vihjettä antamatta hän ohjaa tutkimuksen kohteen koetilanteeseen. Kun lopulta oivallat joutuneesi tilanteeseen, sisäiset vihollisesi ovat jo nousseet pintaan ja erottelukykyinen älysi on antanut myöten mielesi sille puolelle, jota tunteet hallitsevat. Hän käyttää tällaisia tilanteita hyväkseen poistaakseen opetuslapsistaan itsekeskeisyyttä. Hänen tehokkaat aseensa osuvat maaliin erehtymättä ja ajan myötä hänen turvaansa etsiytyneiden kielteiset taipumukset heikkenevät heikkenemistään. Seuraavassa esimerkki tällaisesta tapahtumasta.

Joitakin vuosia sitten *brahmachari* Nealu toi kannettavan kirjoituskoneensa aiemmasta asuinpaikastaan Tiruvannamalaista. Vaikka Balu ei ollutkaan oppinut kirjoittamaan koneella, hän otti paperin ja naputteli sille: "Amma, tee minusta orjasi." Amma, joka istuskeli lähettyvillä keskustelemassa Nealun kanssa, kääntyi yhtäkkiä Balun puoleen ja kysyi: "Poikani, mitä kirjoitit?" Balu käänsi lauseen malayalamin kielelle. Sen enempiä sanomatta tai kyselemättä Amma jatkoi keskusteluaan Nealun kanssa.

Viitisentoista minuuttia myöhemmin Amma sanoi Nealulle: "Aion lähettää Balun ulkomaille." Balu kauhistui, sillä voidakseen olla aina Amman kanssa hän oli hylännyt jo kaksi työpaikkaa. "Mitä sinä sanoit?" hän kysyi levottomana.

"Tarvitsemme rahaa ashramin kuluihin", Amma vastasi ja jatkoi: "Pysyvien asukkaiden määrä lisääntyy jatkuvasti, eikä meillä ole tarpeeksi tuloja ylläpitääksemme heitä kaikkia. Siksi sinun täytyy lähteä ansiotyöhön."

Tämä oli tarpeeksi Balulle. Hänen sisäiset pikku paholaisensa nostivat päätään ja hän sanoi kiivaasti: "Ei, minä en halua mennä töihin, en voi lähteä täältä, tulin tänne saadakseni olla Amman kanssa, en tehdäkseni maallista työtä tai ansaitakseni rahaa." Amma vaati vaatimistaan, että Balun täytyisi lähteä, kunnes tämän vihalla ei ollut rajoja. Hänen kielteiset ominaisuutensa olivat nousseet esiin ja ryhtyneet hyökkäykseen. Yhtäkkiä Amma sanoi pehmeästi: "Poikani, mitä sinä kirjoititkaan muutamia minuutteja sitten? Jos haluat tulla Jumalan palvelijaksi, sinun täytyy luovuttaa hänen jalkojensa juureen kaikki mitä sinulla on. Ellei mielesi ole puhdas, Jumala ei asetu sydämeesi. Voidakseen tulla Jumalan palvelijaksi tulee hyväksyä kaikki kokemukset, hyvät ja pahat, suotuisat ja epäsuotuisat tasaveroisina. Näe siis kaikki Jumalan tahdon ilmennyksenä. Poikani, en tahdo sinun omaisuuttasi. Nähdessäni sinun itkevän Jumalaa olen onnellinen ja sydämeni tulvii kohti sinua." Tämän sanottuaan Amma vaipui jumalalliseen mielentilaan. Muutama kyynelpisara vierähti hänen poskelleen, ja hän kävi liikkumattomaksi. Näin kului tunti, sitten hän palasi hitaasti tälle olemassaolon tasolle. Balu oli täynnä katumusta. Hän heittäytyi Amman jalkojen juureen anoen anteeksiantoa. Hän rukoili: "Amma, pyydän, puhdista sydämeni! Vapauta minut kaikista epäpuhtaista ajatuksista ja teoista! Tee minusta itsellesi täydellinen työväline!" Amma lohdutti häntä: "Poikani, älä ole huolissasi. Olet tullut Amman luokse, ja nyt on hänen velvollisuutensa huolehtia sinusta ja tehdä sinusta täydellinen." Nämä sanat kuultuaan Balun täytti rauha ja ilo.

Amma sanoi kerran: "Lapset, te olette onnellisia, jos Amma aina vain hymyilee teille. Jos Amma sanoo jotakin vastoin toiveitanne, te ajattelette, että Amma ei rakasta teitä, mutta se ei pidä paikkaansa. Amma pyrkii aina tekemään teistä voimakkaampia. Jotta teistä voisi tulla henkisesti lujia, kaikki heikkoutenne on kitkettävä pois. Tuon päämäärän saavuttamiseksi Amman on joskus oltava vihainen teille, toisinaan se on välttämätöntä jotta ottaisitte opiksi. Ottakaamme esimerkiksi lehmä, joka syö onnellisena nuoren kookospalmun lehtiä. Ei riitä, jos sanotte: "Rakas lehmä, ole hyvä äläkä syö niitä lehtiraukkoja. Puu kuihtuu ja kuolee." Lehmä ei liikahdakaan. Mutta jos otatte pitkän kepin ja huudatte sille: "Mene pois, mene pois!", lehmä luopuu pahanteosta välittömästi. Samanlaista on Amman osoittama suuttumus. Lapset, Äiti ei tunne teitä kohtaan hitustakaan vihaa. Muistakaa, että Ammalla ei ole minkäänlaisia vaikuttimia. Hän toimii pelkästään teidän henkisen kehityksenne parhaaksi. Jos Amma osoittaisi aina vain rakkautta ja lämpöä teitä kohtaan, te ette koskaan katsoisi sisimpäänne ettekä etsisi todellista Itseänne. Lapset, tavallisille ihmisille riittää, että he pitävät huolta vaimostaan ja lapsistaan, mutta todellinen *sanjaasi* kantaa hartioillaan koko maailman taakkaa. Sen tähden teistä on tultava vahvempia."

Erään *darshanin* jälkeen Amma oli päässyt lepäämään vasta neljän aikaan aamuyöllä. Mentyään majaansa ja suljettuaan oven eräs ashramin asukkaista asettui, kuten tavallista, oven eteen nukkumaan varmistaakseen, ettei kukaan häiritsisi Ammaa. Juuri silloin ashramiin saapui nuori nainen, joka myöhästyttyään bussista oli kävellyt 35 kilometrin matkan Kollamista saadakseen Ammalta siunauksen. Kun hän kuuli, että Amma oli jo mennyt vuoteeseen, hän oli murheellinen, mutta elätellen vielä toivon kipinää hän kutsui Ammaa muutamia kertoja. Kuulleessaan naisen äänen ashramin asukas, joka oli asettunut Amman oven luo, nousi ylös ja läksytti naista Amman häiritsemisestä ja kehotti tätä jopa lähtemään ashramista. Juuri sillä hetkellä Amma, joka ymmärsi mitä oli tapahtumassa, aukaisi oven ja tuli naisen luokse.

Kyseltyään rakastavasti, mikä hänellä oli hätänä Amma lohdutti häntä ja vakuutti hänen ongelmiensa ratkeavan. Kääntyen oven luona nukkuneen henkilön puoleen Amma sanoi vakavalla äänellä: "En ole tullut tänne nauttiakseni levosta tai mukavuudesta vaan palvelemaan muita ja lievittämään heidän kärsimyksiään. Heidän onnensa on minun onneni. En halua kenenkään palvelua. Minä olen täällä palvelemassa kaikkia. Minun täytyy saada vapaasti tavata kenet tahansa, mihin aikaan tahansa. En salli kenenkään estävän minua tapaamasta lapsiani, jotka tulevat etsimään minulta lohdutusta ja apua. Tiedätkö kuinka suurten vaikeuksien takaa he tulevat tänne vähäisillä säästöillään saadakseen purkaa sydämensä taakan minulle? Mikäli toimit toiste näin julmasti ja yrität luoda minulle sääntöjä, joiden mukaan saisin tavata lapsiani vain tiettyyn aikaan, minä puran tämän järjestön. En halua mitään keskusta, ellei sen tarkoituksena ole auttaa kärsivää ihmiskuntaa. Keskuksen tulee palvella." Tämän sanottuaan hän kielsi kyseistä henkilöä ja kaikkia muitakin nukkumasta hänen majansa edustalla.

Erään kerran ashramiin Ammalta neuvoa pyytämään tullut sairas nainen oksensi hänen sarilleen. Eräs pysyvistä asukkaista, nuori nainen, jonka tehtävänä oli pitää huolta Ammasta, nosti ylös likaantuneen vaatteen kepillä ja aikoi juuri antaa sen pesijälle. Nähdessään tämän Amma läksytti naista ankarasti sanoen: "Jollet kykene näkemään jumaluutta kaikissa ja palvelemaan kaikkia samanarvoisina, mitä hyötyä on siitä, että olet harjoittanut monet vuodet meditaatiota ja tehnyt palvelutyötä? Onko tällä sairaalla

243

naisella ja minulla mitään eroa?" Näin sanottuaan Amma otti sarin ja pesi sen itse ja antoi tälle nuorelle naiselle joitakin päiviä kestäneen kiellon toimia hänen avustajanaan.

Amman pelkkä läsnäolo sinänsä inspiroi oppilaita. Hän kykenee innostamaan ja antamaan heille voimaa tehdä mitä tahansa, minä ajankohtana tahansa. Jos ashramissa esimerkiksi pitäisi kantaa tiiliä, hiekkaa tai muita tarvikkeita rakennustöitä varten, tyhjentää saostekaivo, siivota ashramin alue tai avustaa rakennusmiehiä betonitöissä, asukkaat joutuvat etsiskelemään usein pitkään yrittäessään löytää oppilaita auttamaan.

Toisinaan kello on kolme tai neljä aamuyöllä, kun *bhava darshan* on päättynyt ja kaikki oppilaat ovat valmiita menemään nukkumaan. Yhtäkkiä Amma meneekin paikalle, jossa töiden pitäisi edetä. Hän on aina valmis tarttumaan töihin. Huolimatta siitä, että hän on istunut iltakuudesta jopa kolmeen tai neljään aamulla, hänet voi nähdä työskentelemässä täynnä iloa ja intoa. Pian sana leviää, että Amma kantaa tiiliä, vettä tai milloin mitäkin, ja oppilaat tulevat joka suunnasta juosten paikalle. Mielenkiintoisinta on, että työ joka kestäisi normaalisti kuusi- tai seitsemän tuntia, saadaan nyt valmiiksi tunnissa tai kahdessa.

Keventääkseen työn raskautta Amma hauskuttaa kaikkia loistavan huumorintajunsa avulla. Usein hän myös sytyttää tulen työpaikan äärelle ja valmistaa juomaa ja paahtaa pähkinöitä, jotka hän sitten itse jakaa kaikille työssä mukana oleville. Työnteon lomassa Amma opastaa: "Lapset, teette sitten mitä työtä tahansa, muistakaa aina toistaa mantraa tai laulaa antaumuksellisia lauluja. Jumalalle omistettua työtä voidaan pitää todellisena työnä, ja silloin työnteosta, karmasta, tulee joogaa. Muussa tapauksessa kyse on *karmabhogasta*, toiminnasta, jota motivoi nautinnonhalu."

"Vrindavanin gopien lähtiessä myymään maitoa, kirnupiimää ja muuta sellaista he huusivat: 'Krishna, Madhava, Yadava, Kesava...' Keittiössäkin he kirjoittivat maustepullojen ja muiden säilytysastioiden kylkeen Krishnan nimiä. Kotiäitien velvollisuuksista huolehtiessaan he vaalivat Krishnaa alati sydämessään ja toistivat hänen jumalallisia nimiään. Lapset, yrittäkää olla heidän kaltaisiaan."

Mitä tahansa Ammalta kysytäänkin, oli kysyjä sitten teisti, ateisti, materialisti tai suoranainen vastustaja, hän vastaa aina ystävällisesti, rauhallisesti ja rakastavasti kulloisenkin kysyjän näkemyksiä kunnioittaen. Ashramiin saapui eräänä päivänä nuori mies, joka sanoi Ammalle: "En usko henkisiin filosofioihin tai henkisiin mestareihin. Eikö ole parempi palvella ihmiskuntaa? Monet ihmiset kärsivät köyhyydestä ja nälästä. Mitä nämä niin kutsutut henkisyyden harjoittajat tekevät heidän hyväkseen? Eivätkö he yksinkertaisesti hukkaa aikaansa istuskelemalla toimettomina?"

Amma vastasi rauhallisesti: "Poika, se mitä sanot on oikein. Tietenkin ihmiskunnan palveleminen on tärkeää. Todellisen henkisen etsijän tulee omistaa sille elämänsä. Amma on siinä suhteessa täysin samaa mieltä kanssasi. Mutta mitä on todellinen palveleminen? Todellinen palveleminen on avun antamista ilman, että odotat mitään vastalahjaksi. Kuka toimii niin? Jos joku auttaa köyhää perhettä, sen takana on yleensä aina itsekäs motiivi. Kaikki tavoittelevat nimeä ja kuuluisuutta. Amma tietää, ettei henkinen neuvo tyydytä köyhyydessä elävän nälkää. Meidän tulee rakastaa ja tuntea myötätuntoa tällaisia ihmisiä kohtaan. Todellinen myötätunto ja rakkaus syntyvät vain, kun toteutamme henkisyyttä. Meillä tulee olla korkeat ihanteet elämässämme. Meidän tulee olla valmiita uhraamaan kaikki pitääksemme yllä tuota ihannetta. Tämä on aitoa henkisyyttä. Pelkästään ravinnon antaminen ei myöskään ratkaise kenenkään ongelmia. Hetken päästä tarvitaan jälleen ruokaa. Niinpä paras tapa auttaa muita on auttaa sekä ulkoisesti että sisäisesti, eli antaa heille ruokaa ja tehdä heidät samalla tietoisiksi sisäisen kehittymisen välttämättömyydestä. Tämä on mahdollista ainoastaan henkisen koulutuksen kautta. Tällainen apu auttaa ihmisiä elämään onnellista ja tasapainoista elämää millaisissa olosuhteissa tahansa, jopa nälkää nähdessään. Itse asiassa henkisyys opettaa meitä elämään täydellistä elämää tässä maailmassa. Poikani, kaikki riippuu mielestä. Jos mieli on rauhallinen, niin jopa alimmasta helvetistä tulee meille onnen asuinsija. Mutta jos ihmisen mieli on kiihtynyt, jopa korkeimmasta taivaasta tulee hänelle valtavan kärsimyksen tyyssija. Henkisyydestä ja henkisiltä mestareilta oppii rauhan ja rauhallisuuden, joita ilman ei voi elää."

Jopa huonomaineisin ihminen, joka omien vanhempiensa ja sukulaistensa silmissä on julma ja vihattu, on Ammalle hänen rakas poikansa. Jopa sellainen henkilö sanoo: "Amma rakastaa minua eniten. Minä rakastan häntä enemmän kuin omaa äitiäni, joka synnytti minut. Olen hänen lapsensa." Tällaisen tuntemuksen Amma synnyttää oppilaidensa sydämessä. Jopa rikollisestakin Amma sanoisi: "Miten hyvä poika hän onkaan, hän on hyvin viaton." Hänen huonot taipumuksensa unohtaen Amma kehuu hänen hyviä ominaisuuksiaan, jotka todellisuudessa saattavat olla hyvinkin vähäisiä.

Oma kokemuksemme todistaa, että Amma on ehtymättömän henkisen energian ja luovuuden dynaaminen lähde. Vaikka hän pitääkin huolta oppilaidensa sekä henkisistä että aineellisista tarpeista, hän pysyy silti aina täysin riippumattomana ja puhtaana.

Oppilas saattaa ilmaista antaumustaan ja kiitollisuuttaan sanoen: "Oi Äiti, olet niin myötätuntoinen minua kohtaan. Sinun armosi vaikutuksesta meditaationi sujuu hyvin ja mieleni on rauhallinen." Joku toinen puolestaan sanoo: "Oi Amma, siunauksesi on auttanut perheongelmaani ratkeamaan ja moni hartaimmista toiveistani on täyttynyt." Kuullessaan tämänkaltaisia ylistyksiä oppilailtaan Amma vastaa heille toisinaan ääneen nauraen: "*Namah Shivaya*! Miten Amma voisi siunata ketään? Hän on vain eriskummallinen tyttö, joka vaeltaa ympärinsä, koska kukaan ei ole vienyt häntä hullujen huoneelle. Minä en tee mitään. Jumala tekee kaiken tekemättä mitään."

Hyvin monenlaisia ihmisiä, joilla on erilaisia tarpeita, tulee tapaamaan Ammaa. Jotkut esittävät hänelle kysymyksiä, jotka koskevat *kundaliinijoogaa.*[47] Toiset taas haluavat tietää *nirvikalpa samadhista*, Korkeimpaan Itseen pitäytymisen tilasta. Seuraava saattaa valittaa huonoa terveyttään.

Vanhemmat saattavat tulla itkien Amman luo valittaen poikansa olevan täysin väärällä tiellä ja tekevän kaikenlaista pahaa ja pyytävät Ammaa pelastamaan hänet. Jotkut nuoret valittavat, että vaikka ovat saaneet opiskelunsa päätökseen jo kauan aikaa sitten, ei heille kuitenkaan ole löytynyt töitä, he sanovat: "Oi Amma! Pyydän, siunaa minut, niin että saan työtä. Aviomiehet tulevat valittamaan, että heidän vaimonsa ei ole vilpitön, aviovaimot itkevät, että heidän aviomiehensä ei rakasta heitä. Jotkut rukoilevat Ammaa rankaisemaan heidän naapuriaan tai valittavat, ettei heidän lehmänsä anna tarpeeksi maitoa tai että heidän pihallaan oleva kookospalmu ei kanna riittävästi hedelmää. Jotkut pyytävät Ammaa siunaamaan, jotta he läpäisivät tutkinnon, kun taas eräitä vaivaa parantumaton sairaus. Jotkut vanhemmat ovat suunniltaan, koska heidän poikansa aikoo ryhtyä munkiksi. Muutamista Amman tavanneista tulee vakavia henkisyyden harjoittajia ja he etsivät hänen välitöntä ohjaustaan voidakseen edistyä *sadhanassaan.*

Tästä näemme koko maailman etsivän Amman siunausta. Hän ei hylkää ketään, hän kohtelee kaikkia samalla tavoin, jokainen saa saman määrän rakkautta ja huolenpitoa. Itse kunkin saamat neuvot riippuvat hänen henkisestä kypsyydestään ja tarpeistaan. Eikä Amma vain kuuntele ihmisten ongelmia vaan myös täyttää toivomukset.

Amma tulee aamupäivisin vastaanottamaan oppilaitaan, joita on kerääntynyt suurin joukoin odottamaan *darshanin* alkamista. Hän kutsuu luokseen jokaisen vuorollaan ja kuuntelee tarkkaavaisesti heidän ongelmiaan. Amma sanoo: "Lapset, en halua teiltä muuta kuin surunne taakan. Amma on täällä kantaakseen sen." Amma istuu temppelissä, kunnes jokainen on tullut vastaanotetuksi ja lohdutetuksi. *Darshan* päättyy usein vasta kahden tai kolmen aikaan

---

[47] *Kundaliinijooga* on tekniikka, joka pyrkii herättämään selkärangan tyvessä asustavan *kundaliinienergian.*

iltapäivällä. [48] Palattuaan huoneeseensa hän käy lävitse postiaan tai opastaa asukkaita ja antaa tarpeen mukaan ashramin toimintaa koskevia ohjeita. Jopa syödessään hän opastaa jotakuta tai lukee saamaansa kirjettä. Usein hän myös kutsuu luokseen *darshanista* myöhästyneen perheen tai henkilön.

Jos on *bhava darshan* -päivä, hän tulee jälleen kuuden aikaan ihmisten eteen johtamaan antaumuksellisia lauluja. Laulujen jälkeen alkaa useinkin aamu kolmeen tai neljään jatkuva *darshan*. [49] Siihen asti hän istuu temppelissä ja vastaanottaa seuraajia yhden kerrallaan ja kuuntelee heidän ongelmiaan, olivat ne sitten laadultaan henkisiä tai maallisia ja ratkaisee niitä kosketuksensa, katseensa tai pelkän päätöksensä, *sankalpansa* voimalla.

Pyhä Äiti Amritanandamayi on ainutlaatuinen ilmiö jopa Intian pyhässä maassa. Omaksuen *Adi parashaktin* [50] kaiken taustalla olevan luovan energian hän palvelee koko luomakuntaa lakkaamatta, jokaisella hengenvedollaan. Intian henkisessä historiassa, vertaansa vailla olevan rajattoman armon ja myötätunnon henkilöitymänä, hän toimii koko harhautuneen ihmiskunnan hyväksi.

Palvelkoon hänen jumalallinen elämänsä opastavana johtotähtenä kaikkia, jotka pyrkivät oivaltamaan korkeimman rauhan ja Itseoivalluksen autuuden.

Om Namah Shivaya

---

48 Tekstiä tarkistettaessa darshan päättyy usein vasta aamulla.
49 Tänä päivänä iltadarshan kestää hyvin usein aamuun asti.
50 *Adi parashakti* tarkoittaa Jumalan feminiinistä, äidillistä voimaa.

Sanasto

Achyuta, katoamaton, ikuinen; yksi *Vishnun* ja hänen inkarnaationsa Krishnan nimistä.

Adiparashakti, maailmankaikkeuden luova perusvoima; absoluutin dynaaminen olemuspuoli; feminiininen energia, joka luo maailmankaikkeuden.

Ahamkara, väärä minätunne, ego; erheellinen samastuminen kehoon ja mieleen.

Ahimsa, väkivallattomuus; joogaetiikan ensimmäinen periaate, jonka mukaan tulee pidättyä vahingoittamasta eläviä olentoja sanoilla, puheilla tai teoilla.

Amma, Äiti.

Ammachi, kunnioitettu äiti, chi tarkoittaa kunnioitettua.

Ambika, yksi Jumalallisen Äidin nimistä.

Amsa-avataara, Jumaluuden osittainen laskeutuminen fyysiseen ruumiiseen tietyn tehtävän suorittamista varten.

Anandamayi Ma, intialainen naispyhimys, joka eli vv. 1896-1982.

Ananta, ääretön, loputon; tuhatpäisen käärmeen nimi.

Anantasayana, Vishnu nojaamassa tuhatpäiseen käärmeeseen, ikuisuutta edustavaan Anantaan.

Arati, jumalanpalveluksen muoto, jossa liikutetaan rytmikkäästi palavaa lamppua (tai palavaa kamferia) mestarin tai jumalankuvan edessä; kamferi ei jätä palaessaan mitään jäljelle ja symboloi siten egon täydellistä tuhoutumista henkisten harjoitusten seurauksena.

Archana, henkisen harjoituksen muoto, jossa lausutaan ääneen 108, 300 tai 1000 Jumalan nimeä eli mantraa, jotka kuvaavat jumalallisia hyveitä.

Arjuna, Krishnan oppilas *Bhagavad-Gita* -eepoksessa; pandavaprinssi, taitava jousiampuja; symboloi meissä olevaa henkistä etsijää.

Arunachala, Etelä-Intiassa, Madrasin eteläpuolella, Tiruvannamalain kaupungin lähettyvillä sijaitseva pyhä vuori; pyhimys Ramana Maharshin asuinpaikka; vuorta pidetään Shivan ilmentymänä maan päällä, siksi siihen viitataan myös Arunachala-jumalana.

Ashram, paikka, jossa ponnistellaan; paikka, jossa henkiset etsijät asuvat, tai jossa he vierailevat elääkseen henkistä elämää ja harjoittaakseen sadhanaa, henkisiä harjoituksia; se on myös yleensä henkisen mestarin, pyhimyksen tai askeetin koti, jossa hän opastaa oppilaitaan.

Astraalikeho, hienosyinen ruumis, jossa tunteet ja ajatukset ilmenevät ja joka elävöittää fyysisen ruumiimme.

Astraalitaso, fyysistä maailmaa korkeampi taso; kollektiivisten tunteiden ja ajatusten maailma.

Atman, Todellinen Itse; eräs sanatana dharman, ikuisen uskonnon perusajatuksista on, että emme ole ruumis, tunteet, mieli, äly emmekä persoonallisuus, vaan olemme ikuinen, puhdas, tahraton Itse, atman.

Avadhuta, Jumalan eli Itsen oivaltanut ihminen, joka ylittää sosiaaliset normit.

Avataara, johdettu sanasta 'laskeutua'; Jumalan inkarnaatio eli ruumiillistuma; jumalallisen inkarnaation tehtävänä on suojella hyvää, tuhota pahaa ja elvyttää oikeudenmukaisuutta maailmassa sekä johdattaa ihmiskunta kohti henkisyyden päämäärää, Jumalan oivaltamista; hyvin harvoin tällainen laskeuma on täydellinen, purna-avataara.

Avesa-avataara, Jumalallisen voiman väliaikainen laskeutuminen ihmiseen esim. jonkin tehtävän suorittamista varten, minkä jälkeen voima vetäytyy jälleen pois.

Badrakali, Kalin hyvää tekevä olemuspuoli; sellaisena hän esim. tuhoaa oppilaasta kielteisyyden. Kts. Kali.

Balarama, Krishnan veli.

Bhagavad-Gita, 'Jumalan laulu' tai 'Sielun jumalainen laulu'. *Bhagavad* tarkoittaa 'Jumalaa' tai 'Herraa' ja *Gita* tarkoittaa 'laulua' tai 'henkistä ohjetta'; Krishnan Arjunalle *Mahabharata* –eepoksessa,

Kurukshetran taistelutantereella antamat henkiset opetukset; Gita on hindujen pyhä kirja ja joogien Raamattu.

Bhagavan, Jumala, Herra. Myös valaistuneesta käytetty nimitys, joka viittaa siihen, että valaistunut on oivaltanut Jumalan itsessään.

Bhagavat-bhava, mielentila, jossa mestari ilmentää ykseyttään Jumalan kanssa.

Bhajan, henkinen, antaumuksellinen laulu.

Bhakti, antaumuksellinen rakkaus Jumalaa tai henkistä mestaria kohtaan.

Bhaktishastrat, antaumuksellista rakkautta kuvaavat pyhät kirjoitukset.

Bhaktijooga, joogan muoto, joka johtaa Jumalaan sulautumiseen antaumuksellisen rakkauden harjoittamisen avulla

Bhava, mielentila; bhavalla tarkoitetaan usein valaistuneen mestarin jumalallista mielentilaa.

Bhava darshan, tilaisuus, jonka aikana Amma kohtaa seuraajiaan joko Krishnan tai Devin jumalallisessa mielentilassa.

Bhoga, nautinnonhalu.

Brahma, Jumalan se olemuspuoli, joka luo maailmankaikkeuden.

Brahmachari, selibaatissa elävä miesoppilas, joka suorittaa henkisiä harjoituksia Gurun ohjauksessa.

Brahmacharini, selibaatissa elävä naisoppilas, joka suorittaa henkisiä harjoituksia Gurun ohjauksessa.

Brahmacharya, kirjaimellisesti 'Jumalassa pitäytyminen'; selibaatin harjoittaminen aistienergian muuntamiseksi henkiseksi energiaksi, ojasiksi.

Brahman, absoluutti, kokonaisuus; Korkein olento nimien ja muotojen tuolla puolen, kaiken läpäisevä yksi ja jakamaton.

Brahmana-nainen, nainen, joka noudattaa tarkasti uskonnon edellyttämiä tapoja.

Chelluna uru, 'paikka johon on saavuttu'.

Chinmudra: pyhä käsiasento, jossa peukalo ja etusormi koskettavat toisiaan muodostaen ympyrän, asento symboloi yksilön ja Jumalan välistä ykseyttä.

Darshan, Jumalan, Gurun tai pyhimyksen tapaaminen joko fyysisesti tai henkisessä näyssä.

Deeparadhana, palavan kamferin rytmikäs liikuttaminen jumalankuvan tai mestarin edessä jumalanpalveluksen aikana.

Demoni, paha henkiolento.

Deva, puolijumala, taivaallinen olento, enkeli.

Devi, Jumalatar; maailmankaikkeuden Jumalallinen Äiti; Jumalan feminiininen olemuspuoli.

Devi bhava, Devin jumalallinen mielentila, tässä tilassa Amma paljastaa ykseytensä universumin Jumalallisen Äidin kanssa.

Devi mudra: Jumalallisen Äidin kädenasento, jolla hän ilmentää jumalallisuuttaan tai mystisiä totuuksia.

Devi sadhana, henkiset harjoitukset, joiden päämääränä on tulla yhdeksi Jumalallisen Äidin kanssa.

Dharma, kirj. 'se joka ylläpitää'; sanalla on monia merkityksiä, mm. jumalallinen laki, olemassalon laki, oikeudenmukaisuus, uskonto, velvollisuus, hyve, oikeus, hyvyys ja totuus; uskonnon sisäiset periaatteet, ihmisen dharma on oivaltaa Jumalallinen itsessään.

Dhoti, miesten Etelä-Intiassa käyttämä hamemainen vaatekappale.

Diksha, vihkimys.

Durga, yksi Jumalallisen Äidin nimistä, personoitunut shaktivoima; Durga kuvataan usein ratsastamassa leijonalla käsissään erilaisia aseita; pahan tuhoaja ja hyvän suojelija, hän tuhoaa oppilailtaan halut ja kielteiset ominaisuudet ja paljastaa siten heidän jumalallisen Itsensä.

Ganesha, Sivan ja Parvatin poika, esteiden poistaja ja menestyksen tuoja; häntä rukoillaan jumalanpalveluksen aluksi ja ennen uusiin toimiin ryhtymistä; elefanttikasvoinen jumala, jonka kulkuneuvo on hiiri; hän ilmentää Jumalan läsnäoloa kaikissa luoduissa, suurimmasta pienimpään.

Garuda, kotka, lintujen kuningas; Vishnun jumalallinen kulku-
neuvo.

Gita, 'laulu; kts. *Bhagavad-Gita.*

Gokulam, kylä, jossa Krishna eli varhaislapsuutensa.

Gopa, lehmipoika, jotka eli Vrindavanissa; *Krishnan* seuralainen
ja leikkitoveri.

Gopala, lehmipoika, yksi Krishnan kutsumanimistä.

Gopi, Vrindavanissa elänyt lehmityttö, gopit olivat Krishnan lä-
himpiä oppilaita edustaen suurinta antaumuksellista rakkautta
Jumalaa kohtaan.

Govinda, lehmipaimen; hän joka suojelee maailmaa ja *jivoja*, sieluja.
Yksi Krishnan kutsumanimistä.

Gunat, luonnon voimat; laadulliset ominaisuudet, joiden alaisia
kaikki suhteellisen todellisuuden asiat ja olennot ovat; gunia on
kolme, *sattva, rajas* ja *tamas.* Satvinen on luonteeltaan harmo-
ninen, rauhallinen ja hyvä, rajasinen on aktiivinen, rauhaton ja
intohimoinen, tamasinen on taannuttava, tietämätön ja raskas-
mielinen; henkinen oppilas pyrkii ylittämään nämä ominaislaadut
itsessään.

Guru, 'tietämättömyyden pimeyden poistaja', henkinen opettaja.

Guru-Gita, pyhä kirjoitus, jossa Siva kertoo puolisolleen Parvatille
mitä tai kuka Guru oikein on.

Guruvayoor, pyhiinvaelluskohde Keralassa, lähellä Trissuria, missä
sijaitsee kuuluisa Krishnan temppeli.

Hanuman, Raman suuri oppilas; häntä palvotaan apinahahmoise-
na jumalana vertauksena sille miten antaumuksellinen rakkaus
muuntaa ihmisessä olevat eläimelliset ominaisuudet jumalallisiksi.

Hathajooga, joogamenetelmä, jossa pyritään Itsen oivaltamiseen
joogan fyysisten harjoitusten avulla.

Himalaja, Intian pohjoisosassa, Tiibetin ja Nepalin alueella sijait-
seva maailman korkein ja laajin vuoristo; joogien, mestareiden ja
jumalien pyhä asuinpaikka.

Hindupantheon, vedisen uskonnon jumalien kokonaisuus.

Inkarnaatio, henkilöitymä, ruumiillistuma, jälleensyntymä; synonyymi avataaralle.

Ishvara, persoonallinen Jumala.

Japa, mantran toistaminen.

Jiva, yksilö, sielu.

Jnana, henkinen tai jumalallinen tieto, joka syntyy suorasta kokemuksesta, rajallisen mielen, älyn ja aistien tuolla puolen; jnana herää henkisten harjoitusten ja Jumalan tai Gurun armosta.

Jnanajooga,' yhdistyminen tiedon kautta'; menetelmä tiedon saavuttamiseksi Itsestä ja maailman todellisesta luonteesta; Edellyttää pyhien kirjoitusten tutkimista, erotus- ja arvostelukykyä (vivekaa), takertumattomuutta (vairagyaa), ja syvällista Itsen tutkimista ("Kuka minä olen?" -metodin avulla) sekä meditaatiota ("Minä olen Brahman"); ne kaikki tähtäävät harhanomaisen todellisuuskäsityksen (mayan) murtamiseen ja Jumalan oivaltamiseen.

Jnanamarga, tiedon tie, kts. jnanajooga.

Jooga, yhdistyminen; käsittää joukon menetelmiä, joilla pyritään ykseyden tilaan Jumalan kanssa; tie, joka johtaa Jumalan oivaltamiseen.

Joogi, joogan harjoittaja; myös hän, joka on saavuttanut joogan päämäärän, ykseyden Jumalan kanssa.

Kali, 'mustanpuhuva'; Jumalallisen Äidin hurja olemuspuoli; Kali kuvataan tummaihoiseksi, alastomaksi ja alkuvoimaiseksi; egon näkökulmasta katsottuna hän voi tuntua pelottavalta, sillä hän tuhoaa egon, tämän hän tekee kuitenkin rakkaudesta, sillä vain siten oppilas voi saavuttaa vapautuksen kärsimyksestä ja tietämättömyydestä.

Kaliya, monipäinen käärme, demoni, joka asusti Yamuna-joessa; *Srimad Bhagavatam* –teoksessa on kuvaus siitä, miten Krishna kukisti Kaliyan.

Kamferi, aine, jota poltetaan jumalanpalvelusten aikana uhrilampuissa; kamferista ei jää sen palaessa mitään jäljelle ja siten se symboloi egoa, joka häviää jälkiä jättämättä henkisten harjoitusten seurauksena.

Karma, toiminta, teko, tekojemme synnyttämä seurausvaikutus, kohtalo.

Karmabhoga, toiminta, joka tähtää itsekeskeiseen nautintoon ja joka on siksi luonteeltaan sitovaa.

Karmajooga, joogan muoto, jossa epäitsekkään toiminnan avulla pyritään sulautumaan Jumalaan.

Kanji, riisivelli.

Kanna, 'hän jolla on kauniit silmät'; yksi lapsi-Krishnan kutsumanimistä; Krishnaa palvotaan toisinaan jumalallisena lapsena.

Kathakali, Keralan perinteinen tanssitaide, jossa kuvataan jumalten toimia Intian suurten eeposten mukaisesti.

Katjajani, 'hyväntekijä'; yksi Jumalallisen Äidin nimistä.

Kaveri, ihanteellinen hahmo Intian kansantaruissa; henkilö, joka sairastumisestaan huolimatta jatkoi velvollisuuksiensa suorittamista.

Keshava, eräs Krishnan nimistä.

Krishna, Vishnun merkittävin inkarnaatio; syntyi kuninkaalliseen perheeseen, mutta kasvatettiin ottovanhempien luona Vrindavanissa, missä hän eli gopien ja gopalojen palvomana lehmipaimenena; Pandavien serkku ja Arjunan neuvonantaja; kts. *Bhagavad-Gita.*

Krishna bhava, Krishna-mielentila; jumalallinen mielentila, jonka aikana Amma paljastaa ykseytensä Krishnan kanssa.

Krishna lila, Krishnan lapsuuden ajan jumalalliset leikit, joilla hän hurmasi läheisensä ja kohotti siten heidän tietoisuuttaan kohti Jumalaa.

Kshatriya, sotilas- ja kuningaskastin edustaja.

Kuchela, yksi Krishnan lapsuuden ystävistä ja opetuslapsista.

Kundalini, henkinen energia, selkärangan tyvessä oleva käärmemäinen voima, jonka henkiset harjoitukset saavat nousemaan päälaella sijaitsevaan henkiseen keskukseen; tästä seuraa vapautuminen kärsimyksestä ja tietämättömyydestä.

Kunju, 'Pikkuinen, lapsukainen'; Amman lapsuudenaikainen lempinimi.

Kurukshetra, taistelutanner, jossa Pandavien ja Kauravien välinen, *Mahabharatassa* kuvattu sota käytiin; se symboloi ruumistamme ja mieltämme, jonka omistuksesta hyvän ja pahan voimat taistelevat.

Lakshmi, 'Onnetar'; rikkauden ja omaisuuden jumalatar, Jumalallisen Äidin yksi olemuspuolista; hänet kuvataan lumoavan kauneuden henkilöitymänä seisomassa lootuskukalla. Vishnun puoliso.

Lalita Sahasranama, Jumalallisen Äidin tuhat mantrojen muodossa esitettyä nimeä ja ominaisuutta; lausutaan henkisenä harjoituksena.

Lila, leikki, Jumalan tai avataaran kaikista lainalaisuuksista vapaat toimet; maailmankaikeutta kutsutaan Jumalan kosmiseksi leikiksi eli lilaksi.

Madhava, 'hunajan makea'; yksi Krishnan lempinimistä.

Madhusudana, 'Madhu-demonin tuhoaja'; yksi Krishnan lempinimistä.

Madurai Miinakshi, yksi Jumalallisen Äidin kutsumanimistä; tällöin häntä palvotaan Madurain kaupungissa, missä sijaitsee yksi Intian suurimmista ja kauneimmista temppeleistä.

Mahabharata, intialainen eepos, jonka pyhimys Veda Vyasa kirjoitti; *Bhagavad-Gita* on osa Mahabharataa.

Mahatma, 'suuri sielu', valaistunut.

Mala, rukousnauha, joka on yleensä valmistettu santelipuusta ja jossa on 108 helmeä.

Malajalam, Etelä-Intiassa, Keralan osavaltiossa puhuttu kieli; Amman äidinkieli.

Mantra, pyhä sana tai rukous, jota toistetaan jatkuvasti ja erityisesti meditaatiossa, mantran toistaminen puhdistaa mielen, herättää piilevät henkiset voimavarat ja auttaa oivaltamaan Jumalan eli Itsen. Valaistuneelta mestarilta saatu mantra on tehokkain.

Mantradiksha, vihkimys, jolla mestari vihkii oppilaan mantran käyttöön.

Maya, illuusio, harha; jumalallinen huntu, jolla Jumala eli Korkein Itse kätkee itsensä ja luo siten vaikutelman moninaisuuden maailmasta; maya synnyttää erillisyyden illuusion; peittäessään todellisuuden maya saa meidät uskomaan, että täydellisyys ja täyttymys on löydettävissä ulkopuoleltamme.

Mudra, mystisen totuuden ilmaiseva käsien tai kehon pyhä asento.

Meditaatio, mietiskely; menetelmä, joka puhdistaa ja hiljentää mielen ja mahdollistaa siten Jumalan eli Itsen kokemisen.

Moksha, vapautuminen jälleensyntymisen kiertokulusta sekä tietämättömyydestä ja itsekeskeisistä haluista.

Murugan, Sivan ja Parvatin poika; yksi hindupantheonin jumalista; tunnetaan myös nimellä Subramanya.

Mookambika, Jumalallinen Äiti silloin kun häntä palvotaan Kohlin kuuluisassa temppelissä, Etelä-Intiassa.

Naivedyam, Jumalalle temppelissä tai rukoushuoneessa uhrattava pyhä ruokauhri; tärkeä osa pujaa, jumalanpalvelusta.

Namah Sivaya, tervehdys hyväntahtoisen (Sivan) nimeeen; Jumalan nimeen, meditaatiossa ja tervehdyksenä käytetty pyhä mantra.

Nanda; Krishnan kasvatti-isä.

Narada bhakti sutrat, antaumuksellista rakkautta käsittelevän 84:n ajatelman kokoelma; pyhimys Naradan uskotaan kirjoittaneen ne 1200-luvulla.

Narayana, yksi Vishnun nimistä.

Narasimha, ihmisleijona; yksi Vishnun inkarnaatioista.

Nirvikalpa samadhi, autuuden tila, jossa mieli on sulautunut korkeimpaan tietoisuuteen ja jossa aistien toiminta on väliaikaisesti lakannut ja tietoisuus ympäristöstä kadonnut.

Om, pyhä tavu, jota kutsutaan myös Jumalan äänikehoksi; maailmankaikkeuden luomisen lähtiessä liikkeelle, om on ensimmäinen absoluuttisessa tietoisuudessa syntyvä värähdys; korkeassa tietoisuudentilassa oleva joogi kuulee om-mantran; meditaatiossa keskitytään om-mantran toistamiseen joko hiljaa mielessä taikka ääneen, mikä puhdistaa mieltä ja sulauttaa lopulta yksilöllisen mielen Jumaluuteen.

Om Namah Sivaya, 'tervehdys Jumalan nimeen'; Amman ashramissa ja ammalaisten keskuudessa käytetty tervehdys.

Padapuja, rituaali, jossa pestään mestarin tai jumalankuvan jalat; mestari seisoo jaloillaan, symbolisesti totuuden varassa; jalkojen pesemisellä kunnioitetaan siten mestarin edustamaa totuutta.

Padmasana, lootusasento, mietiskelyasento, jossa istutaan jalat ristikkäin.

Paisa, Intian pienin rahayksikkö, sata paisaa on yksi rupia.

Panchamritam, makea jälkiruoka, vanukas, joka valmistetaan maidosta, banaanista, puhdistetusta voista, ruskeasta sokerista, sokeriruo'osta ja rusinoista, panchamritamia uhrataan jumalanpalveluksen aikana Jumalalle; Amman ensimmäinen ihme oli, kun hän muutti veden maidoksi ja sitten panchamritamjälkiruoaksi.

Pandavat, Mahabharata-eepoksen sankarit, jotka taistelivat Kauravia vastaan saadakseen takaisin laillisen omistusoikeutensa kuningaskuntaan; Arjuna oli yksi Pandavista.

Pandiitti, oppinut, *Vedojen* tuntija.

Parabhakti, korkein antaumus, antaumuksellinen, kaikista haluista vapaa rakkaus Jumalaa tai Gurua kohtaan; tässä mielentilassa palvoja näkee rakkaan Jumalan tai Gurun kaikkialla.

Parvati, Sivan puoliso.

Prasad(am), 'siunattu uhrilahja', yleensä ruoka tai juoma, joka jaetaan palvojille jumalanpalveluksen tai henkisten harjoitusten lopuksi, kaikki Jumalan tai mestarin antama on prasadia.

Pradakshina, pyhä kierros, henkinen harjoitus, jossa kierretään myötäpäivään pyhän paikan, mestarin tai alttarin ympäri.

Puja, jumalanpalvelus; rituaali, jonka tarkoituksena on herättää antaumuksellinen rakkaus Jumalaa kohtaan.

Purana, eepos.

Purna, täydellinen.

Purna avataara, täydellinen avataara, joka on syntymästään alkaen tietoinen ykseydestään Jumalan kanssa; kts. avataara.

Purusha, 'puhdas, tahraton'; kaikkiallinen tietoisuus ja olemassaolo; tarkoittaa myös miestä.

Putana, naisdemoni, joka yritti tappaa Krishnan lapsena imettämällä häntä myrkyllisellä maidollaan; Krishna imi demonilta kaiken elinvoiman ja kukisti näin tämän.

Radha, yksi gopeista, lehmitytöistä; Krishnan rakastettu, puhtaimman ja korkeimman Jumalaa tai henkistä mestaria kohtaan tunnettavan rakkauden henkilöitymä.

Rajasinen, toiminnallisuus ja levottomuus, yksi kolmesta laadullisesta ominaisuudesta; muut ovat sattvinen ja tamasinen.

Rama, *Ramayanan* sankari; Vishnun inkarnaatio, jota pidetään oikeudenmukaisuuden ihanteena.

Ramayana, Ramasta kertova eepos, jonka pyhimys Valmiki kirjoitti.

Rishi, 'näkijä, tietäjä', menneisyyden rishit vastaanottivat *Vedojen* viisauden suoraan korkeimmasta tietoisuudesta, Jumalalta.

Rudraksa, tummanruskea siemen, tunnettu sekä henkisesti että fyysisesti hyödyllisistä vaikutuksistaan.

Rudraksamala, rudraksasiemenistä valmistettu rukousnauha, jota käytetään meditaation apuvälineenä.

Rukmini, Krishnan puoliso.

Rupia, Intian rahayksikkö.

Sadhaka, henkinen oppilas.

Sadhana, henkiset harjoitukset.

Sahaja samadhi, 'luonnollinen tila'; korkein tietoisuuden tila, jossa on saavutettu pysyvästi korkein Itse, ykseys Jumalan kanssa; mikään toiminta ei enää häiritse tätä lopullista rauhan ja rakkauden tilaa.

Saippu, malajamin kielinen nimitys ulkomaalaiselle, jolla on länsimaalainen alkuperä.

Samadhi, sam=yhdessä; adhi=Jumala, ykseydentila Jumalan kanssa; täydellinen keskittyneisyyden tila, jossa ajatukset ovat lakanneet ja mieli on hiljaa; tällöin puhdas tietoisuus, Itse, ilmenee kaikessa loistossaan.

Samskara, muistijälki, ehdollistuma, joka on aiheutunut tämän elämän tai edellisten elämien kokemuksista; synnyttävät vaihtelevia mielentiloja, jotka ohjaavat toimintojamme ja muokkaavat elämäämme.

Samsara, moninaisuuden maailma; toteuttamattomien toiveiden ja halujen aiheuttama syntymän ja kuoleman kiertokulku, jälleensyntymisen pakko, ehdollistunut olemassaolo.

Sanatana dharma, ikuinen uskonto, josta puhutaan *Vedoissa* ja *Upanishadeissa.*

Sanctum sancturum, lat. 'pyhimmistä pyhin', temppelin sisin osa tai alttarihuone.

Sanjaasi, maailmasta luopunut, joka on vannonut muodollisen munkkivalan; sanjaasit pitävät perinteisesti okranvärisiä (ruskeanoranssisia) vaatteita; väri symboloi kaiken riippuvuuden poispalamista.

Sankalpa, luova, sisäinen päätös, joka ilmenee ajatuksena, tunteena ja tekona; tavallisen ihmisen sankalpa ei aina johda tavoiteltuun tulokseen, pyhimyksen sankalpa sen sijaan tuottaa aina tarkoitetun tuloksen.

Sanskrit, Intian muinainen kieli, jolla pyhät tekstit on kirjoitettu.

Sari, intialaisten naisten käyttämä yleinen asu.

Satguru, Jumaloivalluksen saavuttanut täydellinen opettaja.

Sattvinen, puhtaus, hyvyys ja sopusointu; yksi kolmesta luonnon laadullisesta ominaisuudesta; muut ovat rajasinen ja tamasinen.

Savikalpa-samadhi, väliaikainen sulautuminen Jumalaan, korkeimpaan tietoisuuteen, jolloin *ahamkara,* ego ei ole vielä lopullisesti kadonnut.

Shakti, jumalallinen energia; Brahmanin, absoluutin dynaaminen, näkyväisen maailmankaikkeuden luova olemuspuoli; shakti on Jumalallisen Äidin energiaa.

Shiva, suopea, armollinen, hyvä; yksi Korkeimman Olennon ilmentymistä, sen miehinen olemuspuoli; Shiva on Jumalan kolminaisuuden se olemuspuoli, joka tuhoaa maailmankaikkeuden, eli sen mikä ei ole todellista; hän tuhoaa myös tietämättömyyden oppilaassa; joogien jumala.

Sita, Raman puoliso, ihanteellisen vaimon esikuva.

Skeptikko, henkilö, joka vedoten yleensä ns. tieteelliseen maailmankatsomukseen suhtautuu epäilevästi uskontoihin ja Jumalan olemassaoloon.

Sraddha, tarkkaavaisuus, usko; yksi henkisen oppilaan hyveistä ja harjoituksista.

Shridhara, yksi Vishnun nimistä.

Sri, 'säteilevä, pyhä'; kunnioitusta osoittava arvonimi.

Srimad Bhagavad Gita, *Bhagavad-Gitan* koko nimi.

Srimad Bhagavatam, 18:sta puranasta se, joka käsittelee Vishnun inkarnaatioita, erityisesti Krishnaa ja korostaa antaumuksellisen rakkauden merkitystä.

Subramanya, Sivan ja Parvatin poika.

Swami, perinteisen munkkivihkimyksen saanut henkilö eli *sanjaasi,* maailmasta luopunut, joka on omistanut elämänsä Jumalan oivaltamiselle ja ihmiskunnan palvelemiselle.

Tamasinen, taantumus, pimeys; yksi kolmesta laadullisesta ominaisuudesta; muut ovat sattvinen *ja* rajasinen.

Tapas, 'kuumuus'; itsekuriharjoitukset; henkiset harjoitukset, jotka polttavat pois mielen epäpuhtaudet.

Teisti, ihminen, joka uskoo Jumalan ja muun tuonpuoleisen todellisuuden olemassaoloon.

Tulasi, basilikan alalajike, jota pidetään Krishnan pyhänä kasvina.

Upanisadit, *Vedojen* ns. selitysosa, joka käsittelee ei-dualistista ykseyden oppia; Upanisadeja sanotaan olleen kaikkiaan 108, joista 18 on jäänyt jäljelle.

Upasana murthi, Jumalan tietty ilmentymä, jota henkinen oppilas meditoi ja palvoo.

Vamana, kääpiö, yksi Vishnun inkarnaatioista.

Vasana, piilevä ominaisuus tai tapa, mielen ehdollistuma, kielteinen ominaisuus, joka saa mielen levottomuuden tilaan ja yllyttää meitä maalliseen toimintaan; ego on vasanoiden koostuma.

Vairagya, takertumattomuus, kiintymättömyys; oivaltaessaan näkyvän maailman suhteellisuuden ja siihen liittyvien esineitten ja ihmisten väliaikaisen, pysymättömän ja kärsimystä tuottavan luonteen, viisas näkee, ettei pysyvää onnea voi löytää pysymättömän alueelta; tämä johtaa kiintymättömyyteen ja vapautumiseen (*mokshaan*).

Vedat, 'tieto'; Intian ikivanhat pyhät kirjoitukset, jotka jakaantuvat neljään osaan: Rig-, Yajur-, Sama- ja Atharvavedaan; *Vedat* koostuvat noin 100.000 jakeesta; Vedojen akuperä häviää historiaan hämärään, mutta ne kirjoitettiin muistiin sanskritin kielellä 2000-500 vuotta eKr; *Vedat* ovat tiettävästi maailman vanhimpia uskonnollis-filosofisia tekstejä; *Vedoja* pidetään ilmoituksena korkeimmasta totuudesta; Jumala, korkein tietoisuus antoi ne risheille, menneisyyden näkijöille.

Vedanta, ykeysoppi; *Upanisadien* keskeisen näkemyksen mukaan totuus on 'yksi ilman toista'.

Vedanta Vidyalaya, Swami Chinmayanandan perustama Bombayssä sijaitseva vedantakoulu.

Veda Vyasa, pyhimys Vyasa, joka kokosi suullisena perinteenä olleet Vedat ja kirjoitti ne muistiin.

Vidyala, koulu.

Viina, soitin, jota Jumalallisen Äidin kuvataan pitävän kädessään.

Viveka, erottelukyky; kyky erottaa väliaikainen ikuisesta, hyvä pahasta, *viveka* johtaa *vairagyaan*, takertumattomuuteen.

Vishnu, 'kaikkialla läsnäoleva', Jumalan kolminaisuuden (Brahma, Vishnu ja Siva) maailmankaikkeutta ylläpitävä olemuspuoli.

Vrindavan, Krishnan lapsuuden asuinpaikka, jossa hän eli lehmipaimenena gopi-tyttöjen ja gopa-poikien kanssa.

Vyasa, pyhimys, joka kirjoitti *Vedat* muistiin ja jakoi ne neljään osaan; hän kirjoitti myös 18 *puranaa* sekä *Mahabharata* ja *Bhagavatam* eepokset.

Yamuna, yksi Intian pyhistä joista, joka virtasi Krishnan lapsuudenmaisemissa; Gangesin sivujoki.

Yasodha, Krishnan kasvattiäiti.

www.ingramcontent.com/pod-product-compliance
Lightning Source LLC
LaVergne TN
LVHW051543080426
835510LV00020B/2836